权威·前沿·原创

皮书系列为
"十二五""十三五"国家重点图书出版规划项目

中国社会科学院创新工程学术出版资助项目

旅游绿皮书

GREEN BOOK OF
CHINA'S TOURISM

2018~2019 年
中国旅游发展分析与预测

CHINA'S TOURISM DEVELOPMENT: ANALYSIS
AND FORECAST (2018-2019)

顾 问／何德旭 闫 坤 张广瑞 刘德谦

主 编／宋 瑞

副主编／金 准 李为人 吴金梅

中国社会科学院旅游研究中心

社会科学文献出版社
SOCIAL SCIENCES ACADEMIC PRESS (CHINA)

图书在版编目（CIP）数据

2018－2019 年中国旅游发展分析与预测／宋瑞主编
. －－北京：社会科学文献出版社，2018.12
（旅游绿皮书）
ISBN 978－7－5201－2259－7

Ⅰ.①2…　Ⅱ.①宋…　Ⅲ.①旅游业发展－研究报告
－中国－2018－2019　Ⅳ.①F592.3

中国版本图书馆 CIP 数据核字（2018）第 293171 号

旅游绿皮书
2018～2019 年中国旅游发展分析与预测

顾　　问／何德旭　闫　坤　张广瑞　刘德谦
主　　编／宋　瑞
副 主 编／金　准　李为人　吴金梅

出 版 人／谢寿光
项目统筹／邓泳红　郑庆寰
责任编辑／郑庆寰　王　展

出　　版／社会科学文献出版社·皮书出版分社　（010）59367127
　　　　　　地址：北京市北三环中路甲 29 号院华龙大厦　邮编：100029
　　　　　　网址：www.ssap.com.cn
发　　行／市场营销中心　（010）59367081　59367083
印　　装／三河市东方印刷有限公司

规　　格／开　本：787mm×1092mm　1/16
　　　　　　印　张：26　字　数：388 千字
版　　次／2018 年 12 月第 1 版　2018 年 12 月第 1 次印刷
书　　号／ISBN 978－7－5201－2259－7
定　　价／99.00 元

中国社会科学院旅游研究中心
"旅游绿皮书"编委会

本书编撰人员名单

主报告一

撰稿人 中国社会科学院旅游研究中心

执笔人 宋 瑞

主报告二

撰稿人 中国社会科学院旅游研究中心

执笔人 宋 瑞 杨劲松 廖 斌 宋子千 杨丽琼

吴金梅 张金山 厉新建 高舜礼 金 准

专题报告撰稿人 （以专题报告出现先后为序）

金 准 胡抚生 张 茜 赵 鑫 张秋实

楼枫烨 吴 俊 毛修炳 李子君 魏小安

马 勇 徐 圣 孙鹏义 保继刚 叶晓旋

甘 露 郭文芹 王 莹 黄惠娉 吴文智

戴玉习 胡方丽 沈 涵 钱建农 舒 展

黄 翠 韩雪莹 唐晓云 杨素珍 李创新

蒋依依 刘婷婷 李咪咪 唐继宗 黄福才

杨 晶

总 纂

宋 瑞 李为人

编辑部

曾 莉 孙鹏义 刘美凤

主要编撰者简介

宋 瑞 产业经济学博士，中国社会科学院旅游研究中心主任，中国社会科学院财经战略研究院研究员、博士生导师，长期从事旅游可持续发展、旅游政策、休闲基础理论与公共政策等方面的研究。

金 准 管理学博士，中国社会科学院旅游研究中心秘书长，中国社会科学院财经战略研究院副研究员，长期从事旅游与休闲相关研究工作，主要关注旅游政策、城市旅游等问题。

李为人 管理学博士，中国社会科学院旅游研究中心副秘书长，中国社会科学院研究生院公共政策与管理学院副院长、副教授，近年来主要研究财税理论与政策、税收管理、旅游管理等问题。

吴金梅 管理学博士，研究员，高级经济师，中国社会科学院旅游研究中心副主任，长期从事旅游产业发展、旅游投资、旅游房地产等领域的研究与实践。

摘　要

《2018～2019年中国旅游发展分析与预测》（即"旅游绿皮书" No.17），是中国社会科学院旅游研究中心组织编撰的第十七本旅游发展年度报告。全书围绕"新时代下的旅游改革与创新"这一主题，通过两篇主报告和20余篇专题报告，对2018～2019年中国旅游发展进行了透视和前瞻。

2018年全球经济处于高位回落进程，受宏观经济和贸易摩擦等所累，全球旅游增速有所放缓。2018年，是贯彻党的十九大精神开局之年，也是改革开放40周年。党和国家机构改革全面展开，供给侧结构性改革深入推进，简政减税减费有效实施，市场主体活力不断激发，经济发展质量有所提升，经济增长速度稳中微降。在此背景下，机构改革将旅游发展纳入新的发展轨道；旅游成为乡村振兴和精准扶贫的亮点，并在对外开放、促进消费中扮演重要角色；"一带一路"倡议实施五年来，旅游合作成为亮点；基于更加完善的资源管理体制和更加严格的生态红线管控，生态文明的制度基础得以夯实，为旅游带来机遇和挑战；全域旅游全面推进；以旅游安全保障、"无障碍旅游"、旅游公共交通设施与服务、旅游信用监管、市场秩序整顿以及文明旅游引导为内容的旅游公共服务日益完善；在所谓的"资本寒冬"中，旅游投资热度不减、隐忧犹存。2019年，是新中国成立70周年，也是"十三五"规划收官之年。展望未来，在文化和旅游融合发展的大背景下，要围绕满足人民日益增长的美好生活需要这一主线，以促进产业融合、加强公共服务等为重点，提高国家文化软实力和中华文化影响力。

2018年，我国旅游发展高潮迭起，热点频出。根据中国社会科学院旅游研究中心的梳理和提炼，该年度中国旅游十大热点为：机构改革为旅游提出新要求，"一带一路"旅游合作成效显著，乡村旅游助推乡村振兴发展，

霸座现象引发文明旅游反思，境外安全事件警示加强防范，特色小镇发展受到重点关注，高铁线路旅游带动效应凸显，制度红利再促海南旅游发展，景区门票降价仍需狠抓落实，目的地营销新应用打造网红。

围绕"新时代下的旅游改革与创新"这一主题，年度主题报告总括性地探讨了经济换挡期为何以及如何推动旅游业的发展与创新，另有"旅游投融资与消费创新""旅游业态与产品创新""旅游与区域发展创新""旅游经营与管理创新"等四篇从不同角度予以支撑。

"旅游投融资与消费创新"篇中，来自专业研究机构的学者们对政府引导型旅游产业基金发展现状、新三板旅游企业最新动态、国内外旅行支付发展前沿、我国免税行业政策演变进行了系统分析。"旅游业态与产品创新"篇的四篇文章分别对乡村旅游内容创新、旅游演艺行业、自驾游和露营、研学旅行、定制旅游等进行了跟踪与思考。"旅游与区域发展创新"篇则对旅游在推动粤港澳大湾区建设，海南建设自由贸易试验区和中国特色自由贸易港，以及长三角地区发展中所发挥的作用给予了细致、全面且具有前瞻性的分析。"旅游经营与管理创新"篇，从目的地和企业的层面落笔，围绕旅游目的地的创意营销、以复星旅文为代表的度假产品创新、以腾讯文旅为代表的文旅创新进行了案例分析，颇具启发意义。作为"旅游绿皮书"的传统优势板块，国内旅游、入境旅游、出境旅游、港澳台旅游等报告为读者了解相关市场发展提供了翔实数据和系统分析。

序

又是一年秋风起。此时的北京色彩斑斓，意境幽远，韵味绵长。

韶华易逝，时不我待。从 2001 年开始筹备、2002 年正式出版至今，由中国社会科学院旅游研究中心组织编撰的"旅游绿皮书"已走过十九个年头。十九年来，此书作为我们"以学术服务社会"的重要载体，忠实地记录了中国旅游的发展轨迹和研究者的观察思考。

2018 年，是改革开放 40 周年，也是贯彻党的十九大精神开局之年。40 年波澜壮阔，自改革开放之初，旅游便肩负起开拓突破的责任，成为改革的排头兵；新时代继往开来，站在新的时代起点上，旅游又将面临新的转折，承担新的使命。

在社会基本矛盾发生转变的背景下，拥有全球最大旅游市场和巨量旅游产业资源的中国，如何通过旅游更好地满足人民群众对美好生活的需要？在经济由高速增长转向高质量发展的背景下，曾经以"适度超前"为导向、发展速度长期快于国民经济的旅游业，将面临怎样的机遇和挑战？在党和国家机构改革的背景下，文化和旅游部成立之后该如何引导和推动文化与旅游的融合发展？经历 40 年高速增长之后，在新的形势下，我们该如何重新思考中国"为什么发展旅游""如何发展旅游"等问题？如何通过持续的改革和不断的创新，将中国旅游从投入驱动型转向创新驱动型、从数量扩张型转向品质提升型？对于这些问题的思考和回答，成为本年度"旅游绿皮书"的重要任务。

对此，我们决定继续围绕上年度的主题——"新时代下中国旅游的改革与创新"进行更为深入的分析。如果说，此前数年更侧重于呼吁改革与创新的必要性的话，那么今年则侧重于分析如何改革，尤其是如何创新。由

是，除主报告和年度专题报告外，本书专门设置了"旅游投融资与消费创新""旅游业态与产品创新""旅游与区域发展创新"、"旅游经营与管理创新"等篇，分别从区域层面、行业层面、产品层面、企业层面对创新思路和创新做法进行了系统分析，并提供了多个案例研究。

一本书的成长和发展离不开编者、作者、读者和出版者的共同努力。由衷感谢愿意和我一起为他人作嫁衣的编者，多少琐碎平常的工作，实在难以度量；由衷地感谢在百忙之中不吝赐稿的作者，一遍遍不厌其烦地修改，旨在精益求精；由衷地感谢长期关注这本书的读者，无数期待的眼神如影随形，给予我们激励；由衷地感谢社会科学文献出版社的编辑们，十几年的合作令我们结下深厚友谊，充满默契感恩。

秋天是北京最美好也最短暂的季节。当您读到此书时，恐怕又是新的一年了。愿此书陪伴您度过充满希望、收获和幸福的一年。愿您开卷有益。

是为序。

宋　瑞

2018 年 11 月 12 日 清晨

目　录

Ⅰ　主报告

Ⅱ　年度主题　新时代下的旅游改革与创新

Ⅲ　旅游投融资与消费创新

Ⅳ 旅游业态与产品创新

Ⅴ 旅游与区域发展创新

Ⅵ 旅游经营与管理创新

Ⅶ　三大市场

Ⅷ　港澳台旅游

皮书数据库阅读**使用指南**

主 报 告

General Reports

G.1
2018~2019年中国旅游
发展分析与展望

中国社会科学院旅游研究中心*

摘　要：　2018年全球经济处于高位回落进程，受宏观经济和贸易摩擦
　　　　　等因素所累，全球旅游增速有所放缓。2018年，是贯彻党的
　　　　　十九大精神开局之年，也是改革开放40周年。党和国家机构
　　　　　改革全面展开，供给侧结构性改革深入推进，简政减税减费
　　　　　有效实施，经济增长速度稳中微降，经济发展质量有所提升。
　　　　　2018年，中国旅游业进入转折之年：机构改革将旅游发展纳
　　　　　入新的发展轨道；旅游在对外开放和促进消费中扮演重要角
　　　　　色；旅游成为乡村振兴和精准扶贫新的亮点；"一带一路"

＊　执笔人宋瑞。宋瑞，中国社会科学院旅游研究中心主任、中国社会科学院财经战略研究院研
　　究员、博士生导师，长期关注旅游政策、旅游可持续发展、休闲基础理论与公共政策。

倡议实施中旅游合作成效显著；生态文明建设制度基础的夯实为旅游发展带来机遇和挑战；全域旅游全面推进，旅游品质备受重视；旅游公共服务体系日益完善，制度保障和技术支撑齐头并进；旅游投资热度不减，投资规模、结构值得关注；主题公园和特色小镇热中有冷，隐忧犹存。2019年，是新中国成立70周年，也是"十三五"规划收官之年。面对新的发展形势，应深入思考两个问题：一是文化和旅游如何融合发展；二是经济由高速增长阶段转向高质量发展阶段，旅游业应如何通过改革与创新抓住机遇、迎接挑战。

关键词： 全球旅游　机构改革　文化和旅游融合发展　经济换挡期

一　2018～2019年国内外发展环境

（一）国际环境：全球经济和全球旅游增速双双回落

1. 全球经济处于高位回落进程

2018年，"逆全球化"思潮和贸易保护主义倾向抬头，全球贸易趋缓，融资出现紧缩；除美国以外的主要发达经济体制造业PMI明显下滑；发达经济体政策外溢效应变数和不确定因素增加，新兴经济体预期增速下降，全球经济处于高位回落进程。

国际货币基金组织（IMF）2018年10月发布的《世界经济展望》中将2018年和2019年全球经济预期增速从半年前的3.9%下调至3.7%。IMF指出，全球贸易摩擦将在2018年对全球经济增长造成打击，负面影响将持续至2019年。就不同国家和地区而言，IMF将美国2019年经济增速从2.7%下调至2.5%，2018年经济预期增速维持2.9%不变；将欧元区2018年增长预期由2.2%下调至2.0%，2019年增速维持1.9%不变；对新兴市场经济增长预期大幅下调，预计阿根廷、巴西、墨西哥、伊朗和土耳其经济将下行调整，中国和亚洲新兴经济体增长势头有所减弱。

世界银行2018年6月发布的《全球经济展望：扭转潮流?》指出，全球经济增长在2017年和2018年达到3.1%之后，预期将在接下来的两年里减速，2019年和2020年分别为3%和2.9%。该报告进一步指出，2018年发达经济体预计增长2.2%，新兴市场和发展中经济体2018年预计增长4.5%。这种前景存在相当大的下行风险，金融市场无序波动的可能性会增加，部分新兴市场和发展中经济体面对动荡的脆弱性上升，贸易保护主义情绪上升，政策不确定性和地缘政治风险居高不下。

2. 全球旅游增速有所放缓

与2017年的高速增长相比，全球旅游业2018年的增速有所放缓。世界旅游组织（UNWTO）发布的《2018年旅游业洞察》报告显示，2017年全球国际旅游人次实现七年来的最高增长，增速达7%。2018年6月，该机构指出，本年度前四个月国际旅游人次增长6%，与上年同期相比，增速有所下滑。根据世界旅游城市联合会（WTCF）与中国社会科学院旅游研究中心共同完成的《世界旅游经济趋势报告（2019）》，2018年全球旅游总人次增速为5.0%，较2017年的5.7%下降0.7个百分点；全球旅游总收入增速也从2017年3.7%回落到2018年3.1%，下降0.6个百分点。

总体来看，受全球宏观经济、不断升级的贸易摩擦、油价上涨带来交通成本上升、美元普遍升值导致新兴国家全球旅游购买力下降等因素的影响，2018年全球旅游增长速度有所放缓。

（二）国内环境：经济增长稳中微降，改革步伐全面加快

2018年，尽管面临复杂多变的国际形势以及国内产能过剩、经济增长内生动力不足、金融风险不断积聚等困难，我国经济依然保持相对平稳。

2018年，机构改革全面展开，供给侧结构性改革深入推进，简政减税减费有效实施，市场主体活力不断激发，经济增长速度稳中微降，经济发展质量有所提升。在供给侧结构性改革中，积极推动实体经济、特别是制造业

转型升级、提质增效；加快培育形成新动能主体力量；破立结合推进"三去一降一补"，使产能利用率保持在合理区间。在深化经济体制改革中，联动推进国有企业混合所有制、完善产权保护制度、激发企业家精神三项改革，确保投融资体制改革全面落地。

总体来看，2018年我国GDP增长率稳中微降。根据中国社会科学院《经济蓝皮书春季号：2018年中国经济前景分析》预测，2018年第一季度至第四季度，我国GDP增长率分别为6.8%、6.7%、6.7%、6.6%，呈稳中微降趋势。预计2018年我国经济增长6.7%左右，增速比上年略微回落0.2个百分点。

二 中国旅游：新时代、新轨道、新特征

十九大报告提出，中国特色社会主义进入新时代。在此背景下，人民日益增长的美好生活需要和不平衡不充分的发展之间的矛盾愈发凸显，国际社会在解决各类世界性问题时对中国也怀有更多期待。面对社会发展新矛盾和国际舞台新角色，旅游业也进入转折和调整的关键时期。

（一）机构改革将旅游发展纳入新轨道

2018年3月，《深化党和国家机构改革方案》提出，为增强和彰显文化自信，坚持中国特色社会主义文化发展道路，统筹文化事业、文化产业发展和旅游资源开发，提高国家文化软实力和中华文化影响力，将文化部、国家旅游局职责整合，组建文化和旅游部，作为国务院组成部门。2018年7月，国务院办公厅印发文化和旅游部"三定"方案，随后各地陆续公布了机构改革方案。自此，旅游与文化纳入同一行政管理机构之下，并在发展理念、工作方式、产业引导、公共服务等各个方面按照"宜融则融、能融尽融"的原则探索融合发展之路。

除文化和旅游部的组建外，自然资源部的组建以及国家林业和草原局的调整也值得关注。自然资源部的成立体现了"统一行使全民所有自然资源

资产所有者职责"的初衷,对于解决旅游自然资源分散管理的传统顽疾具有根本作用。随着国家公园管理局（加挂于国家林业和草原局）的设立,国家公园建设也有了直接的管理主体。

至此,文化旅游资源和自然旅游资源两大类资源分别建立起统一的管理体系,有可能在一定程度上解决长期困扰旅游发展的交叉管理等问题,而中国特色的国家公园体系建设,是发展理念和管理方式的系统变革,将影响诸多景区的经营发展。

（二）新一轮对外开放中旅游被寄予厚望

1. 深化服务贸易创新发展试点

2018年,国务院通过《深化服务贸易创新发展试点总体方案》,同意自2018年7月1日起至2020年6月30日止,在北京等17个地区深化服务贸易创新发展试点,重点在旅游、金融、法律等领域推出一批开放举措。涉及旅游的内容包括:探索建立来华就医签证制度;推动部分地区实施144小时过境免签政策;完善跨境自驾游监管举措,允许境外旅行社与国内企业合作,拓展自驾游旅游产品;完善自驾游艇、车辆等出入境手续;等等。

2. 海南建设自由贸易试验区和自由贸易港

2018年4月,习近平总书记宣布,党中央决定支持海南全岛建设自由贸易试验区,支持海南探索推进中国特色自由贸易港建设。随后,《中共中央国务院关于支持海南全面深化改革开放的指导意见》正式出台,提出要将海南建设成为全面深化改革开放试验区、国家生态文明试验区、国际旅游消费中心和国家重大战略服务保障区。要求海南围绕"国际旅游消费中心"目标,"深入推进国际旅游岛建设,不断优化发展环境,进一步开放旅游消费领域,积极培育旅游消费新业态、新热点,提升高端旅游消费水平,推动旅游消费提质升级,进一步释放旅游消费潜力,积极探索消费型经济发展的新路径",并制定了一揽子优惠政策。

3. 自由贸易试验区升级方案

继2017年国务院印发《全面深化中国（上海）自由贸易试验区改革开

放方案》之后，2018 年国务院又相继印发《进一步深化中国（广东）自由贸易试验区改革开放方案》《进一步深化中国（天津）自由贸易试验区改革开放方案》《进一步深化中国（福建）自由贸易试验区改革开放方案》等。旅游作为其中的重要内容被多次提及。例如，在通关便利化方面，三地除将试点实施国际邮轮入境外国旅游团 15 天免签政策外，广东还提出深入推进粤港澳游艇自由行，提升游艇通关便利化水平；福建支持厦门东南国际航运中心建设，推动邮轮、游艇等出行便利化等。

4. 边境旅游试验区

2018 年国务院同意设立内蒙古满洲里、广西防城港边境旅游试验区，试点试验时间为 3 年。一南一北两个试验区，将在优化出入境管理制度、促进自驾车旅游往来便利化、推动团体旅游便利化、探索实施旅游发展用地政策、完善边境旅游综合服务设施、构建旅游共建共享模式、开拓海上跨境旅游新市场、打造边境新型旅游产品、建立跨境旅游常态化联合执法机制、推动跨境旅游联合营销机制等方面进行探索。

（三）旅游成为促进消费热点领域

2018 年以来宏观经济低位运行，为了缓解经济下行压力，中共中央、国务院发布《关于完善促进消费体制机制进一步激发居民消费潜力的若干意见》，在"推进服务消费持续提质扩容"方面对旅游消费进行了重点部署。具体涉及：全域旅游示范区创建、主题公园规范发展、乡村旅游品质提升、邮轮、游艇、自驾车、旅居车、通用航空等消费大众化发展等内容。随后，国务院办公厅印发《完善促进消费体制机制实施方案（2018—2020年)》，在放宽服务消费领域市场准入方面对旅游、文化服务消费领域进行部署。在旅游领域，明确提出：出台海南建设国际旅游消费中心实施方案；出台自驾车、旅居车营地建设相关规范；逐步放开中外合资旅行社从事旅游业务范围；出台邮轮旅游发展规划、游艇旅游发展指导意见；出台实施进一步促进乡村旅游提质升级政策措施；研究开发京杭大运河具备条件航段的航运旅游功能；鼓励发展租赁式公寓、民宿客栈等旅游短租服务；落实带薪休假制度，鼓励错峰休假和弹性作息；等等。

一些地方政府也制订了旅游消费促进政策。例如：《北京市加快供给侧结构性改革扩大旅游消费行动计划（2018~2020年）》中明确提出，到2020年，旅游消费占全市总消费比重超过25%；西安市印发《关于进一步扩大旅游文化体育健康养老教育培训等领域消费的实施意见》等。

（四）旅游成为乡村振兴和精准扶贫的亮点

1. 乡村振兴背景下的乡村旅游

党的十九大首次提出"乡村振兴"战略。2018年9月，《乡村振兴战略规划（2018~2022年）》对外发布，围绕"产业兴旺、生态宜居、乡风文明、治理有效、生活富裕"的总体要求，部署了一系列重大工程、重大计划和重大行动。

在乡村振兴背景下，乡村旅游受到更多关注。《乡村振兴战略规划（2018~2022年）》明确指出，对于特色保护类村庄（即历史文化名村、传统村落、少数民族特色村寨、特色景观旅游名村等自然历史文化特色资源丰富的村庄），要"发展乡村旅游和特色产业"，要"实施休闲农业和乡村旅游精品工程"，要"大力发展生态旅游、生态种养等产业"。在此之前，新成立不久的农业农村部印发了《关于开展休闲农业和乡村旅游升级行动的通知》，提出"五个升级"，即培育精品品牌促升级，完善公共设施促升级，提升服务水平促升级，传承农耕文化促升级，注重规范管理促升级。在此之后，国家发展改革委、财政部等13个部门联合印发《促进乡村旅游发展提质升级行动方案（2018~2020年）》，旨在补齐乡村旅游道路和停车设施建设短板、推进垃圾和污水治理等农村人居环境整治、建立健全住宿餐饮等乡村旅游产品和服务标准、鼓励引导社会资本参与乡村旅游发展。

除中央有关部门的大力推动外，各级地方政府也做出积极响应。例如，辽宁省15个部门联合印发《辽宁省促进乡村旅游发展提质升级实施方案（2018年）》，在激发投资活力、完善发展环境、加强规划引领等方面提出一系列举措；甘肃省出台《关于加快乡村旅游发展的意见》；等等。

总体来看，乡村旅游在促进农业产业升级、实现农民生活富裕、优化乡村生活环境、提升乡村生活品质等方面发挥着越来越重要的作用。

2. 精准扶贫与旅游扶贫

党的十九大把精准脱贫作为全面建成小康社会必须打好的三大攻坚战之一。2018 年 6 月，《中共中央国务院关于打赢脱贫攻坚战三年行动的指导意见》指出，未来 3 年，还有 3000 万左右农村贫困人口需要脱贫，特别是西藏、四省藏区、新疆南疆四地州和四川凉山州、云南怒江州、甘肃临夏州（简称"三区三州"）等深度贫困地区，脱贫难度更大。

为促进旅游扶贫工作，文化和旅游部先后制定了《促进乡村旅游发展提质升级行动方案（2018～2020）》《乡村旅游扶贫工程行动方案》《关于支持深度贫困地区旅游扶贫行动方案》等一系列文件。国家发展改革委印发《"三区三州"等深度贫困地区旅游基础设施改造升级行动计划（2018～2020 年)》，重点加强上述地区的旅游基础设施和公共服务设施建设。文化和旅游部办公厅、国务院扶贫办综合司联合印发《关于支持设立非遗扶贫就业工坊的通知》，选取四川省凉山彝族自治州等 10 个第一批"非遗 + 扶贫"地区进行重点支持。

各省也根据自身特点，制定相关政策。例如，贵州省出台《发展旅游业助推脱贫攻坚三年行动方案》；甘肃省下发《关于做好甘肃省"两州一县"深度贫困地区旅游规划扶贫公益行动有关工作的通知》；山东省将乡村旅游作为山东省扶贫攻坚的"三驾马车"（光伏、电商、乡村旅游）之一，出台《乡村旅游提档升级工作方案》；安徽省印发《关于乡村旅游扶贫工程的实施意见》，并将其列入全省扶贫攻坚"1 + X"配套政策和扶贫工作督查考核范围；河北省印发《2018～2020 年河北省旅游产业扶贫工作行动方案》；青海省积极推进 87 个旅游扶贫项目，包括深度贫困地区 34 个。广西、海南、湖南、湖北等省区也纷纷把旅游扶贫纳入重点工作。

（五）在"一带一路"倡议中旅游合作成效显著

2018 年是"一带一路"倡议提出五周年。五年来，旅游合作成效显著。

"一带一路"沿线国家赴中国游客由 2013 年的 903 万人次增长到 2017 年的 1064 万人次；中国出境到"一带一路"沿线国家的游客由 2013 年的 1549 万人次增长到 2017 年的 2741 万人次。2017 年中国入境旅游收入 1234 亿美元，其中由"一带一路"沿线国家创造的份额占 16.88%。近五年来，文莱、阿塞拜疆等 13 个"一带一路"沿线国家对中国游客开放落地签或免签。按照大口径（即包含短期留学、务工、医疗等消费在内）计算，2017 年"一带一路"沿线国家实现国际旅游收入 3851 亿美元，其中约 30.82% 由中国大陆游客贡献[1]。此外，德国旅游机构 Reise 发表的《政策与旅游关联》一文显示，"一带一路"沿线 65 个国家近五年旅游业发展指数（TIDI）的平均增幅为 14.13%[2]。据有关预测，到 2020 年，我国与沿线国家双向旅游人数将超过 8500 万人次，旅游消费将达 1100 亿美元左右。

2013 年至今，我国与"一带一路"沿线国家签署双边文化、旅游合作文件 76 份，推动建立中国—东盟、中国—中东欧、中俄蒙等一系列文化旅游合作机制，利用中意（大利）、中法（国）、中英（国）、中南（非）等人文交流机制拓展与"一带一路"沿线国家合作空间，先后成立中国驻曼谷、布达佩斯、阿斯塔纳旅游办事处，指导完成巴黎、悉尼中国旅游体验中心建设，先后举办中国—中东欧、中国—东盟、中国—欧盟等 10 余个文化年、旅游年等。

（六）生态文明建设力度加大，对旅游发展提出新的要求

十八大以来，根据"五位一体"的总体布局，特别是习近平总书记提出的"两山理论"和绿色发展理念，《关于加快推进生态文明建设的意见》《生态文明体制改革总体方案》等一系列重要文件，形成了生态文明建设、制度建设的系统架构。十九届三中全会通过的《中共中央关于深化党和国

---

[1] 中国旅游研究院（文化和旅游部数据中心）：《"一带一路"旅游大数据专题报告》，2018 年 9 月。

[2] 该数据是综合各国入境人数、航线、铁路、旅游签证开放程度等 10 余项数据统计得出的结论。

家机构改革的决定》进一步提出要改革自然资源和生态环境管理体制,实行最严格的生态环境保护制度,设立国有自然资源资产管理和自然生态监管机构,统一行使全民所有自然资源资产所有者职责,统一行使所有国土空间用途管制和生态保护修复职责,统一行使监管城乡各类污染排放和行政执法职责,等等。生态文明建设制度基础的夯实为旅游发展带来了机遇和挑战。

1. 实施更加严格的生态保护制度

更严格的生态保护制度对旅游发展提出了新的要求。以长江经济带建设为例,长江沿线地区主管部门按照《长江国际黄金旅游带规划纲要》的要求,实施最严格的旅游资源和生态环境保护。其中:湖北省编制了《湖北长江旅游带发展规划(2019~2023年)》,着力推进"多规合一";四川省制定《四川旅游规划环境影响评价技术规范》等,把环境评估作为A级旅游景区创建的前置条件,整合科研力量,重点研究智能环保厕所、旅游产业环境保护、全域旅游民生环保工程、环保技术与互联网智能科技跨界融合等的应用;安徽省对环境资源保护不力的景区景点分类做出处理,关闭、拆除3A级以上景区4家和一批不符合规定的码头、农家乐等。再以备受关注的甘肃祁连山国家级自然生态保护区为例,2017年受到严重处理之后,祁连山生态环境整改力度加大。2018年4月、5月,青海陆续发布通告,要求相关景区禁止接待游客,涉及可可西里、黄河源头、年保玉则等涉及三江源、祁连山和青海湖等生态敏感的自然保护区。

2. 国家公园体系建设进入全面推进阶段

2017年,中办和国办出台《建立国家公园体制总体方案》后,2018年4月,国家林业和草原局、国家公园管理局揭牌。按照《深化党和国家机构改革方案》,将原国家林业局的职责、原农业部的草原监督管理职责,以及原国土资源部、住房和城乡建设部、水利部、原农业部、原国家海洋局等部门的自然保护区、风景名胜区、自然遗产、地质公园管理等职责整合,组建国家林业和草原局,加挂国家公园管理局牌子,由自然资源部管理。该局主要负责监督管理森林、草原、湿地、荒漠和陆生野生动植物资源开发利用和保护,组织生态保护和修复,开展造林绿化工作,管理国家公园等各类自然保护地等。截至目前，我国已开展 10 个国家公园体制试点，并计划建立物种类型国家公园、生态系统类型的国家公园，规划建立以保护青藏高原生态环境为目标的"世界第三极国家公园群"，最终形成以国家公园为主体的自然保护地体系。2018 年 10 月，大熊猫国家公园管理局和祁连山国家公园管理局先后在四川成都和甘肃兰州揭牌，标志着我国国家公园体制试点工作进入全面推进阶段。

3. 更多遗产被列入世界遗产名录

2018 年 4 月，在第五次全球重要农业文化遗产国际论坛上，我国甘肃迭部扎尕那农林牧复合系统等 4 个项目获全球重要农业文化遗产授牌 。目前我国已有 15 个项目被列入，项目数量位居世界第一。2018 年 6 月，联合国教科文组织公布了新一批 19 个世界遗产名录，我国梵净山入选世界自然遗产。2018 年 8 月，都江堰等四个项目成功入选 2018 年（第五批）世界灌溉工程遗产名录。2018 年 11 月，苏州市凭借在世界文化遗产保护工作中的成就和努力获得了世界遗产城市组织颁发的"世界遗产典范城市"称号。这些项目或地区，在其遗产活化和利用过程中，不同程度地结合了旅游。

（七）全域旅游全面推进，旅游品质备受重视

全域旅游是近年我国旅游主管部门的重点工作，2018 年被原国家旅游局确定为"美丽中国——全域旅游年"。2018 年 3 月国务院办公厅印发《关于促进全域旅游发展的指导意见》，围绕"旅游发展全域化""旅游供给品质化""旅游治理规范化""旅游效益最大化"的目标提出了一系列具体要求。此后一些省份先后发布了实施方案，例如：青海省政府出台意见，要求到 2025 年规划建成 15 个全域旅游产业改革创新区；山东省制定《大力推进全域旅游高质量发展实施方案》；《广西全域旅游发展三年行动计划》提出，到 2020 年，广西要创建 20 个以上国家全域旅游示范区和 30 个自治区级全域旅游示范区，打造 30 个广西特色旅游名县；《河北省国家全域旅游示范省创建规划》《山东省全域旅游发展总体规划（2018～2025 年）》《浙江省

全域旅游发展规划》《湖北省人民政府关于促进全域旅游的实施意见》等均提出了具体要求。

2018年全国旅游工作会议提出要从高速旅游增长向优质旅游发展转变。各地出台了一些相关举措，例如：云南省人民政府发布《关于加快推进旅游转型升级的若干意见》，要按照"国际化、高端化、特色化、智慧化"的发展目标和"云南只有一个景区，这个景区叫云南"的全域旅游理念，推动"旅游革命"，实现转型升级，希望借此根除"不合理低价游"等市场顽疾。山东省印发《山东精品旅游质量提升行动方案》，提出将开展十大提升行动。

（八）旅游公共服务日益完善

近年来，以旅游安全保障、"无障碍旅游"、旅游公共交通建设、旅游信用监管、市场秩序整顿以及文明旅游引导等为内容的旅游公共服务日益完善。

2018年7月，集大数据监管与开放式服务于一体的全国旅游监管服务平台全面启用。全国暑期旅游市场秩序专项整治中，共检查旅游企业24390家，立案1103件，罚款1215.84万元，吊销旅行社业务经营许可证34家。11家4A级景区因景观和服务质量退化、服务设施缺失、"厕所革命"滞后等原因被摘牌。文化和旅游部公布新一批旅游不文明行为记录，截至目前，共有35人被纳入旅游"黑名单"。

各地在完善旅游公共服务方面也各有创新。例如，贵州省编织全域旅游安全保障网，并成立政府管理部门指导、企业设立、按照市场化运作的第三方旅游安全保障组织贵州江泰全域旅游安全保障服务中心，为游客旅游纠纷与救援救助提供"先救治，后定责"的保障服务。杭州市制定并试点实施全国首个《残障人员旅游服务规范》地方标准。吉林省制定《关于促进交通运输与旅游融合发展2018年实施方案》，要求到年底实现省内所有4A级以上乡村旅游经营单位道路客运全覆盖。覆盖全北京41816名导游、2669家旅行社、285家A级景区、547家星级酒店等的北京旅游信用监管平台于

2018年8月上线，建立起旅游行业企业和导游员"信用档案"，并向社会提供查询服务。《黑龙江省旅游业明码标价规定（试行）》，要求旅行社对有偿导游服务明码标价，旅游餐饮经营者应当实行"餐前消费确认"制度。黑龙江大海林林业地区旅游局针对备受关注的"雪乡宰客"案，对涉事经营者处罚5.9万余元，责令限期整改。

（九）旅游投资热度不减，速度和规模引发担忧

2018年，旅游公共投资和社会投资持续增加，投资方式更加多元，兼并收购引人注目。

在旅游发展基金方面，财政部明确2018年旅游发展基金补助地方项目资金预算为14.6亿元，较2017年的11.8亿元有明显增长。此外，财政部还为新疆生产建设兵团财政局下达2018年旅游发展基金补助地方项目资金预算2100万元，补助资金预算合计将近15亿元。

在社会投资方面，目前尚无全国范围内的统计数据。从媒体报道的各地方旅游项目投资情况来看，依然热度不减。例如：2018年山西省旅发大会期间，全省共签约35个旅游项目，总金额达1090.93亿元；"清新福建"旅游投融资合作与重大项目推介活动中推出旅游招商项目208个，总投资额超过3200亿元；2018年，青岛市确定单体投资5000万元以上在建、待建、在谈旅游项目110个，总投资达3500多亿元；重庆重大旅游招商项目集中签约仪式上共签约35个旅游项目，总投资2357亿元；北海市17个文旅项目集中签约总投资1340亿。

从企业层面来看，知名互联网企业持续加大对旅游业的投入。由百度、阿里巴巴、腾讯（BAT）组成的第一梯队已于数年前加大对旅游行业的投入。2018年，由今日头条、美团点评、滴滴（TMD）组成的第二梯队也高调进入旅游业。其中，今日头条依靠其旅游频道、短视频APP等带动一批网红景点和城市；美团点评自2013年进入酒店预订市场以来，目前业务已覆盖酒店、民宿、境内度假、境外度假和大交通等几乎所有品类；滴滴几年前与华住、洲际等品牌连锁酒店，猫途鹰、携程等OTA平台建立合作，

2018 年 7 月又与美国在线旅游巨头 Booking Holdings 达成战略合作，通过收购、投资等方式，布局印度、巴西、新加坡等地的出行市场。

在投资方式上，PPP 模式、产业基金、兼并收购等成为热点。2018 年 2 月，财政部发布的第四批政府和社会资本合作（PPP）示范项目名单中，旅游类共 27 个，投资总额为 349.17 亿元，较第三批入选项目数量和投资额分别增长 92.86% 和 54.2%，数量远高于体育、文化、健康、养老等产业。2018 年 4 月，文化和旅游部、财政部联合发布《关于在旅游领域推广政府和社会资本合作模式的指导意见》，重点支持旅游景区、全域旅游、乡村旅游、自驾车旅居车营地等领域的项目。此外，地方性产业投资基金也日益增多。例如：由成都市委宣传部牵头组建成都市文创产业发展投资基金，首期母基金为 25 亿元，通过设立子基金，可撬动近 100 亿元规模资金；宁夏国投、宁夏旅投与海航共同发起宁夏全域旅游产业基金，拟定总规模为 50 亿元。2018 年，旅游业的兼并和收购也层出不穷。民营企业方面，最受瞩目的是融创中国收购万达文旅集团和 13 个文旅项目的设计、建设和管理公司，总价约为人民币 62.81 亿元。国有企业方面，中国旅游集团与海南省国资委资产深度整合，前者将其持有的公司部分股份无偿划转给后者持有，后者将其持有的海南省免税品有限公司 51% 的股权无偿划转给前者。共青团中央直属企业中国青旅集团公司、中国青年实业发展总公司国有产权 100% 划转至中国光大集团股份公司。

上一本"旅游绿皮书"的总报告中我们曾指出，热潮涌动的旅游投资可能潜藏风险和隐患。从 2018 年的情况来看，旅游投资热度依然不减，投资体量继续向大投资、大企业、大项目集中。这种投资结构和增长模式是否健康、能否持续，如何构建大中小旅游项目的生态体系，如何发挥重大项目对旅游产业体系的带动作用，如何实现相关领域投资与旅游投资的共振，如何兼顾旅游投资的长期效益与短期效益、经济效益和社会效益……在供给侧结构性改革的大背景下，这些问题都值得深思。尤其是要警惕避免一些旅游细分领域滑入过度投资—过度竞争—恶性竞争—行业受损的泥沼。

（十）主题公园与特色小镇：热潮背后或藏隐忧

近年来，各地掀起新一轮的主题公园热。不少房地产企业相继建设了一批文化主题公园，世界知名主题公园运营商也纷纷加快在中国布局的步伐，大型主题公园从一线城市向芜湖、济南、泰安、宁波、汕头、青岛、郑州等二、三线城市转移。世界主题公园权威研究机构美国主题娱乐协会（TEA）与美国AECOM集团联合发布的《2017年全球主题公园调查报告》显示，中国主题公园总量约为2100多家，投资在5000万元以上的有300家左右。预计到2020年，我国主题公园市场规模将达120亿美元。主题公园满足了人们的旅游和休闲需求，成为旅游业创新发展的重要业态，但是也出现了概念不清、盲目建设、模仿抄袭、低水平重复等问题，一些地区还出现了地方债务风险和房地产化倾向。对此，国家发展改革委于2018年3月颁布《关于规范主题公园建设发展的指导意见》，要求对主题公园科学规划、严格规范、提升质量，其中特别强调要严格用地管理、严守生态保护红线、严格核准程序、严控房地产倾向、严防地方债务风险。江苏等省也出台了相关意见，明确将严格控制新建、扩建特大型主题公园。从2018年的情况来看，国内上市主题公园企业发展速度确实有所放缓。国内已上市主题公园企业有四家（华侨城A、宋城演艺、大连圣亚与海昌海洋公园），2018年上半年内四家主题公园企业总营收为69.85亿元，较上年同期下滑18.78%。

近几年，随着旅游业的快速发展与特色小镇的加快推进，旅游小镇成为投资关注的重点。从2018年的情况来看，一方面是各地政府积极推动，另一方面是中央有关部门加强规范。例如，江苏省继2017年确定25个特色小镇创建名单之后，2018年又新增31个，对首批25个考核后每个奖补资金200万元，共计4200万元。据悉，江苏省计划用3～5年培育100个特色小镇。云南省提出从2018年到2020年，每年评选15个创建成效明显的特色小镇，各给予1.5亿元以奖代补资金。海南省谋划2025年前在沿海市县建8个游艇小镇。面对特色小镇一哄而起并出现概念定位不清晰、盲目发展引起质量不高、同质化无特色、盲目举债加大风险、房企过度参与带

来地产化等问题，国家发展改革委提出要对特色小镇进行定期测评并优胜劣汰。

不管是主题公园还是特色小镇，如其投资是基于对旅游市场需求的科学判断和对旅游产品服务的不断创新，自然是理性与合理的。但是事实上，目前的一些主题公园和特色小镇夹杂着太多房地产的因素、逻辑和诉求，只是给房地产项目穿上旅游的外衣。如此既不利于旅游自身的发展，也会给投资继而地方经济带来很大隐患。

三 新时代下中国旅游发展的两大核心命题

（一）机构改革之后，文化和旅游如何融合发展

在中国特色社会主义进入新时代、深化党和国家机构改革的背景下，中央决定组建文化和旅游部。这是以习近平同志为核心的党中央立足党和国家事业全局做出的重大决策。2018 年 4 月，文化和旅游部正式挂牌，随后各省（区、市）政府陆续挂牌成立文化和旅游厅（委），文化和旅游机构整合全面开展。在机构整合之后，应以什么原则、按照什么思路开展工作成为重要问题。我们以为，文化和旅游的进一步融合发展，应特别关注如下八个方面的问题。

1. 融合思路：依托文化提升旅游，通过旅游传播文化

依托文化提升旅游，有两层含义。一是在旅游发展的各个环节，充分体现文化内涵。一方面要充分利用现代手段，使更多文化遗产、文化资源、文化要素成为深受当代人喜爱的旅游产品；另一方面要努力用文化的养分滋养旅游，丰富内涵、拓展空间，推动旅游的特色化和品质化发展。二是要在旅游业既有的产业功能的基础上，发挥其事业功能，除关注经济效益外，也发挥旅游在改善民生福祉、实现社会和谐、平衡区域发展、促进文化发展、提升国家形象等方面的功能。

通过旅游传播文化，亦有两重含义：对内而言，要从满足人民美好生活

需要的角度出发，借助旅游的产业化、市场化手段，丰富文化产品和服务的供给类型和供给方式，让更多文化资源、文化产品真正发挥"以文化人"的作用；对外而言，就是通过旅游传播中国文化，讲好中国故事，通过入境旅游和出境旅游双向的人员流动，增进文化交流，提高文化软实力和中华文化影响力。

2. 融合原则："宜融则融、能融尽融"

文化和旅游既有共同特征，也有各自规律。二者有彼此融合的一面，也有相对独立的一面。在融合发展过程中，要按照文化和旅游部部长雒树刚在文化和旅游工作座谈会上提出的"宜融则融、能融尽融"的原则加以推动。对各级文化和旅游主管部门来说，既要克服惯性思维，避免画地为牢、貌合神离；也要防止简单思维，避免相互替代、违背规律。要实事求是，结合现实需要，明确哪些领域适宜融合，哪些领域应各自发展，从而"和""合"并举，既强调行政机构和组织管理的统一性，也尊重行业发展和各自特征的差异性，避免为融而融。

3. 融合主线：以供给侧结构性改革为主线，以产业发展和公共服务为两翼

目前，人民群众的文化和旅游消费正朝着个性化、多样化、品质化发展，而相应的产品与服务供给，不仅总量不足，而且结构不甚合理。文化和旅游的融合发展，应当从满足人民美好生活需要出发，以供给侧结构性改革为主线、以产业发展和公共服务为两翼，加以推进。

从产业发展一翼来看，就是不断探索新的融合方式，形成新的产品类型和产业形态，提升发展质量和发展效益，推动文化产业成为国民经济支柱性产业，巩固旅游业的战略性支柱产业地位，形成以文化提升旅游产业品质、以旅游扩大文化消费规模的良好发展格局。

从公共服务一翼来看，就是要立足于满足本地居民和外来游客的需要，统筹规划建设各级各类公共文化设施和旅游公共设施，结合居民区、旅游区的分布配置公共资源；要将旅游公共服务设施与文化公共服务设施一起纳入国家公共服务体系，建立稳定的投入机制，并探索制订统一的文化和旅游公共服务标准。

4. 平衡关系：处理好事业与产业、政府与市场、游客与居民之间的关系

就事业与产业的关系而言，文化和旅游二者兼具事业和产业属性，其中，文化的事业属性更强而产业化程度略低，旅游的产业属性更强而事业性特征略弱。在融合发展过程中，要特别处理好事业和产业之间的关系。对旅游而言，要转变单一经济导向和增长主义导向，强调旅游业在满足美好生活需要、创造社会就业、促进社会和谐、改善民生福祉、保护生态环境、助力国家外交、促进人的全面发展等方面的社会功能，强调政府在保障公民休假权利和旅游权利等方面的重要职责。对文化而言，就是要重点解决文化企业规模小、分散化、实力弱、市场化程度低、产业链条不完整、融资渠道不畅通等问题，更好地激发文化市场的活力。对二者的融合发展而言，就需要明确哪些设施、载体和事务具有纯公益属性，应划归事业的范畴，而哪些功能、事务和领域具有纯市场属性，应划归产业的范畴。在动态融合过程中，既要避免混淆不清，更要避免错配、错位和错为。

就政府和市场的关系而言，在明确区分事业和产业界限的基础上，要处理好"有形之手"和"无形之手"的关系。既要发挥政府在推进融合发展中的指导性作用，也要发挥市场在实现融合发展中的主导性作用。既要重视"无形之手"，发挥市场在配置资源中的决定性作用；也要借助"有形之手"，营造良好公共服务环境，健全市场规则，改革管理方式，推动简政放权向纵深发展，提高政府服务水平；还要利用社会组织力量，弥补政府与市场的不足。

就游客和居民的关系而言，不管是当地的公共文化资源还是商业文化活动，都既能满足当地居民需要，又能对外来游客形成吸引。当地居民与外来游客在共享资源、共用设施、共同参与活动的过程中，既有相互融合的一面，也存在矛盾冲突的可能。要形成宜居宜游、主客共享的空间、氛围和文化，既保证居民对资源的享有和利益，也让更多游客享受当地独特文化和旅游资源；既要为外来游客提供优质服务，也要充分考虑本地居民的利益诉求。

5. 融合指引：做好顶层设计和制度安排

文化和旅游的融合发展是一个系统工程，推进过程中要将顶层设计与基层探索相结合。就目前阶段而言，要特别重视做好顶层设计和制度安排。要全面梳理文化和旅游融合发展的总体思路，出台指导意见，构建工作框架，制定工作方案，形成工作指引；要对文化和旅游领域的相关法律法规、管理规范、行政条例、政策要求等进行梳理，对不适应融合发展要求的内容加以修订；要围绕产业发展和公共服务两大领域，针对不同细分行业制订相应的发展政策；要建立可相互比照、彼此衔接的文化和旅游业统计体系、核算体系和政府部门工作考核体系；要制定完善的金融、土地、知识产权保护等政策保障体系。

6. 融合重点：选择部分领域为突破口

文化和旅游各自范围都很广泛。在融合发展过程中，要选择融合基础良好、前景可期的领域进行重点推动。例如，可考虑将博物馆旅游、旅游演艺、主题公园、历史文化名村名镇和历史文化街区、旅游特色小镇、文化创意产业园、文化旅游节庆活动、旅游文创产品、红色旅游、文化主题酒店和民宿等作为文化和旅游融合发展的重点领域，明确这些领域的发展方向和发展思路，制定针对性较强的引导政策。

7. 融合主体：培育和发展一批企业支撑

与政府行政管理部门的融合相比，市场层面的文化和旅游融合步伐更早。很多文化企业参与旅游发展，众多旅游集团从事文化活动。据不完全统计，目前全国已组建一百多个大型文旅集团，有一百多个文旅产业基金，一大批文化旅游企业相继上市。这些都是推动文化和旅游进一步融合发展的重要力量。未来，要进一步发挥旅游企业集团、文化企业集团、文旅投资公司、产业基金等市场主体的作用，通过产品、项目、资本、技术等渠道，推动文化和旅游在具体经营层面的深度融合。要培育一批资金实力雄厚、管理经验丰富、具有战略眼光的大型文化和旅游企业集团；要以股份制改革为重点，推动产业关联度高、业务相近的国有文化企业联合重组，支持旅游集团、出版传媒集团、演艺集团做强做优做大；要发展一批综合实力强、市场活跃度高、创新能力突出的民营文化和旅游企业在新三板、创业板上市。

8. 融合支撑：知识融通和人才交流

不管是公共管理、产业实践还是研究教育，文化和旅游的融合发展离不开知识和人才的融合。要打破以往工作的藩篱、消除观念上的障碍、解决知识上的不足、弥补能力上的欠缺，就需要加强知识上的融通和人才上的交流。要通过专业培训、轮岗轮值等方式，提升文化和旅游领域各类人员的融合观念和融合意识，完善知识结构，提升综合能力。可发展一批文化和旅游融合发展实践基地，适度打通文化和旅游的教育体系及人才培养渠道。

（二）经济换挡后，旅游业应如何创新发展

党的十九大报告指出，我国经济已由高速增长阶段转向高质量发展阶段。2017 年 12 月底召开的中央经济工作会议更加明确地指出："中国特色社会主义进入新时代，我国经济发展也进入新时代，基本特征就是我国经济已由高速增长阶段转向高质量发展阶段"。经济增长从高速向中高速转变，高质量发展成为重要目标。这就要求更加依靠创新驱动，要有更高的生产效率、更高的经济效益、更合理的资源配置、更优化的经济结构，包括在经济发展导向上更加注重幸福等等。而这其中，最核心的是经济发展要从要素驱动转向创新驱动。这必然要求旅游业做出相应的调整，甚至是根本性的改变①。

1. 经济换挡期，对旅游业意味着什么

正如金准一文中所揭示的，经济换挡期是旅游业从量到质发展的关键时期。一方面，国际经验显示，这一时期往往是旅游产业的稳速增效期，旅游消费成为生活必要消费，各项有利于旅游发展的改革和创新举措频繁推出；另一方面，旅游自身的转型与综合改革的问题缠绕在一起，可能出现旧有模式难以为继，而新的增长方式又一时难以建立的境况。因此在经济换挡期，

---

① 对此问题的详细论述，参见本书中金准所著《经济换挡期中国旅游业的改革与创新》一文。

旅游业可谓是挑战与机遇并存。

2. 经济换挡期，旅游业应该怎么办

经济形势的发展变化，要求旅游业对其发展导向、发展速度、发展手段等进行系统反思。实际上，在近几年的"旅游绿皮书"中，我们一直如此呼吁。例如，在2015年总报告中，执笔人指出，在旅游为什么发展（产业功能）的问题上，要超越经济功能；"在功能定位、发展目标、绩效评估等方面，要摒弃过去单纯以经济指标来衡量发展的做法，高度重视旅游在民生、环保以及国家战略等层面的作用，要摒弃过去只看到经济成本而忽视社会成本和生态成本的做法，以经济、社会和生态的综合最优来衡量发展结果"。在旅游如何发展的问题上（发展方式），要从"以资源、土地、人力乃至资本等生产要素大量投入和低成本使用为前提，以规模扩张、数量剧增为内容的发展方式转变到强调质量和效益的道路上"来，"在政策引导、激励机制、配套措施等方面，要通过鼓励开发方式、业态类型、商业模式、服务方式等的创新，降低旅游发展对要素投入的依赖和消耗"。在2016年的总报告中，执笔人再次强调，要"通过产业升级解决旅游产业结构、产品结构与旅游需求结构不匹配的问题"，要"通过提质增效解决旅游业主要依靠要素投入增加实现增长的问题"，要"从产业政策优化、企业能力提升以及包括制度创新、组织创新、服务创新等在内的综合创新和集成创新上着手"。在2017年总报告中，我们再次重申，要特别关注"如何通过集成创新使旅游增长回归到效率提升的主轴"。在2018年总报告中，执笔人又强调，在新的时代背景下，"要进一步推进旅游发展改革和创新，发挥旅游作为美好生活风向标、社会融合黏接剂、深化改革突破口、对外开放前沿地、区域发展联动机、现代经济创新者、生态文明引领者、现代治理折射器、人类命运共同体的构建者的作用"。

总之，尽管改革和创新是永恒的主题，但对于当下的中国旅游业而言，又有着特殊的紧迫性。那么，中国旅游业到底要改什么、怎么改，究竟如何实现创新，恐非三言两语所能言说。对这些问题的回答，过去几年以及未来一段时期，都将是"旅游绿皮书"主要任务。

参考文献

习近平：《决胜全面建成小康社会 夺取新时代中国特色社会主义伟大胜利》，2017年10月18日中国共产党第十九次全国代表大会报告。

宋瑞主编，金准、李为人、吴金梅副主编2015～2018年"旅游绿皮书"，社会科学文献出版社，2016～2019。

宋瑞：《旅游助力乡村振兴，需关注五个问题》，《中国旅游报》2018年9月24日。

宋瑞：《海南旅游的新定位与再腾飞》，《中国旅游报》2018年5月31日。

宋瑞：《实现文化和旅游的融合互促》，《光明日报》2018年3月28日。

宋瑞：《新时代赋予旅游业新使命》，《中国旅游报》2017年10月27日。

杜志雄、宋瑞：《"一带一路"倡议与我国城市旅游发展——以嘉峪关市为例》，《甘肃社会科学》2018年第3期。

IMF, World Economic Outlook, October 2018, https：//www. imf. org/zh/Publications/WEO/Issues/2018/09/24/world – economic – outlook – october – 2018.

http：//media. unwto. org/press – release/2018 – 06 – 25/international – tourism – exceeds – expectations – first – months – 2018.

2018年中国旅游发展十大热点

中国社会科学院旅游研究中心*

摘　要： 2018年中国旅游发展十大热点为：机构改革为旅游带来新变化；"一带一路"旅游合作成效显著；乡村旅游助推乡村振兴发展；霸座现象引发文明旅游反思；境外安全事件警示加强防范；特色小镇发展受到重点关注；高铁线路旅游带动效应凸显；制度红利再促海南旅游发展；景区门票降价仍需狠抓落实；目的地营销新应用打造网红。

关键词： 中国旅游　热点　机构改革　乡村旅游　景区门票

对中国旅游发展年度热点事件进行梳理和评述，是"旅游绿皮书"的惯例。2018年中国旅游发生了很多重大的变化，为了系统回顾和全面分析这些事件，中国社会科学院旅游研究中心于2018年9月～10月通过组织中心特约研究员推荐、向社会公众征集，遴选出了2018年中国旅游发展的十个热点问题，并由中心研究人员对其进行点评。需要说明的是，热点问题的选择标准主要是该事件所涉及问题的重要性、社会的关注度以及对未来发展带来的影响。因此，这些事件既不追求体系上的关联和正负影响上的平衡，也不刻意回避某些热点之间可能出现的交叉。

---

* 执笔人均为中国社会科学院旅游研究中心研究人员，依次为：宋瑞、杨劲松、廖斌、宋子千、杨丽琼、吴金梅、张金山、厉新建、高舜礼、金准。策划：宋瑞、吴金梅、金准；总纂：吴金梅、宋瑞。

热点一：机构改革为旅游带来新变化

（一）热点事件

为贯彻落实党的十九大关于深化机构改革的决策部署，十九届中央委员会第三次全体会议于2018年2月28日通过了《中共中央关于深化党和国家机构改革的决定》。

2018年3月，《深化党和国家机构改革方案》提出，为增强和彰显文化自信，坚持中国特色社会主义文化发展道路，统筹文化事业、文化产业发展和旅游资源开发，提高国家文化软实力和中华文化影响力，将文化部、国家旅游局的职责整合，组建文化和旅游部，作为国务院组成部门。

2018年8月，中共中央办公厅、国务院办公厅印发《文化和旅游部职能配置、内设机构和人员编制规定》，即文化和旅游部的"三定"方案。

截至2018年10月底，全国2/3省份的省级机构改革方案获批，信息由当地官方媒体公布。其中，涉及文化产业、文化事业和旅游业融合发展的新组建或改组的部门有21个，大部分省份为文化和旅游厅，而海南为旅游和文化广电体育厅、重庆为文化和旅游发展委员会。

（二）事件点评

在中国特色社会主义进入新时代、深化党和国家机构改革的背景下，中央决定组建文化和旅游部。这是以习近平同志为核心的党中央立足党和国家事业全局做出的重大决策，既是全面深化改革的总体需要，也符合文化和旅游本质属性、所处阶段和未来目标。

不管是从心理需求、消费特点还是从资源载体、产品供给等各方面来看，文化和旅游都天然具有紧密联系。近年来，因应市场需求和发展需要，国家有关部门先后出台了包括《关于促进文化与旅游结合发展的指导意见》

等在内的一系列促进融合发展的文件。文化和旅游在资源本体、产业形态、市场基础、发展载体、组织机构等各个层面的交叉、结合乃至融合的趋势更加明显。文化和旅游部的成立正是对这一发展趋势的积极响应。

（三）重要启示

此次机构改革具有重大历史意义，对包括旅游在内的各个领域将产生深远影响，也提出了新的要求。

其一，实现文化和旅游的融合互促。改革开放以来，我国文化和旅游领域取得了长足发展，但是与人民群众的期待相比，都还存在一些短板。文化和旅游原有管理部门虽有融合的愿望和举措，但因各自职责不同，难以对融合发展做出系统性的规划，也缺乏深度融合的保障。此次机构改革之后，何时形成以文化丰富旅游内涵、提升旅游层次，以旅游带动文化消费、促进文化传承发展的发展新格局，值得期待。

其二，重新界定产业和事业的边界。就旅游发展自身而言，正如我们在近年"旅游绿皮书"中反复强调的，随着我国社会经济和旅游业的发展，旅游业在实现经济功能、凸显产业属性的基础上，需要更加强调其非经济功能，要兼顾事业属性。就文化和旅游融合发展而言，长期以来，文化领域更侧重于公共服务，以追求社会效益为主，事业属性占比更大，而产业属性相对较小；旅游领域则更多侧重产业发展、市场发展，产业成分更大，而事业特征不明显。在新的时代背景下，在文化和旅游的融合发展过程中，如何界定产业和事业的边界、处理好二者之间的关系，还需予以明确。

其三，实现管理机制和手段的兼收并蓄。文化和旅游属于两个不同领域，要按照文化和旅游部部长雒树刚提出的"宜融则融、能融尽融"原则加以推进。一方面，要根据融合发展的需要，对各自领域原有的管理规范、行政条例、项目审批、行业标准需要加以梳理和必要的整合。另一方面，也要尊重各自的发展规律，探索出"有统有分、有同有异"、科学而高效的管理机制。

其四，此次机构改革中，除文化和旅游部外，自然资源部的组建以及国

家林业和草原局的调整也值得关注。自然资源部的成立体现了"统一行使全民所有自然资源资产所有者职责"的初衷，对于解决旅游自然资源分散管理的传统顽疾具有根本作用。国家公园管理局（加挂于国家林业和草原局）的设立也使得建设中国特色的国家公园体系有了直接的责任主体。

随着文化旅游资源和自然旅游资源两大类资源分别建立起统一的管理体系之后，能否以及如何彻底解决长期困扰旅游发展的交叉管理等问题，如何通过建设中国特色的国家公园体系实现景区管理体系的系统性变革，我们拭目以待。

（执笔人：宋瑞，中国社会科学院旅游研究中心主任、研究员）

热点二："一带一路"旅游合作成效显著

（一）热点事件

2018年是"一带一路"倡议提出5周年。自从2013年我国提出共建"一带一路"倡议以来，以对话协商、共建共享、合作共赢和交流互鉴为特征的沿线国家旅游领域合作成为热点，直接表现是旅游市场规模巨大，旅游交往密切，合作成效显著。2017年，"一带一路"国家国际旅游人次约为5.82亿，占世界国际旅游人次的44.02%，较该区域GDP占比高约10个百分点。国内旅游方面，"一带一路"国家以84.2亿人次遥遥领先，占比高达80%。中国和"一带一路"沿线国家国际旅游来往日益密切，沿线国家赴中国旅游游客保持稳定增长，由2013年的903万人次，发展为2017年的1064万人次。中国出境到"一带一路"沿线国家的游客人次由2013年的1549万人次，增长到2017年的2741万人次，五年间增长了77%，年均增速达15.34%。沿线国家的旅游合作持续深入，明显提升了旅游便利化水平，尤其推动了我国与沿线国家在旅游投资、市场开发和产业支撑上的全方位合作。合作的区域也由内陆、沿边扩散到沿海、沿江。陆海内外联动、东西双向互济的格局基本形成。彼此依赖、彼此成就的结果是"一带一路"沿线整体成全球重要的国际游客净流入地。

（二）事件点评

"一带一路"旅游合作成效斐然是顺理成章的。5年来，中国与69个沿线国家和国际组织签署共建"一带一路"合作协议，其中有相当部分与旅游合作相关。在国家领导人会晤、上合组织峰会、部长级高峰会议等场合形成了大量提升旅游便利化水平、推动旅游合作的共识和成果，构建了中国—东盟、中国—中东欧、中俄蒙等一系列双多边旅游合作机制。这些都形成了制度层面的保障。

5年来，我国中欧班列开行突破9000列；国际道路客货运输线路开通356条；国际航线增加403条，与沿线43个国家实现直航，每周约4500个直航航班。交通互联互通水平的快速提升助推旅游合作升温。5年来，我国同"一带一路"相关国家的货物贸易额累计超过5万亿美元，我国对外直接投资超过600亿美元。贸易和投资的巨大规模和快速增长也为沿线国家的旅游合作注入了新的动力。

（三）重要启示

"一带一路"旅游合作成果的取得离不开政治互信、经济互融和人文互通的支撑，反过来，旅游合作又为"一带一路"倡议的落地提供了更好的氛围，注入了更强劲的动力。5年来的实践已经证实了旅游合作在构建人类命运共同体的历史过程中承担了不可或缺的重要作用，有力地促进了民心相通、政策沟通、设施联通、贸易畅通和资金融通。未来需要更好地发挥旅游合作有益于谋求最大公约数的独特优势，通过旅游便利化水平提升、旅游减贫、脱贫和发展经验互鉴等方面的系统发力推动共建"一带一路"走深走实，造福沿线国家人民，推动构建人类命运共同体。

（执笔人：杨劲松，中国旅游研究院副研究员，中国社会科学院旅游研究中心特约研究员）

热点三： 乡村旅游助推乡村振兴发展

（一）热点事件

在决胜全面建设小康社会、打赢脱贫攻坚，特别是党的十九大做出实施乡村振兴战略重大部署的背景下，国家层面涉及休闲农业和乡村旅游发展的大举措不断出台。2016 年 7 月，原农业部专门发布《关于大力发展休闲农业的指导意见》；2017 年 5 月，财政部发布《关于开展田园综合体建设试点工作的通知》；2018 年 1 月，中共中央、国务院以一号文件的形式发布《关于实施乡村振兴战略的意见》；9 月下旬，中共中央、国务院印发了《乡村振兴战略规划（2018～2022 年）》。上述文件都明确包含涉及休闲农业和乡村旅游发展的内容，国庆黄金周刚刚过去，10 月 10 日，国家发展改革委等13 部门又联合印发了《促进乡村旅游发展提质升级行动方案（2018 年～2020 年）》，对休闲农业和乡村旅游的发展进行工作部署。为了展示农村改革发展的巨大成就，2018 年 6 月，经党中央批准、国务院批复，自 2018 年起，将每年农历秋分设立为"中国农民丰收节"，这也成为第一个在国家层面专门为农民设立的节日。

（二）事件点评

要全面建设小康社会就要努力改变城乡分割的二元经济现状，实现城乡统筹发展，实现广大农村地区产业兴旺、生态宜居、文化传承、农民富足、安居乐业。从来没有一个行业或事物能够同旅游业和旅游活动一样如此全面、有效地满足乡村振兴的目标诉求。城镇居民前往乡村的旅游活动，就是典型的工业反哺农业、城镇反哺农村，进而促进城乡统筹发展的一项大规模、全面发生的社会活动。实践还证明，依托农业和农村资源发展的休闲农业和乡村旅游使扶贫攻坚工作精准度高、成本小、见效快，是渴求多年的典型"造血式"扶贫方式。乡村振兴是新时代"三农"工作的总抓手，而休闲农业和乡村旅游的发展无疑是乡村振兴工作的有效抓手。

（三）重要启示

党中央、国务院科学研判休闲农业和乡村旅游发展对于乡村振兴的综合性作用，近些年有关促进休闲农业和乡村旅游发展的举措不断出台并层层加码。以前的乡村旅游发展主要是市场驱动的，而当前在乡村振兴战略实施的背景中，市场决定与政府引导正双重地施加影响，综观一号文件以及乡村振兴规划的各项内容，无疑都是有利于和促进乡村旅游发展的。当前的旅游发展，正进行从景区景点旅游向全域旅游发展的转型升级，面对乡村振兴战略实施的时代最强音，旅游业的发展空间和工作重点也跳出局限于景区景点的窠臼，在最广大的农村地区，在祖国的山水林田湖的全域化空间，在全方位的领域渐呈燎原之势。

（执笔人：张金山，北京联合大学旅游学院副教授，中国社会科学院旅游研究中心特约研究员）

热点四：霸座现象引发文明旅游反思

（一）重要事件

2018年，"霸座"意外成为热词。先是8月21日在G334次列车上，某男乘客霸占一位女乘客的座位不肯让，并称"谁规定一定要按号入座？"；接着9月19日在G6078次列车上，一女乘客持过道票非得坐靠窗位置；又接着9月23日在D353次列车上，一60多岁大妈买的是无座票，却坐在他人的座位上拒不让座。此外，还有消息爆出霸座大爷、霸座老外、霸座兄弟等。一时"霸座"事件刷屏，事涉男女老少，无分中外。除了"霸座"事件之外，游客乱丢垃圾、乱折花木、胡乱刻画、随意停车、随地大小便等不

文明行为也时有报道。

2018年国庆节前夕，文化和旅游部公布一批旅游不文明行为记录，三名游客被列入"黑名单"，分别是在马来西亚水上清真寺矮墙上跳热舞的河北游客王某、张某，以及在大理市游玩时用儿童玩具击伤红嘴鸥的湖北游客彭某。

（二）事件点评

在通信特别是自媒体非常发达的时代，任何一件看起来很小的事件都有可能被迅速放大，并成为人们关注的热点。"霸座"之类的事件肯定不是今天才有的，只是当"霸座"男因为某些特质引发热议时，人们才霍然发现身边还有这么多不文明的现象。从这个意义上说，"霸座"事件引发了社会对不文明行为的集体反思，也可以说是"坏事"变成"好事"。这不应看作评论称的"容忍度在降低"，而应看作文明意识在提高。"霸座"也许不算典型的旅游不文明行为，但在旅游日常化的时代，生活中的不文明行为和旅游不文明行为往往纠缠在一起难以区分。人们对于"霸座"事件的讨论，对于规范旅游不文明行为有着重要的参考意义。

（三）重要启示

一是文明旅游需要公众参与。从文化和旅游部最新公布的两起旅游不文明行为记录来看，记录的一个重要原因是事件大量传播、造成了严重的不良影响，这充分体现了公众监督的力量。文明旅游，需要有更多的人站起来对不文明行为说不。一个自觉的社会环境，将有利于减少旅游不文明行为。

二是要加强对严重失信游客的惩戒。2018年5月，文化和旅游部等20多个部门一起，联合签署了《关于对旅游领域严重失信相关责任主体实施联合惩戒的合作备忘录》。这个备忘录提出的惩戒涉及生产许可、出行限制等众多方面，可操作性非常强。从其对于严重失信相关责任主体的制约来看，惩戒力度也非常大。这个备忘录针对的是旅游经营者和旅游从业人员，对于不文明的游客，也可以制定类似的办法，以增强"黑名单"的效果。

三是加强旅游诚信文化建设。文化和旅游融合发展的一个重要方面是旅游文化建设，不管是旅游经营者和旅游从业人员，还是游客，都要做到诚信、文明，只有这样，旅游发展才能更好地满足人民美好生活的需要。

（执笔人：宋子千，中国旅游院研究员，中国社会科学院旅游研究中心特约研究员）

热点五：境外安全事件警示加强防范

（一）热点事件

近年来，我国出境旅游人次逐年增加，人们日渐提升的旅游消费能力和境外旅游消费意愿催生了境外游的热潮。然而，一系列海外旅游安全事故为游客们敲响了警钟，其中不乏涉及中国游客的伤亡事件。

2017年以来，仅泰国、马来西亚、印度尼西亚、马尔代夫等多个热门旅游目的地就发生了百余起中国游客不慎溺水身亡事故。2018年更是发生多起重大安全事故，事故伤亡触目惊心，引发了民众的关注和热议。2018年7月5日，两艘载有127名中国游客的泰国游船在返回普吉岛途中，突遇特大暴风雨发生倾覆，导致47名中国游客不幸遇难。涉水安全是赴泰旅游面临的最大安全风险。2018年9月6日，日本北海道遭遇6.7级地震，关西机场、新千岁机场两大航空客运中心关闭，导致超过千名中国旅客滞留。2018年6月29日，印尼巴厘岛阿贡火山火山喷发。

（二）事件点评

我国快速增长的出境游市场正在不断释放出新的需求，中国公民出境旅游往常态化发展，随之而来的各类安全问题也频频出现。溺水身亡、交通意外、丢失财物、遭抢夺盗窃等案件时有发生。一方面，中国公民国际旅行常识储备不足、自身安全防范意识不足、缺乏自我保护能力，是涉中方人员安全事件多发的主观原因。如游客未经必要培训就参加危险项目，不遵守当地安

全规定，不听从专业人员指导等。另一方面，客观原因是一些国家旅游区域安全软硬件设施不足，没有中文安全提醒标识，缺乏专业教练、救生人员、救护设施；一些旅行社或项目公司经营管理松懈，安全管理不到位，各类设备陈旧老化。未来一段时间，出国旅游的人数还将持续增加，对此应该未雨绸缪、提前应对，不断完善相关应急管理机制，提升境外安全意识机制，保障游客安全。

（三）重要启示

旅游安全事关旅游业发展的核心，应当加强旅游行业的规范化管理，为出境游产品设置"安全线"，保障出境游消费者的基本权益。首先，对在线旅游企业和平台、旅行社开展排查，下架不合格自助游产品，确保线上旅游平台、旅行社推荐的境外服务商的资质、服务项目的品质。要求在线旅游企业和平台、产品供应商在宣传销售高风险的出境自助游项目时加强风险提示，要求游客在购买境外单项旅游产品时必须填报游客信息。其次，采取线上线下多种形式，加强出境自助游知识宣传和安全教育，及时发布出境旅游安全提示。增强游客境外游安全风险意识，进而合理规避风险。最后，要求在线旅游企业和平台建立完善出境自助游应急机制，明确在线旅游企业和平台相关责任，完善应急预案，细化安全措施，畅通信息渠道，及时进行风险提示。旅行社出境组团、线上旅游平台信息要与公安、出入境管理、驻外使领馆等多方联动、实现互通，在发生境外旅游安全重大事故时及时开展紧急救援工作。

（执笔人：杨丽琼，中国旅游研究院副研究员，中国社会科学院旅游研究中心特约研究员）

热点六：特色小镇发展受到重点关注

（一）热点事件

两年来，特色小镇建设在全国快速展开并迅速升温，至 2018 年有几千个特色小镇项目进入或将陆续进入建设、实施期，这些动则几十亿投资的项目，数量多、分布广。从一片叫好到各种问题渐渐浮出水面，特色小镇一直备受关注。有一些特色小镇成功运行，另一些特色小镇建设走了样，违背了建设初衷，项目触碰生态红线、房地产化倾向严重、地方政府大额度举债、造成公共资源浪费。

2017 年 12 月 4 日国家发展改革委、国土资源部、环境保护部、住房和城乡建设部联合印发了《关于规范推进特色小镇和特色小城镇建设的若干意见》，明确了"两不能"和"四严"的要求。2018 年 4 月 20 日，国家发展改革委印发《关于实施 2018 年推进新型城镇化建设重点任务的通知》。2018 年 8 月 30 日，国家发展改革委再发《关于建立特色小镇和特色小城镇高质量发展机制的通知》，针对问题进行规范纠偏，引导特色小镇健康发展。

（二）事件点评

特色小镇建设走偏的原因，首先是概念模糊，把产业园区、旅游景区、体育基地、美丽乡村、田园综合体项目，甚至普通建设项目，都装进特色小镇的筐里；其次是市场化不充分，脱离市场规律进行特色小镇策划，不能实现盈亏平衡，缺乏成长动力；三是政绩导向，追求数量，不考虑基础，不重视质量，触碰生态红线；四是无视风险强行推进，以增加政府债务为代价，来换取小镇项目招商的成功，形成隐患；五是开发商故意为之，借小镇之名"跑马圈地"，行房地产开发之实。

针对这些问题，国家连发政策明确界定特色小镇内涵，厘清政府与市场边界，严控房地产化倾向，遵循城镇化发展规律，严格要求节约集约用地，注重打造鲜明特色，严防政府债务风险，强调产业主导，对有房地产开发的特色小镇实行一票否决，明确特色小镇优胜劣汰的机制。这标志着我国特色小镇从野蛮生长期进入规范调整期。

（三）重要启示

特色小镇在实施新型城镇化战略中具有不可替代的独特作用，也是实施

乡村振兴战略和区域协调发展战略的有力支撑。

第一，特色小镇建设的发展方向是正确的，对经济转型升级、新型城镇化建设，都具有重要意义；第二，从疯狂增长到收拢聚焦，发展过程中的规范调整符合事物发展客观规律，应正确认识；第三，加强监管，要对特色小镇实施动态管理，退出机制的建立有利于激发活力；第四，作为公共服务领域供给侧结构性改革的重要内容，以PPP等模式助力特色小镇建设、创新发展势在必行；第五，用市场化的方式解决发展的问题，要提升特色小镇各相关主体的能力和水平，建立市场化运行的机制；第六特色小镇的长期运营是根本和关键，不能急于求成，要通过规范调整进入科学发展阶段。

（执笔人：吴金梅，中国社会科学院旅游研究中心副主任）

热点七：高铁线路旅游带动效应凸显

（一）热点事件

2008年8月第一条高铁京津城际铁路开通以来，中国高铁进入第十个年头。2018年，渝贵高铁、哈佳高铁、广深港高铁相继开通运营，特别是广深港高铁开通将高铁网络延伸至香港。全国29个省会城市、180余个地级市、370余个县级市开通高铁，时速350公里的"复兴号"高铁已覆盖京沪高铁等25条线路，高铁网络日渐形成。高铁旅游迅速崛起，日渐成为旅游发展主力战场，旅游企业纷纷上线高铁旅游产品，抢占高铁旅游市场。各大旅行社推出各类"高铁游"产品，携程上线"高铁游"综合平台，美团推出"高铁＋"战略，同程艺龙也围绕高铁游产品线路进行整合；洛阳、梧州等高铁沿线城市推出凭高铁票享受景区门票、住宿打折等优惠；铁路部门也开通"高铁旅游专列"，推动"高铁＋旅游"融合，高铁旅游带动效应日益凸显。

（二）事件点评

高铁是现代交通运输方式的又一次革新。高铁网络带来极强的"时空压缩"效应，有效降低了旅游的时间和空间成本，将传统的中远距离旅游市场变为近距离市场。高铁旅游成为大众旅游的新模式，带来万亿级高铁旅游大市场，催生出一批高铁旅游新业态。一批新的高铁旅游路线崭露头角，高铁旅游产品正引领旅游发展新趋势。高铁也推动资源、市场、资本等要素的集聚和扩散，产生同城化、近城化、网络化、网格化等效应。旅游目的地的分工格局也被重新塑造，一批高铁节点城市加快向新的旅游目的地转变，特别是具有高品位旅游资源而之前受交通条件限制没有进入主流市场的旅游目的地开始走向市场前沿，成为新兴旅游目的地。同城化效应也推动了沿线地区"高铁旅游圈"的形成，助推区域旅游一体化。

高铁带来扩散辐射效应，也带来过道效应，沿线旅游目的地面临更大范围的竞争，容易出现"游客"变"过客"的现象，成为一个旅游过境地。在高铁大发展的背景下，中国旅游发展区域版图正在被全面改写，中国旅游迎来大发展、大变革的新时代。

（三）重要启示

面对亿万级高铁旅游大市场，需要各主体清醒认识、主动适应。第一，要充分利用旅游大数据等技术，认识高铁时代下游客时空行为方式、消费模式、需求特征，研究高铁旅游客群时空行为规律，认识高铁旅游市场和产业发展规律。第二，旅游企业要围绕市场需求，加快高铁旅游产品、业态创新开发，推出"高铁＋旅游景区""高铁＋租车""高铁＋邮轮""高铁＋酒店"等多种主题与产品，形成以高铁旅游为核心的产业体系。第三，铁路部门要推动"高铁＋旅游"融合，设计、提供高铁列车环境、餐饮、娱乐、消费等服务，使高铁旅游成为新的业务增长点。第四，高铁沿线城市要加快创新旅游业态和产品，完善与高铁旅游相配套的服务设施，提高旅游目的地

竞争力，避免成为高铁旅游过道。

（执笔人：廖斌，中国社会科学院旅游研究中心特约研究员）

热点八：制度红利再促海南旅游发展

（一）重要事件

2018 年 4 月 11 日，《中共中央国务院关于支持海南全面深化改革开放的指导意见》（简称《指导意见》）正式发布，明确国际旅游消费中心的新定位，大力推进旅游消费领域对外开放，优化入境免签的国家范围、停留时间和人数限制，鼓励"探索发展竞猜型体育彩票和大型国际赛事即开彩票"，鼓励跨国企业、国内大型企业集团在海南设立国际总部和区域总部，着力打造跻身全球前列的营商环境等新目标、新要求，为海南旅游业的发展提供了不少令人羡慕的"制度红利"。

随后，海南省一系列举措亮相：实施 59 国人员入境免签政策；支持邮轮企业以东南亚、港澳台等航线为重点，推动琼港澳游艇自由行，加快琼州海峡两岸港航基础设施发展；中国旅游集团总部正式从北京迁入海口；与光大集团等大型央企以及与世邦魏理仕集团等知名外企洽谈或签署了相关合作事项……

（二）事件点评

海南社会经济发展曾经经历过两次大变革，一次是 1988 年成立经济特区，一次是 2009 年提出建设国际旅游岛。这两次变革对于海南旅游业发展都发挥了重要作用，推动了海南包括入境旅游政策改革在内的多项改革。总体而言，虽然海南旅游已经取得了不错的成绩，但离中央的期待、资源的潜力和人民群众对美好生活的向往还是有不小的差距。

深化改革开放是海南旅游发展最大的"制度红利"。海南以及我国其他不少地区的发展历程表明,"制度红利"是社会经济发展重要的动力,但不少地方在制度改革和创新中也容易形成"制度红利"依赖。缺乏内生的发展动力,过度依赖于政策或制度的改革,是不少地方社会经济发展滞后的重要原因。

可喜的是,《指导意见》明确指出,要"坚持发挥人才的关键性作用"。能否构建人才这一持续发展的内生动力,吸引、培养规模化、创新性、国际化的泛旅游领域专业人才,发挥专业人才的关键性作用,是在建设国际自由贸易港的背景下,海南能否最终成为"业态丰富、品牌集聚、环境舒适、特色鲜明的国际旅游消费胜地"的关键。

(三)重要启示

海南旅游业发展要发挥自身能动性,整合各方面资源力量,在新的基础、新的定位和新的政策保障与指引下,完善和优化旅游发展改革新方向、新空间、新环境、新思路、新举措。海南国际旅游消费中心的建设不能就旅游谈旅游,而是要在海南整个国际自由港建设的大背景中重新思考。需要市场准入、金融制度、税收设计等一系列政策创新;需要海南整体营商环境的改善;需要围绕"面向太平洋和印度洋的重要对外开放门户""21世纪海上丝绸之路重要战略支点"搭建全新的旅游交流平台与区域旅游合作基地;围绕旅游需求链构建供给链,完善产业链,形成价值链,将旅游业真正打造成海南的主导性产业。

(执笔人:厉新建,北京第二外国语学院教授,中国社会科学院旅游研究中心特约研究员)

热点九:景区门票降价仍需狠抓落实

(一)热点事件

在2018年3月的全国"两会"上,李克强总理所作的《政府工作报

告》要求国有重点景区降价（以下简称"降价令"）。6月底，国家发展改革委出台《关于完善国有景区门票价格形成机制降低重点国有景区门票价格的指导意见》（以下简称《指导意见》）。

到"十一"前夕，共有981个景区宣布免费或降价，在降价的907个景区中，降幅超过20%的有491个，占54.1%；降幅超过30%的有214个，占23.6%。降价的5A级景区有159个，4A级景区有534个，二者合计693个，占全部降价景区的76.4%多。

（二）事件点评

降价令一出，立即受到社会舆论和广大游客的热捧，认为降价被写入国务院《政府工作报告》在景区价格监管上是史无前例的，说明得到了党中央、国务院的高度重视，也反映出景区门票问题已经普遍较重。

降价令正面效应有三：一是释放了公共资源性景区今后改革的信号，这对指导景区行业、旅游投资商非常及时；二是对以"门票经济"为主导的思维猛击一掌，也对刻意追求景区高A级的行为踩了"点刹"；三是一些景区借此推出灵活票价，包括实行儿童票等，实现了与国际惯例的接轨，体现了对儿童的关爱，也提高了运营的灵活性。

但必须指出，降价令在贯彻实施中依然存在一些问题。一是动作迟缓。3月释放降价信息，5、6月才有零星几家景区降价；6月底出台部委指导意见，8、9月才有较多的景区降价。二是降价幅度不大。表面看降幅达20～30%，但各地（北京除外）票价一向偏高，实际降价只去"虚火"，尚未伤及皮毛。三是相当数量的重点景区没有降价。其中，5A级景区近100家，4A级景区2400余家，分别占总数的40%、80%。

为何会出现这种状况？一是对降价理解普遍不到位。有人认为景区成本高、负担重，降价需要有一个过程，远没有理解这次降价的导向性、长远性、实质性。二是时间有点儿仓促。从国家发展改革委出台《指导意见》到"十一"只有3个月，一些大景区管理层级较多，决策降价需要层层请示。三是其他的各种因素，比如经营成本、年终考核、景区之间相互观望，等等。

（三）重要启示

一是必须充分宣传改革方向。推动国有景区降价是一个大方向，目的是逐步实现公共资源全民共享、景区服务费用游客合理分担，充分体现国有景区的社会公益属性。对此，必须广泛深入宣传，不能一知半解、半途而废。

二是降价《指导意见》必须落实到位。很多重点景区不降价，有些景区搞价格捆绑后的降价，都明显违反了文件精神。为了体现中央政令的严肃性，有必要分级派出督察组，督促把降价政策落实到位。

三是抓紧扭转"门票经济"的发展思维。景区的运营还存在谋评5A级景区以提升票价、投资"大项目"以收取门票等行为，各方都应加紧转变思维方式，切实减少对"门票经济"的依赖，让旅游业发展真正更好地造福人民。

（执笔人：高舜礼，中国旅游报社前总编辑、社长，中国社会科学院旅游研究中心特约研究员）

热点十：目的地营销新应用打造网红

（一）热点事件

2018年，一批旅游目的地和景区尝试使用新技术和新媒体营销自身，提升服务。基于抖音的旅游营销、基于移动旅游服务的"一部手机游云南"、面向全面旅游解决方案的飞猪升级版未来景区，均成为这一年的旅游行业热点。抖音成为旅游目的地成功营销的平台，一批旅游城市，如重庆、西安、厦门等成为抖音上的网红，旅游收入与游客量显著增长。重庆已经成为抖音上最火的网红城市，李子坝轻轨站因为抖音上很火的视频"轻轨穿楼过"，成为很多旅行社力推的重庆一日游必去的景点之一，很多游客专程去拍摄轻轨穿楼而过的瞬间。西安城墙脚下的永兴坊"摔碗酒"也被抖音

捧红，"摔碗酒"配上一首《西安人的歌》，吸引"抖友"前来"打卡"。此外，厦门鼓浪屿的"土耳其冰激凌"、济南宽厚里的"连音社"和张家界的天门山等都借助抖音形成热点传播。

（二）事件点评

旅游与互联网的新融合、旅游与科技的新融合，体现了在新的经济与旅游发展阶段，旅游业的一些新的特征，包括以下三点。

第一，旅游业逐步从科技研发－使用－扩展使用链条上的中游乃至下游产业，提升到上游。前沿的科技和应用，在第一时间与旅游业相结合，形成面向行业的解决方案，并面向海量游客试错、完善、迭代，从中形成经验和数据，为其他领域和行业所用。这已经成为旅游与科技结合的一种新的模式，旅游业因而成为一个巨大的实验室，为科技与应用的研发和使用提供载体，旅游业的科技特征日渐明显。

第二，旅游业在科技与互联网的加持下，呈现出越来越鲜活的特征。传统的旅游业整齐划一、业态陈旧，而新的旅游业越来越呈现出一种百花齐放的鲜活个性，越来越随时代而动，随技术而动，也越来越具有生态的系统性。这为旅游业的演变和进化提供了条件，旅游业也因此变得具有更强的时代性和可持续性。

第三，旅游业的目的地竞争越来越激烈，逼迫旅游行业的快速升级。目的地争相使用新的技术手段，产生日益激烈的竞争压力，这种压力被加入科技、互联网之后，逐渐转化成全行业的动力。很多最新最前沿的技术创新，都因此被第一时间引入旅游行业，这是整个旅游行业发展的动力源泉。

（三）重要启示

一是要高度重视科技在旅游业转型换挡期的使用。在产业的发展历史中，旅游业逐步形成市场化程度高、规模大、增长快、和各行各业以及社会经济系统嵌入性好的特点。这样的特点，特别适合创新和创业，特别适合形成科技和应用的结合研发，特别适合推广科技使用面，特别适合形成新型的融合科技与互联网的消费场景。旅游业这样的特点，在转型换挡期，将发挥特殊的作用。

二是融合是产业升级的动力。我们看到，旅游业的产业发展动力，越来越来自跨界和融合：不同产业的融合。不同技术的融合，不同场景的融合，不同人群的融合。旅游业已经逐渐摆脱传统的增长方式，形成了在融合中创新，在融合中增长的新的模式。

三是理解市场，引导市场再次成为行业发展的关键。今日的消费市场，正在互联网大潮下发生剧烈的变化。新一代消费主流的消费习惯，与上一世代已经大为不同。抓住市场热点、理解市场、引导市场、发展市场，是今日旅游目的地和企业在竞争中胜出的关键。而这背后，关系到整个行业发展逻辑的调整。

（执笔人：金准，中国社会科学院旅游研究中心秘书长）

年度主题　新时代下的旅游改革与创新

Annual Theme　Reform and Innovation of China's Tourism in the New Era

G.3

经济换挡期中国旅游业的改革与创新

金　准[*]

摘　要： 当前，我国经济正进入换挡期。从国际经验看，这一时期将是旅游业从量到质发展的关键时期。对于中国旅游业而言，从高速期到中速期，经济的换挡一方面带来旅游业发展新的机遇，另一方面也令旅游业自身发展和改革的问题缠绕在一起。在中国从旅游大国跨越到旅游强国的过程中，旅游业要在国民经济体系以及世界旅游格局中发挥更大的作用，构建中速环境中的"高深"产业，亟待改革和创新。

关键词： 经济换挡期　旅游改革　旅游创新

---
* 金准，中国社会科学院旅游研究中心秘书长，中国社会科学院财经战略研究院副研究员，主要研究方向为旅游经济、旅游政策、休闲经济等。

一 从高速到中速，旅游业进入发展的关键时期

（一）中国经济进入换挡期，旅游业面临重大转变

当前，我国经济正进入从高速增长向中速增长过渡的阶段，年增长率从8%左右逐步调换到6.5%左右。这一变化是经济发展的自然过程，与国际经验相符。1960年以来，全球100多个追赶型经济体中，只有12个国家和地区完成了追赶任务，迈过高收入门槛，而这些国家和地区普遍经历了增速换挡期。如联邦德国、日本、中国台湾和韩国，大约在人均GDP11000国际元附近时，经济增速从8.3%降到4.5%，降幅在50%左右[①]。中国在2008年前后越过刘易斯拐点，2012年劳动年龄人口开始净减少，2016年中国人均GDP为8117美元，经济增速为6.7%，接近底部，逐步进入中速增长平台[②]。十九大提出，"我国经济已由高速增长阶段转向高质量发展阶段，正处在转变发展方式、优化经济结构、转换增长动力的攻关期。"

中速发展期将是一个相对较长的时期，从国际经验看，平均为14年，这将为中国旅游业带来持续的影响，并开启新的发展阶段。中国旅游业将面临几重变化。首先是自身面临重大的发展窗口期。从日本、韩国、中国台湾的发展经验看，这些国家和地区旅游业大发展的时期，特别是体现质量的诸多指标发展的主要时期，往往不在经济高速发展期，而在经济换挡期。经济从高速到中速发展，将给中国旅游业发展带来重大机遇。其次是地位的提升。从国际同期经验看，经济换挡期，是文体娱乐消费的占比提升期，是旅游业地位的提升期。从中国自身的安排来看，从2020年到2035年，是我国着力实现社会主义现代化的关键时期。在这一时期，中国旅游业将面临从以产业为主到产业和事业并重的关键转型期，旅游机会的全民实现程度，将成

[①] 任泽平：《大势研判－经济、政策与资本市场》，中信出版社，2016。

[②] 任泽平：《大势研判－经济、政策与资本市场》，中信出版社，2016；刘世锦：《中速平台与高质量发展》，中信出版社，2018。

为体现社会主义现代化实现程度的重要方面。最后，应对变化期。经济换挡期我国生产力和生产关系将面临大调整，旅游业传统的发展红利、增长模式都将发生很大的变化，应对和调适这些变化，有待改革和创新。

表1 成功追赶型经济体的典型数据

		联邦德国	日本	韩国	中国台湾	平均	中国大陆
高速期	年份	1951～1965	1951～1973	1961～1996	1951～1989	—	1979～2013
	持续期（年）	15	23	36	39	28	36
	增速（%）	6.6	9.3	8.5	8.8	8.3	9.8
中速期	年份	1966～1972	1974～1991	2001～2010	1990～2010		2014年至今
	持续期（年）	7	18	10	21	14	
	增速（%）	4.0	3.7	4.9	5.1	4.5	
	降幅（%）	61.0	40.0	58.2	58.1	54	

资料来源：国务院发展研究中心、国家统计局、wind。

（二）从国际经验看，经济换挡期是旅游业从量到质发展的关键时期

从国际经验看，成功的经济换挡期同步进行两种转换。一是经济增速从高速度向中速度的转换，二是增长平台从中低质量向高质量的转换。经济换挡是经济总体增速的换挡，并不是各行各业的换挡。消费可以划分为生存型消费（食品、衣着等）、享受型消费（居住、出行、电子设备与通信、批发零售、金融保险等）与发展型消费（卫生、教育等）。经济换挡期，往往是生存型消费占比显著下降，享受型消费、发展型消费上升的阶段。例如日本，食品消费占比下降5.8%，衣着类消费占比下降1.7%，居住消费占比上升13.5%，出行消费占比上升1.1%，批发零售消费占比上升0.3%，住宿餐饮、文化体育娱乐占比有0.5%～1%的增长。包括旅游业在内的享受型消费行业会在这一阶段获得两种累积：一是速度和规模的累积，获得超过经济总体增速的发展速度；二是质量的累积，在经济换挡期形成快速提质。

为什么经济换挡期往往是旅游业由量到质的发展关键期？核心有三点。

一是经济换挡期往往是增长红利的转换期。旅游业发展从依赖投入转向依赖效率，产业运行质量大为提升。二是发展环境的变化。经济换挡期往往是服务业的发展期、居民对旅游需求的增长期、贸易和产业的国际化期、前一期基础设施大建设的红利期，为旅游业的大发展提供了条件。三是产业改革的窗口期。经济换挡期，往往伴随全方位的社会经济体制改革，生产要素逐步从高速增长的环境中解放出来，市场体系得以完善，旅游业获得再发展的土壤。

以日本为例，经济换挡期（1974～1991年）并不意味着旅游业增长速度的同步换挡。相反，旅游业在这一时期还实现了质的突破。这一时期，实际上是旅游业的三期叠加期。

1. 旅游产业的稳速增效期

从1974年到1991年，日本旅游业的绝对增长速度并没有随着经济增速的换挡而换挡，其总体增长速度呈现稳中略降的趋势，基本稳定在上一时期的增长档位上。从具体的结构上看，比较1964～1973年、1974～1991年两个时间段，国内过夜游人次年均增长率从6.9%降到4.9%，入境游人次年均增长率从11.7%降到9.8%，总体回调幅度不大。只有出境游人次有较大下滑，从37.8%的超高年均增长率滑到9.3%，但这可能只是说明上一阶段的超高增长率本身是不可持续的，需要回调到更为健康的水平。考察日本国内过夜游的人均消费指标，前一时间段，人均过夜消费1.66万日元，后一时间段，增长到3.94万日元，增长了2.34倍，旅游总消费增长了5.89倍。在旅游人次小幅下降的同时，旅游总消费得到了大幅的提升。经济的换挡期，是旅游业的稳速增效期。

表2 日本旅游业不同阶段的比较

单位：%

	1964～1973	1974～1991
国内过夜游人次年均增长率*	6.9	4.9
入境游人次年均增长率	11.7	9.8
出境游人次年均增长率	37.8	9.3

* 本报告没有直接采集到这一时段日本国内过夜游人次的数据，用1965～1973年数据估算了1964～1973年的年均增速，用1973～1992年的数据估算了1974～1991年的年均增速。

资料来源：陈友华，《日本旅游政策研究》，江西人民出版社，2007。

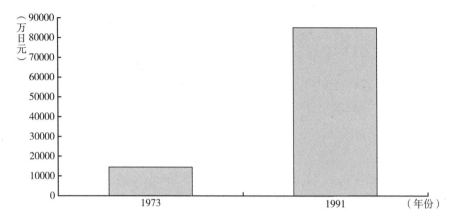

图1 日本国内过夜旅游消费的变化

资料来源：陈友华，《日本旅游政策研究》，江西人民出版社，2007。

2. 旅游消费的必要化时期

1963～1973 年，包含旅游的文化与休闲消费成为日本家庭的第三大消费，仅次于食物、被服与衣服两项生存型消费，占 8.5%。1974～1990 年，文化与休闲消费超过了被服与衣服的消费，在家庭消费中位列第二，占比接近 10%，成为仅次于食物的第二大消费。以旅游消费为代表的文化与休闲消费成为生活必要消费，因而在家庭、社会、政策中，都占据了更为重要的地位。

表3 日本家庭平均月消费支出各项所占比例

单位：%

年份	食物	住房	水电等能源	家具与家用品	被服与衣服	保健医疗	教育	文化与休闲
1963	38.7	4.4	5.0	5.4	10.8	2.4	3.4	7.2
1973	31.9	5.0	4.2	5.4	10.0	2.6	2.6	8.5
1974	32.6	5.1	4.2	5.4	9.6	2.5	2.6	8.3
1990	25.4	4.8	5.5	4.0	7.4	2.8	4.7	9.7

资料来源：任泽平，《大势研判－经济、政策与资本市场》，中信出版社，2016。

3. 改革突破期和创新集聚期

随着经济增长速度的回落和经济发展重点的调整，旅游业的地位凸显出来。清理旅游业的发展障碍，放松市场机制，改革旅游业的运行机制成为发展的重点，市场也因之回以大量的创新。1974～1991年，是日本旅游业的改革突破期和创新集聚期。在此期间，实现了如下几个变化。

第一，市场化。这一阶段的日本旅游业摒弃了前期规模庞大的区域开发计划，逐步放开各种管理，完善了市场体制。这一阶段，日本出台了《关于为确保中小企业开展事业活动的机会、对大企业的事业活动进行调整之法》《通过活用民间企业的能力、促进特定设施建设之法》《90年代旅游振兴行动计划》等法律和规划，推进了市场机制的建立。

第二，国际化。日本推出了国际旅游示范地区指定制度、国际会展指定制度、《国际会展城市构想》、《海外旅游倍增计划》和《旅游交流扩大计划》。1978年日本政府彻底放开了对出境旅游的限制，推进了产业的国际化。

第三，创新化。1974～1991年，随着管制的放开和经济的成熟，日本旅游业形成了创新集聚。如1982年日本迪士尼乐园修建，成为世界上唯一一个美国迪士尼总部不参与运营的度假区，特许经营的模式激发了其创新的动力，成为全球主题公园本土创新的范本。全日空成为日本最大的国内航空公司，打破了日航对国际旅游业务的垄断，并以专业服务闻名世界。日本交通公社将经营范围向金融保险领域延伸，形成了综合性旅游企业航母。北海道依托冬奥会的举办，开启了旅游国际化的道路。

（三）当前，中国旅游业已呈现结构性转变趋势

从当前局面看，中国旅游业已经呈现出经济换挡期的一些转变特征。

第一，发展总体水平上，增速保持上一阶段水平。比较中国经济高速增长段与中速增长段的旅游业发展水平可见，1997～2013年国内旅游人次年均增速为10.67%，2014～2017年年均增速为11.46%，未随经济换挡而换挡，反而稳中略有升。但是从反映效益的人均消费角度来看，1997～2013

年，人均消费年均增长率为5.77%，2014～2017年，年均增长率为2.8%。效率的增速还没有起来，在这个方面有较大的突破空间。

第二，家庭支出上，旅游消费日益成为刚性需求。从居民消费结构看，1997年国内旅游消费占社会零售品销售总额的6.76%，到2013年占10.82%，年均增长2.98%。而2017年，国内旅游消费占社会零售品销售总额的12.47%，2014～2017年年均增长3.8%，旅游作为刚性需求在中速环境中被强化了。

第三，体制机制上，综合改革逐步展开。在《中共中央关于全面深化改革若干重大问题的决定》的指引下，旅游业的综合改革逐步展开，文化和旅游部的组建、全域旅游工作的展开、《关于加快发展生活性服务业促进消费结构升级的指导意见》《关于积极发挥新消费引领作用加快培育形成新供给新动力的指导意见》《关于进一步促进旅游投资和消费的若干意见》《完善促进消费体制机制实施方案》等文件的出台，促进形成了旅游领域综合交叉的改革格局。

第四，产业整体创新水平上，有局部突破但积累不足。全要素生产率方面，据宋瑞的测算[1]，2006～2015年，我国旅游业全要素生产率平均增速为5.6%，其中技术进步增速为2.9%，技术效率进步增速为2.6%。旅游创新推高了产业效率，但纯技术效率的年均增长率仅为0.7%，说明了创新积累深度的不足。

二 结构性转变，中国旅游业进入发展的关键时期

经济换挡期，带来的是全局性、结构性的转变。对中国旅游业而言，经济的换挡一方面带来旅游业发展新的机遇，另一方面也令旅游业自身的发展和改革问题缠绕在一起，面临旧有增长模式不可持续、新增长方式仍然受到

---

[1] 宋瑞：《我国旅游业全要素生产率研究——基于分行业数据的实证分析》，《中国社会科学院研究生院学报》2017年第6期。

旧有模式制约的双重问题。旅游业要在中国从旅游大国跨越到旅游强国的过程中、在国民经济体系中以及世界旅游格局中发挥更大的作用，亟待改革和创新。

（一）增长红利面临历史性转换

总体上看，中国旅游业的高速增长期仍在延续，但新的结构性变化已经产生。中国旅游业面临增长要素的历史性转换。前一阶段支撑中国旅游业快速发展的关键要素，包括资源和土地、投资、人口等，正在相继发生变化。

第一，宏观增长红利消散。长期以来，中国旅游业的增长依托于整体宏观经济增长的红利，而进入换挡期，经济增长速度下滑将从三个方面影响旅游业的发展：其一，财政收入和税收减少，影响政府主导产业的能力；其二，居民收入增速下降，影响需求的增长和产业升级；其三，银行资产质量劣化，影响企业资金成本，增加企业经营风险。

第二，土地和资源成本上涨。快速增长期，中国旅游业享受了低成本获取、使用土地与资源的红利，目前这一情况已发生改变。在土地方面，我国商服用地的土地供应价格从 2008 年的起始楼面价 1077 元/平方米增长到 2017 年的 2821 元/平方米，土地成本的年均增长率为 11.29%，2014 年以来的增长率更提高到了 21.6%。在资源方面，党的十九大报告指出，要坚持节约资源和保护环境的基本国策，实行最严格的生态环境保护制度，形成绿色的发展方式和生活方式。在市场经济背景下，资源的节约和保护体现在资源取得和使用的价格上，依托生态的旅游资源，其取得和使用价格将面临上涨。

第三，人口红利消失。2015 年开始我国劳动人口进入负增长，旅游业充裕的劳动力供给正在消失。从 2003 年到 2014 年，旅游就业总数增长了202.39%。据估算，2014～2020 年旅游就业的年均增量将达 747.2 万人，到 2020 年旅游业就业占全国就业总数的比重将增长到 14%。旅游业增长将面临越来越大的劳动力供给压力。近年来，我国旅游业人均职工工资年均增长率一直在 10% 左右，企业的人力成本负担正在加重。

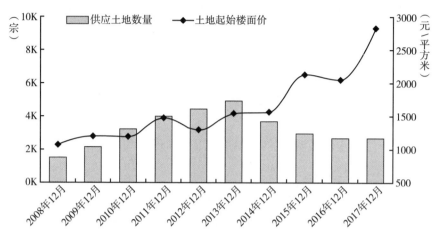

图 2 中国一、二、三线城市商服用地供应数量和起始楼面价

资料来源：wind。

第四，投资更加理性。前一阶段旅游投资与其他行业的情况相似。一方面是资本的高流入。2012年，我国旅游业投资规模为4064亿元，此后旅游投资用四年的时间迅速超过了1万亿元，到2017年已达1.5万亿元，这为旅游业积累了大量的资产。但是另一方面，资产规模的扩大并没有带来效率上的相应提高，反而推高了杠杆率。随着中速时代金融环境的宏观变化，高投资、高标杆、低收益的旅游投资将大为减少，旅游投资将进入实质和理性增长时代。

（二）经济换挡期，旅游业亟待实现多层次的结构性破题

迈过高收入经济门槛的少数国家，其旅游业往往在其经济换挡期，依托改革破除了高速增长期积累的发展障碍，厘清了上一个阶段存在的发展结构的问题，实现了多层次的结构性破题。中国旅游业在经济换挡期的发展障碍，核心在于三个方面。

第一，倒逼改革的环境已经形成，多因素缠绕亟待破题。对于中国旅游业，改革存在内外上下的多方必要性，但高速增长期的增长模式对解放旅游业的生产力产生很大的限制，围绕工业的价格和资源配置机制仍在影响产

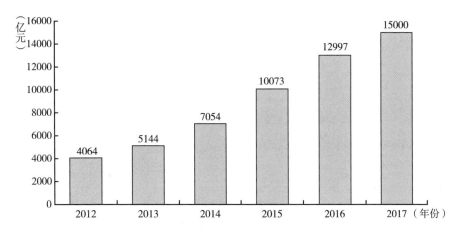

图 3　我国历年旅游投资规模

资料来源：原国家旅游局。

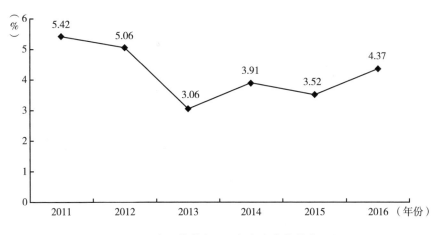

图 4　全国旅游企业历年净资产收益率

资料来源：原国家旅游局。

业，体制性、结构性、时效性障碍同步存在，多因素相互缠绕令改革亟须找
到突破口。总体上看，中国旅游业的发展面临高负荷（即产业发展在资源、
用地、能源、融资等多方面仍然面临高成本的问题）、多限制（在游客、资
本和人才的流入流出上仍有较多不畅的环节）、单动力（旅游业发展的动力

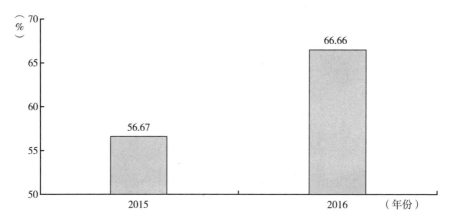

图5　全国旅游企业资产负债率

资料来源：原国家旅游局。

是非对称的，更多的来自需求侧的推动，而较少来自供给侧的引领）、非充分（政府主导型战略一方面推动中国旅游的适度超前发展，另一方面也产生低效率的问题）、低替代（资源分隔和一定程度的垄断降低旅游业的竞争水平，出口导向战略诱使劳动密集型产品生产的专业化，使技术和产业结构升级缓慢，从而产品替代缓慢）、有风险（前一时期的发展，令旅游业产生了一定的风险）等多方面问题，亟待改革破题。

　　第二，消费地位日益增强，消费深化多有不足。一方面，旅游已经逐步成为居民的刚性需求，消费地位日益增强。在中国经济整体进入换挡期后，其消费地位还将进一步上移。但是，中国旅游业长期存在消费深化不足的问题。在消费人群上，难以满足日益庞大的中产阶级乃至高净值人群的需求。一到节假日，大量的中产阶级蜂拥出境，形成极大的消费漏出。在消费内涵上，旅游业的文化附加值依然较低，40年走马观花，没有建立起有深度的消费习惯，和日韩欧美游客仍有很大的差距。在消费支出上，门票经济一枝独大，延伸性消费严重不足，产业链缺乏纵深。在消费目的地上，没有形成分工和梯度，高层次和国际化的消费目的地严重缺乏。

　　第三，跟随式创新多，引领式创新少，提升知识密集度是最大问题。40

年的中国旅游业发展以跟随式的创新居多，是在学习、模仿、导入、引进的
基础上的创新。这种跟随大大降低了中国旅游业的探索成本，也在此基础上
形成了独具特色的中国旅游业发展模式。但目前中国旅游业已逐渐步入世界
旅游业的发展前沿，他国的发展经验越来越深嵌于不同的发展道路中，难以
沿袭，创新追随已经进入深水期。中国旅游业要再发展，必须要走出一条引
领式创新的道路。在这一方面，产业已有一些经验和亮点，但尚未形成趋势。

三　依托改革与创新，构建中速环境中的"高深"产业

高速环境中，旅游业的特殊性在于"大"：总体规模大、增速快、影响
格局大、消费支撑力强、覆盖人群广、城乡统筹性好、带动产业多。而在中
速环境中，规模仍是旅游业的特殊优势。旅游业如能实现自身的转型，形成
效益高、影响深的产业特征，将在新的经济增长中发挥更大的作用。这种转
型也将解决中国旅游业本身在新环境中的可持续问题。经济换挡期，旅游业
的定位，应该是从高速环境中的规模产业，转变为中速环境中的"高深"
产业。

中速环境中的"高深"产业，体现在六个"高"和四个"深"上。高
的方面，第一是经济效益高，第二是效率高，第三是附加值高，第四是正外
部性高，第五是满足人民群众需求的程度高，第六是在国际分工体系中占据
上游。深的方面，第一是深入，深入支撑经济；第二是深透，通过改革全面
盘活要素、激活生产力；第三是深度，深度与生态契合，深度与文化融合，
深度与科技结合；第四是深刻，深刻影响社会民生外交文化。从构建"高
深"产业的角度，旅游业的改革和创新，根源于两个方面：第一是破除障
碍型改革，第二是前沿拓展型创新。

（一）依托改革和创新，解决关键时期的关键问题

经济换挡期，是国家宏观产业政策的全面调整期，也是综合改革的攻坚
期，这一时期，国家宏观政策至少面临四大类需要重点解决的问题：一是化

解风险，二是适应新速度，三是推动建立更完善的市场机制的综合改革，四是应对新的国际环境。对于旅游业而言，这需要依托改革和创新，应对宏观层面的十大结构性问题。

第一，旅游业如何在化解高速时期积累的财政、金融风险的过程中转型。化解经济换挡过程中的风险问题，防止掉入中等收入陷阱，已经是当前经济工作的重点。清理地方融资平台债务，防范银行信贷过度扩张，治理资产价格泡沫等多方面的问题给旅游业带来全新的财政、金融环境。旅游业需要同步适应新环境及处理产业转型的问题。

第二，旅游企业如何适应宏观上的中速增长环境，改变传统盈利模式。长期以来，旅游企业已经适应了高速增长环境下的诸多体制和机制，并建立起速度效益型的盈利模式。新的中速环境，将倒逼旅游业盈利模式的转变，但中速宏观环境下的旅游产业，在增长模式上，和其他产业会有很大不同，需要摸索更适应新速度宏观环境下的盈利模式。

第三，旅游业如何进一步改革和开放。经济换挡期，是旅游业的集中改革期和开放期。这一时期，旅游业将面临城镇化、乡村振兴、大都市圈成长、区域重构等一系列改革政策，旅游业与区域、城乡等诸多宏观发展环境的关系都非常紧密，在这些改革中发挥作用，将决定旅游业发挥作用的层次和深度。

第四，能否建立创新型的市场环境，产生一批创新型企业。高速增长时期，旅游业有大量的国外发展经验可借鉴，而到了中速发展时期，这种借鉴的边际效应下降很快，新的发展将更多地来自自主创新。如何建立适应创新的市场环境，成批产生创新型企业，是旅游业能否适应这一阶段的关键。

第五，能否满足大众、中产阶层的旅游需求，防止高收入阶层旅游消费需求加快漏出。旅游业在中速发展时期将面向三个市场需求的变化：一是快速增长的大众市场需求；二是容易被挤出的中产阶层旅游需求；三是漏出速度较快的高收入人群需求。满足人民对美好生活的向往，对于旅游业有实质性的推动作用。

第六，政府主导方式能否从增长主导型向公共服务主导型转变。增长主导是过去 40 年中国旅游业高速增长的重要体制因素，但也积累了一定的问题，进入新的发展阶段后，政府功能和角色都将发生重大的转变。新的发展阶段要求政府在改善民生、提供公共服务上发挥主导作用。政府主导型是中国旅游业发展的重要经验，但在下一阶段，如何主导、主导什么，都有待思考。

第七，旅游业在新的三次产业结构中，如何找到自身的位置。中速增长期，三次产业结构将进行调整，服务业将占据更重要的位置。在此调整过程中，旅游业如何服务一产、二产，如何增强其知识密度，如何推动自身消费升级，如何提高全要素生产率，都是非常重要的问题。

第八，旅游业如何与文化深度融合，放大文化影响力。在旅游与文化的行政融合之后，如何进一步推动旅游业与文化的融合，如何增加旅游业的文化附加值，如何通过旅游业放大文化的影响力，都需要在新的环境中探索解答。

第九，旅游业如何参与环境治理。生态是旅游业的"金山银山"，但在过去 40 年的高速发展过程中，旅游业也有影响环境的一面。全面的环境治理将迫使旅游业建立更为环境友好的发展模式，参与环境治理。

第十，旅游业如何适应乃至引导新的国际分工体系。当前，世界旅游业分工体系正在发生重大调整，世界贸易全球化的环境也正在发生深刻的改变。中国旅游业作为东亚旅游、中等收入国家旅游的领头羊，在新的国际环境中如能发挥更大的作用，适应乃至引导新的国际分工体系，对世界旅游体系、世界贸易结构都将起到很大的作用。

（二）依托改革和创新，重建旅游业新的增长模式

经济换挡期，旅游业要走向"高深"产业，必须破除旧有障碍，建立新的运行机制。这一方面依赖深度的改革，另一方面需要全面的创新。

1. 识别新阶段的发展核心：从投入转向转化

从高速发展期到经济换挡期，旅游业的转型基础在于发展重点。改革开放 40 年，中国旅游业的发展重点基于不断增长的投入，特别是立足于

资本、资源、土地、人力四个方面的要素投入，还包括需求侧的休假资源的政策性投入。但是，这种投入的可持续性受限于三个方面的变化：一是要素成本日益增高，二是供给能力逐渐收紧，三是投入的边际效益递减。这些在经济换挡期越来越不可持续。中国旅游业要向"高深"发展，必须从基于投入的增长模式，转向基于全要素生产率的效率模式。未来的旅游业发展，应该是在"三个注重"基础上的发展，即注重改革对于旅游生产力的松绑，注重市场对旅游业综合创新力的激活，注重知识与科技对产业的结构性进化。

2. 建立新阶段的发展环境：认知、市场、产业

新的发展阶段，需要新的有利于改革和创新的发展环境，其发力点在三个方面。

第一，认知方面。思想是产业发展的基础，什么样的产业认知，产生什么样的产业模式。中国旅游业的历史发展，来自屡次对旅游业发展模式的大讨论、交锋和争辩，推开了中国旅游业共同的认知边界，并不断地积累发展的共识。但旧有的共识基于高速增长的环境，一系列经验的归结，包括适度超前、政府主导、强调经济功能、旅游立市乃至旅游立国、投资拉动，其中有不变的部分，也有必须变的部分。新的旅游业，需要建立新的四种认识，包括对速度的认识，对产业定位的认识，对效率的认识，对风险的认识。要在新的环境里大浪淘沙、去伪存真，要建立新的有利于旅游业往"高深"发展的认知和共识，首先需要思想上改革和创新。

第二，市场方面。市场是产业发展模式的容器，什么样的市场机制，产生什么样的运行结构。中速发展环境的市场，需要建立两种新的关系。其一是建立通往"高深"产业的新的生产关系。紧紧围绕市场在资源配置中的决定性作用深化经济体制改革，这不是一句空。市场化程度的不足令旅游业在与其他产业共同配置资源时更为弱势，令旅游业本身缺乏优胜劣汰的良性机制，令旅游业宏观报喜、微观报忧。其二是在市场机制上去除创新的障碍，建立创新的保障，培育创新的能力，建立创新的机制，让市场中的微观主体敢于创新、勇于创新、善于创新、持续创新。关键的一个方面，是引导

旅游业从投入依赖型的增长模式转为全要素增长型的发展模式，培育高附加值、知识密集型的新型旅游业。

第三，产业方面。旅游业需要建立新的旅游产业关系，这牵涉到旅游交易链的三个方面，核心是如何重建供给侧和需求侧两面。需求侧层面，旅游需求在走向新的人口世代的主导，走向消费者更具主导权的社会，走向越来越难以满足的市场需求，走向趋势性升级和结构性降级并存的局面，必须建立更为市场化的环境与之相适应。供给侧的层面，快速增长期相对刚性的供给体系，难以应对新的市场变化，供给要面对规模的扩张和产业链条弹性化、柔性化、快速化的变革需求。

3. 拓展新阶段的发展边界：建立前沿拓展型的创新模式

新的发展阶段，中国旅游业应重建创新模式。从前一期跟随型的发展走向下一期前沿型的创新，旅游业要站在科技的前沿培育产业的动能、站在人文的前沿推进产业的深度、站在社会的前沿推进产业的嵌入度、站在国际关系的前沿推进产业的国际影响力。

特别要关注依托创新带来人、链、场三个层面的全新链接关系。新零售代表了中国商业的整体演进方向。依托新零售的发展模型，导入云计算、物联网、大数据、区块链、人工智能等新一代主流技术，从提升人的流量、提高转化量、客单价和复购率的层面，从创新规划设计、产品供应、供应链、批发商、零售商、消费者的链接模式的层面，从提升信息流的高效性、体验性，资金流的便捷性和可信性，物流的跨度性和即得性的层面，重新构建新的市场结构和交易关系，是旅游业能否走向高深产业的关键。

4. 建立全新的发展动能：推动中速期的高深发展

旅游业在中速期的高深发展，有赖于五种新动能的建立，分别是：依托于新型政商关系的治理新动能的建立，依托于从小旅游到大旅游到全域旅游的结构新动能的建立，依托于城镇化、区域化和城市群化的区域新动能的建立、依托于对外开放的开放新动能的建立，依托于新的生态友好型的发展模式的绿色新动能的建立。旅游业需要重建政府和市场的关系，事业和产业的关系，产业和社会经济的关系，城乡和区域的关系，中国、亚太与世界的关

系，发展和保护的关系，重新识别发展的关键要素、必要要素和非核心要素，重建新时代里的平衡关系。

参考文献

任泽平：《大势研判－经济、政策与资本市场》，中信出版社，2016。

刘世锦：《中速平台与高质量发展》，中信出版社，2018。

宋瑞：《我国旅游业全要素生产率研究——基于分行业数据的实证分析》，《中国社会科学院研究生院学报》2017 年第 6 期。

旅游投融资与消费创新

Innovation of Financing and Consumption

G.4

政府引导型旅游产业基金发展现状及对策建议

胡抚生*

摘　要： 全域旅游的快速发展，推动了政府引导型旅游产业基金的
发展热潮。近年来，各省市纷纷成立政府引导型旅游产业
基金，以财政资金撬动更多的社会资本进入旅游业。但政
府引导型旅游产业基金发展中还存在政府与市场权责不清、
规范性不足、引导作用不强、人才队伍不健全、配套性政
策不完善等问题。为推动政府引导型旅游产业基金的可持
续发展，建议从国家层面加强规范和指导、营造良好投资
环境、加大金融政策支持、加强人才培养、建立信息和交

　* 基金项目：本报告是文化和旅游部 2018 年科研立项课题"政府引导型旅游产业基金的运作
　　模式及规范管理研究"（课题编号：18TABG014）的阶段性成果。
　　胡抚生，中国旅游研究院副研究员，主要研究方向为旅游金融、旅游政策与发展战略等。

易平台、完善配套政策。

关键词： 政府引导　旅游产业基金　新动能

随着大众旅游、全域旅游时代的到来，旅游产业基金的发展越来越受到各方的关注。截至 2018 年 9 月末，在中国证券投资业协会备案的旅游产业基金数量已经达到 175 家。从产业基金的类型来看，既有财政出资的政府引导型旅游产业基金，也有国有企业、民营企业和金融机构设立的旅游产业基金。而其中政府引导型旅游产业基金是近年来各地积极推动的，其发展现状如何，面临哪些瓶颈，如何实现可持续发展正是本报告要研究的内容。

一　政府引导型旅游产业基金的概念和主要特征

（一）政府引导型旅游产业基金的定义

对于政府引导型旅游产业基金，目前尚未有确切的学术定义。财政部、国家发改委近年来出台的文件对政府性基金提出了相应的概念。财政部 2015 年出台的《政府投资基金暂行管理办法》指出："政府投资基金是指由各级政府通过预算安排，以单独出资或与社会资本共同出资设立，采用股权投资等市场化方式，引导社会各类资本投资经济社会发展的重点领域和薄弱环节，支持相关产业和领域发展的资金"。国家发改委 2017 年出台的《政府出资产业投资基金管理暂行办法》指出："政府出资产业投资基金是指有政府出资主要投资于非公开交易企业股权的股权投资基金和创业投资基金"。结合两部门对政府性基金的定义以及旅游行业特征，可以将政府引导型旅游产业基金定义为：由各级政府通过预算安排，以股权投资方式与社会资本共同出资设立，按照政府引导、市场化运作的模式，引导社会资本投向旅游发展重点领域和薄弱环节的资金。

（二）政府引导型旅游产业基金的主要特征

政府引导型旅游产业基金主要特征有以下几个。一是政府引导型旅游产业基金是由政府财政发起设立的，目前有省、市、县三级财政参与设立引导型旅游产业基金，这些基金不是无偿使用的，要追求投资回报。二是重点突出政府对旅游产业发展的引导性，主要目的在于发挥财政"四两拨千斤"的作用，以有限的财政资金来引导更多的社会资本参与旅游业发展，弥补地方旅游业发展所需资金，并且基金通常不做被投资企业的第一大股东。三是采用市场化的运作机制。虽然政府有财政投入并且是产业基金主要发起人，但政府在旅游产业基金的运作上更多地在对产业基金的建章立制方面发挥重要作用，不干涉基金的日常运作。四是存续期限不长，政府引导型旅游产业基金的存续时间为 7～10 年，一般不超过 10 年。五是以服务本区域的旅游业发展为主。无论是省级，还是市县一级的政府引导型旅游产业基金，往往有严格的区域投资限制，更多只能在本区域开展旅游投资，对跨区域投资有严格的限制。很多地方规定旅游产业基金投资本区域的资金总额不少于基金可投资金额的八成以上。

（三）政府引导型旅游产业基金与其他旅游类基金的区别

目前，除了政府引导型旅游产业基金，还有地方财政设立的旅游专项发展基金以及社会资本参与设立的旅游产业基金，这三者之间既有相同之处，也有区别之处。表 1 是对政府引导型旅游产业基金、地方旅游专项发展基金、社会资本设立旅游产业基金的比较。

表 1　三类旅游基金的比较

类别	政府引导型旅游产业基金	地方旅游专项发展基金	社会资本设立的旅游产业基金
资金来源	财政资金,需要纳入政府年度预算	财政资金,需要纳入政府年度预算	社会资本
资金用途	旅游业发展的薄弱环节和重大投资领域	基础设施和公共服务等	旅游业发展的重要投资领域

续表

类别	政府引导型旅游产业基金	地方旅游专项发展基金	社会资本设立的旅游产业基金
设立	财政部门会同旅游行业主管部门报本级政府批准	财政部门会同旅游部门报本级地方政府批准	报政府金融主管部门批准
设立形式	可以单独设立,也可以设立母子基金	不能设立母子基金	可以单独设立,也可以设立母子基金
规模	通常在10亿至100亿元	从上千万到亿元不等,一般不超过10亿元	通常在10亿至100亿元
运作方式	政府引导、市场化运作	政府主导	市场主导
日常管理	财政部门、旅游部门不参与基金日常事务管理	财政部门和旅游部门对基金的使用管理负责	社会资本自行对基金进行日常管理
投资收益	投资收益及时上缴国库	无偿使用,无投资收益	投资收益归基金投资股东
风险承担	风险共担,政府以出资额为限承担有限责任	无投资风险	完全由社会资本承担风险
退出	存续期满后终止	无退出机制	存续期满后终止

从资金来源上来看,政府引导型旅游产业基金、旅游专项发展基金资金均来自财政,出资额需要纳入政府年度财政预算,而社会资本设立的旅游产业基金则完全来源于社会资本,没有财政资金的参与。从资金用途来看,政府引导型旅游产业基金与社会资本设立的旅游产业基金均投向地方旅游业发展的重大项目和重大投资领域,而旅游专业发展资金主要投向旅游基础设施和公共服务领域。从设立来看,政府引导型旅游产业基金、旅游专项发展基金需要财政部门会同旅游行业主管部门报本级政府批准;社会资本设立的旅游产业基金则需要报当地政府金融主管部门批准设立。从设立形式来看,政府引导型旅游产业基金、社会资本设立的旅游产业基金可以单独设立,也可以设立母子基金;而旅游专项发展基金不能设立母子基金。从规模来看,政府引导型旅游产业基金、社会资本设立的旅游产业基金规模通常较大,在10亿~100亿元,也有少数达到200亿~300亿元;而旅游专项发展基金的规模通常较小,省级层面一般上亿元的也不多,而地市层面的年度专项发展基金通常在千万元左右,这与财政预算有关。从运作方式来看,政府引导型旅游产业基金是采取政府主导、市场运

作的方式，政府在基金投资人、发起设立、规章制度建设等方面发挥着重要作用，而具体的日常投资和运作则采取市场化的方式；旅游专项发展基金则完全是政府主导，由政府来决定支持建设的旅游基础设施和公共服务；社会资本设立的旅游产业基金则完全采取市场化的运作方式。从投资收益来看，政府引导型旅游产业基金追求投资回报，投资收益要及时上缴国库；而旅游专项发展基金是无偿使用，不追求投资回报的，更多地追求社会效益；社会资本设立的旅游产业基金同样追求投资回报，投资收益归基金投资人。从风险承担来看，政府引导型旅游产业基金由政府与社会资本共同承担投资风险，政府以出资额为限承担有限责任；旅游专项发展基金是无偿使用资金，不存在投资风险；而社会资本设立的旅游产业基金则完全由社会资本自行承担风险。从退出机制来看，政府引导型旅游产业基金、社会资本设立的旅游产业基金均有存续期，一般最长不超过 10 年，而旅游专项发展基金无退出期，其存续取决于是否纳入地方政府年度财政预算。

二 政府引导型旅游产业基金的发展现状

（一）政府引导型旅游产业基金发展的政策环境更加有利

从国家政策层面来看，近年来有较多文件提出了加大对旅游产业基金发展的支持。2014 年出台的《国务院关于促进旅游业改革发展的若干意见》提出政府要引导、推动设立旅游产业基金。2015 年出台的《国务院办公厅关于进一步促进旅游投资和消费的若干意见》提出"鼓励有条件的地方政府设立旅游产业促进基金"。财政部、国家发改委还先后出台政府投资基金支持产业发展的政策文件，加大政府投资基金对旅游业在内的实体经济发展的支持力度。从地方层面来看，较多省份出台产业引导基金管理办法，鼓励设立政府引导型旅游产业基金支持旅游业的发展。总体上，政府引导型旅游产业基金发展面临有利的政策环境。

（二）较多省市设立了政府引导型旅游产业基金

从全国来看，目前湖南、北京、四川、河北、青海、江西、广东等省份成立了省级政府引导型旅游产业基金，并且开始运作。最早成立省级政府引导型旅游产业基金的是湖南省，其于2010年成立了湖南文化旅游产业投资基金，更多政府引导型旅游产业基金成立于2014年之后，成立的时间并不长。从基金规模上看，通常在10亿元以上，一些省份如陕西、安徽、江西的旅游产业基金规模还达到几十亿元甚至超过百亿元。从主要发起人来看，既有省级财政部门、旅游部门、省属国有企业，也有金融机构，还有较多民营企业的参与。

表2　省级政府引导型旅游产业基金

省级旅游产业基金名称	基金规模（亿元）	年份	主要发起人
湖南文化旅游产业投资基金	30	2010	湖南省财政厅、湖南省文化厅、湖南省旅游局、深圳达晨创投有限公司等
北京旅游发展基金	10	2012	北京市旅游发展委员会、海航旅游集团
四川旅游产业创新发展股权投资基金	33.3（首期）	2015	新希望集团、昆吾九鼎投资公司、四川发展（控股）有限公司
青海旅游产业促进基金	10	2016	青海省财政厅、青海省旅游发展委员会
广东省旅游产业投资基金	10（母基金）	2017	广东省旅游控股集团、广东恒健控股公司、建设银行广东省分行
山西旅游文化体育投资基金	10	2014	山西省财政厅
河北旅游产业股权投资引导基金	10	2015	河北省旅游发展委员会、海航旅游集团
陕西旅游产业投资基金	50（首期规模）	2017	陕西旅游集团、国家开发银行
安徽旅游产业发展基金	40	2017	池州市政府、安徽省投资集团
江西旅游产业基金	400	2015	江西旅游集团、中国建设银行江西分行

从地市一级层面来看，烟台、西安、宁波、呼和浩特、青岛等城市成立了政府引导型旅游产业基金，规模均在10亿元以上。此外，广州、九江、

成都、安顺等一些城市也计划设立政府引导型旅游产业基金。目前来看，无论是省级还是市县一级政府引导型旅游产业基金，成立的时间均不长，较多地方还在处于旅游产业基金发展的探索阶段。

现有的各级政府引导型旅游产业基金主要有两种类型。第一类是母子基金形式，母基金由财政出资设立，为引导基金性质，是整合区域旅游资源和对接战略投资人的战略平台。母基金下设若干个子产业基金，具体项目投资和运营由子基金负责。第二类是不设子基金的旅游产业基金，由财政与社会资本共同发起设立，如北京旅游发展基金，其成立于2012年，基金规模10亿元，其中北京市财政投入1.5亿元，海航旅游集团投入8.5亿元，基金直接投向北京市旅游产业领域。第二类旅游产业基金出资人结构相对单一，更多依托存量资金进行投资，财政的杠杆作用并不充分。目前地方设立政府引导型基金更多地采用母子基金模式，可以更好地发挥财政的杠杆作用，吸引更多的社会资本参与旅游业投资，更大程度地将基金规模倍数放大。

（三）政府引导型旅游产业基金是全域旅游发展的新动能

1. 政府引导型旅游产业基金是促进旅游重点领域和薄弱环节发展的有效途径

近年来，随着全域旅游在全国上下如火如荼地开展，旅游业成为地方经济增长的新引擎。2017年，全国旅游投资达到1.5万亿元，各地对旅游投资都有着巨大的需求，特别是对于旅游发展的薄弱环节和重点领域。但也要看到，一方面，地方政府的财政能力有限，往往难以有大量的资金投入旅游业重点领域和薄弱环节；另一方面，社会资本虽然有投资需求，但往往对旅游项目看不准、看不透，在信息不透明和缺乏政府引导的情况下往往不敢投资。而政府引导型旅游产业基金在发挥政府性基金的引导作用、给予社会资本明显的投资指向、引导社会资本投向地方旅游业发展的薄弱环节和重点领域等方面，也起到了政府信用背书的作用。

2. 政府引导型旅游产业基金是拓展民间资本参与全域旅游发展的重要渠道

以往旅游公共服务、旅游景区开发等领域由政府主导，民间资本缺乏有

效的进入渠道。各地政府引导型旅游产业基金的成立，为民间资本进入更多旅游领域创造了有利条件。特别是政府引导型旅游产业基金投入一些旅游PPP项目，有助于拓展民间资本进入旅游公共服务和旅游景区开发的渠道，释放全域旅游发展的活力。政府引导型旅游产业基金往往还有相应的优惠政策配套，通过对重点旅游项目的投资，给予民间资本参与旅游产业发展的信心。

3. 政府引导型旅游产业基金是改善中西部地区旅游发展短板的重要方式

我国中西部地区旅游资源丰富，但经济水平相对欠发达，财政综合实力总体不强，单纯依靠政府财政投资往往难以支撑旅游业快速发展需要。而政府引导型旅游产业基金的设立为中西部地区补足旅游发展短板、促进旅游扶贫提供了新契机。政府引导型旅游产业基金投资项目本身就具有示范和标杆作用，可以吸引更多的社会资本往中西部地区集聚，补足中西部地区旅游发展短板。

三　政府引导型旅游产业基金的发展瓶颈

从当前来看，政府引导型旅游产业基金起步相对较晚，发展经验和发展模式还不成熟，还存在一些瓶颈问题需要解决。

（一）政府和市场权责划分不明晰

尽管财政部、国家发改委等部门出台了政府性投资基金的规范文件，各省市也出台了政府引导型旅游产业基金的规范文件，但政府和市场的权责划分仍然存在模糊地带。从政府层面来看，政府在旅游产业基金运作过程中应当积极履行公共服务职能，起到政策性引导和支持作用，基金应更多投向旅游业发展的薄弱环节，不应以追求盈利为导向。而从民间资本层面来看，民间资本参与政府引导型旅游产业基金的设立，并且占有更多的股份，就是以追求盈利为目标，这使得政府与民间资本的诉求存在冲突，对旅游产业基金的运作会产生影响。

（二）产业基金发展缺乏有效的规范和指导

财政部、国家发改委等部门虽然出台了对政府出资投资基金的规范，但这是对所有行业的普遍性规范，还缺乏专门针对旅游行业的规范。目前已成立政府引导型旅游产业基金的省份，也出台了政府引导型旅游产业基金的管理办法，但是规范性还相对偏弱，对政府引导型旅游产业基金的发展指导性还不强。很多地方虽然成立了旅游产业基金，但不知道如何运作、如何投资，发展方向也不明确。

（三）基金引导旅游产业发展的作用不强

较多政府引导型旅游产业基金的发展还处于起步阶段，部分旅游产业基金虽然投资了一些旅游重点产业和重点项目，但投资更多的是赢利能力较强的项目，并非需要企业投资的旅游薄弱环节和重点领域，对地方旅游产业发展的引导能力还不强。并且，目前好的旅游项目少，缺乏产业基金投资项目库存，也缺乏明确的投资指引，一些地方往往将旅游产业基金投向能够赚钱的领域，背离产业基金设立的初衷。此外，一些地方旅游产业基金的总体规模偏小，能够用于投资的资金有限。投资规模小，缺乏对社会资金的引导和带动，在引导产业发展方面并不突出，没有发挥应有的作用。

（四）专业化的产业基金人才队伍不健全

政府引导型旅游产业基金对于旅游部门、民营企业、金融机构均是新事物，其健康、可持续发展需要大量专业的人才。而当前既懂旅游，又懂产业基金运作的人才并不多。旅游部门和旅游企业中往往懂旅游的人才多，但懂旅游产业基金运作的人才少；而现有的旅游产业基金管理团体主要来自各大金融机构，往往懂产业基金，但是对旅游产业的发展规律和发展模式并不了解。缺乏复合型、专业化的管理人才，在一定程度上制约了政府引导型旅游产业基金的发展。

（五）产业基金的投资受限制

政府引导型旅游产业基金主要采取股权投资形式，债权投资受到限制。按照财政部门的管理规定，政府引导型投资基金只能采取股权投资形式，不能采取债权投资形式，这使得政府引导型旅游产业基金在开展旅游投资时受到限制，不够灵活。通常盈利能力强、发展前景看好的旅游项目，并不愿意受让股权引入外来投资者，而更愿意以债权形式接受投资。因此，非政府出资的产业基金如果采取债权投资形式，相对更容易获得投资机会。此外，地方政府设立引导型产业基金主要用于当地旅游业发展，其往往会要求基金主要投向本地区，而一旦当地缺乏好的旅游投资项目，政府引导型旅游产业基金则面临空转的可能，影响基金的运作和效益。

（六）产业基金的配套政策还不完善

目前，政府引导型旅游产业基金的发展尚未建立专门的配套保障机制，其参与投资的旅游项目还缺乏有效的政策保障，并且容易受到财政、发改、住建、水利、生态环保等部门约束性产业政策的影响，还需要加大统筹协调力度，争取旅游部门及其他涉旅部门的支持与配合。如很多地方较为现实的问题是旅游用地指标紧张，土地招拍挂成本太高，保障难度较大，新开发建设的旅游项目难以落地。

四 促进政府引导型旅游产业基金
可持续发展的对策建议

（一）从国家层面加强规范和指导

要从国家层面加强对政府引导型旅游产业基金发展的引导，建议由财政部门和旅游行政主管部门联合制定促进政府引导型旅游产业基金发展的指导意见和规范操作指南，明确政府引导型旅游产业基金发起设立、模式选择、投资收益分配、日常运营管理、投资风险分担、退出机制等规范操作流程，明确政府和市场在政府引导型旅游产业基金发展中各自的责任和分工，更有针对性地指导地方推动政府引导型旅游产业基金的发展。在此基础上，结合地方全域旅游发展特色，加强对省、市、县三级政府引导型旅游产业基金发展的分类指导，总结地方成功发展模式，为其他地区旅游产业基金发展提供可复制、可推广的经验。

（二）营造良好投资环境，突出产业基金的产业引导功能

推动地方政府转变传统的政府主导的发展思维，更加注重社会资本在旅游产业发展中的决策作用，强化政府引导型旅游产业基金的市场化运作方式。市县一级政府应适度放宽政府引导型旅游产业基金的地域投资条款，鼓励旅游产业基金跨区域适度竞争，拓宽旅游产业基金投资的选择面。坚持"有所为，有所不为"，对于社会资本有充足意愿投资的旅游领域，政府引导型旅游产业基金不参与投资，政府引导型旅游产业基金应更多投向当前发展还较为薄弱但未来发展前景看好的旅游项目，培育壮大一批有潜力的旅游新产品、旅游新业态，在项目发展成熟后择机退出。各省要建立旅游产业基金投资项目库，定期遴选一批优质的重点旅游项目，以项目引导旅游产业基金的投资方向、投资领域。

（三）加大金融政策支持力度

政府引导型旅游产业基金发展，既要有财政的支持，又要更多发挥金融的功能。要加大对政府引导型旅游产业基金发展配套金融政策的支持力度，持续加大农业发展银行、国家开发银行等政策性金融机构对旅游产业基金投资项目的融资支持力度，在贷款贴息、利率优惠、风险补助等方面给予支持。鼓励省级政府将新增地方政府债券向本省财力薄弱的市县倾斜，增加市县政府引导型旅游产业基金的吸引力和可持续发展能力。鼓励金融机构在政府引导型旅游产业基金项目规划阶段提前介入，为投资项目提供方案规划的金融咨询服务，避免项目走弯路，提高项目融资的可行性。

（四）加强专业化旅游产业基金人才培养

加大旅游院校和科研院所对旅游产业基金人才的培养，在旅游类本硕博专业课程中，增加产业基金、金融类课程，加强旅游产业基金的专题研究，培育一批旅游产业基金研究方面的专业人才。促进旅游行政主管部门、旅游企业和金融机构的联动，建立相互挂职机制，互补专业长短，培育复合型旅游产业基金人才。建议在文化和旅游部的年度"万名旅游英才计划"中增加旅游产业基金服务人才类别，逐步扩大旅游产业基金人才的培养规模。鼓励各省建立旅游产业基金专家人才库，依托专家加强对政府引导型旅游产业基金发展的指导。鼓励有条件的旅游企业、旅游产业基金管理机构建立旅游产业基金人才培训基地，开办专题培训班，加强对旅游产业基金实践人才的培养。

（五）建立政府引导型旅游产业基金信息交流和交易两大平台

建立旅游产业基金信息交流平台，及时提供旅游产业基金的政策、法规、数据、研究以及项目实时信息，搭建起政府、社会资本、旅游产业基金管理机构之间的互动平台；定期举办会议、论坛及项目洽谈会、成果展等，打通旅游产业基金发展的信息壁垒。建立旅游产业基金交易平台，促进地方政府与社会资本的合作，推动政府引导型旅游产业基金的股权证券化，拓展社会资本的退出渠道。

（六）完善配套政策支持

加强旅游、发改、财政、住建、自然资源、生态环保等部门的协调合作，做好政府引导型旅游产业基金投资项目前期的协调工作，提前落实好生态红线、水资源保护红线等国家政策红线，做好项目所涉及的土地、环保、水利等相关规划的编制或修编工作，完善土地、融资、人才、税费等各方面的配套政策。全面落实《关于支持旅游业发展用地政策的意见》和《产业用地政策实施工作指引》等涉旅用地政策，优先落实旅游产业基金项目供地指标，强化项目的落地保障。

参考文献

李金早：《以习近平新时代中国特色社会主义思想为指导 奋力迈向我国优质旅游发展新时代》，2018 年 1 月 8 日 2018 年全国旅游工作会议报告。

中国旅游研究院：《2017 年中国旅游经济运行分析与 2018 年发展预测》，中国旅游出版社，2018。

中国旅游研究院：《中国旅行服务业发展报告 2017》，中国旅游出版社，2017。

胡抚生：《金融与旅游业融合的模式及市场效应研究》，南开大学出版社，2018。

G.5
中国新三板旅游企业发展分析与展望

张茜 赵鑫*

摘 要： 目前我国新三板挂牌旅游企业规模整体偏小，且主要集中于北京、上海两地。市场融资不及预期，挂牌增速回落、摘牌潮隐现。新三板旅游企业盈利能力进一步增强，但偿债能力和营运能力均有所下降，成长性依然良好。对酒店餐饮类、景区类、旅行社、在线旅游四个细分行业分析可见，其发展特色各异。展望未来，新三板旅游企业挂牌和摘牌可能会常态化，其本质是市场化自净的过程，说明市场开始从量的增长转向质的提升。尽管融资功能不及预期，部分企业可能会转向海外市场寻求出路，但更多的企业还是会选择留在新三板市场寻求发展机会。

关键词： 新三板 旅游企业 上市公司

一 总体情况

新三板旅游行业挂牌企业按主营业务划分，可分为酒店餐饮、旅行社、景区、线上旅游、规划设计、信息服务、旅游交通以及旅游演艺。截至2017年底，新三板挂牌公司达11630家，挂牌企业总股份为6757亿股，较

---
* 张茜，经济学博士，中国邮政集团研究院金融研究中心高级研究员；赵鑫，金融学博士，中国社会科学院旅游研究中心特约研究员，光大金控资产管理有限公司投资经理，主要研究方向为旅游业股权投资。

2016年增长了16.46%，总市值达49404.56亿元，较2016年增长了21.81%。在新三板挂牌企业中，主营业务为旅游相关产业的企业共计182家，比2016年增长30%，远超过新三板企业整体增速。本报告剔除2018年退市的企业，最终选取其中95家作为研究样本。①

（一）企业规模整体偏小，市值分布断层明显

在市值规模方面，新三板旅游企业市值规模整体偏小。截至2017年12月31日，新三板旅游企业有市值数据的52家企业中，华强方特市值规模达到149.69亿元，占据榜首，除此以外，再无百亿元市值的企业；排名第二及第三位的小尾羊、南湖国旅，其市场规模仅为23.81亿元、18.16亿元，断层明显；而排在最后两位的司姆泰克、三清国旅两家企业市值分别仅为1830万元、1000万元。2017年挂牌的52家企业的平均市值规模为7.17亿元，较2016年的8.98亿元有所回落，但波动并不大。

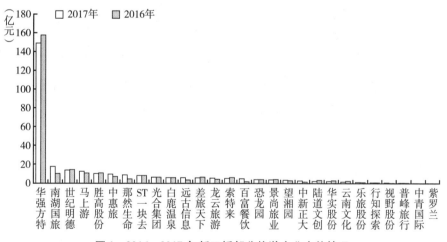

图1　2016~2017年新三板部分旅游企业市值情况

说明：本图选取2016、2017均有市值披露的旅游企业做对比，共计28家。

资料来源：wind数据。

---

① 本报告选择的95家旅游类企业，包括酒店餐饮类23家，景区类18家，旅行社25家，线上旅游8家，规划设计9家，信息服务5家，旅游交通5家，旅游演艺2家。

（二）挂牌旅企分布集中，北京、上海两地领跑

新三板市场容纳了大量的"成长型"中小微企业，体现了其服务于"创新型、创业型"企业的定位。从挂牌公司地域分布来看，2017年新三板旅游类企业分布在27个省（区、市），京津冀、长三角以及珠三角地区分布最多，其中北京、上海两地分别占13.68%、10.53%，可见分布区域以经济发达地区为主。其次是华北和华中地区，其中河南5家，河北、湖南、湖北三省均为3家。其他区域分布更为分散，仅有1~2家企业分布，如西北陕西、东北辽宁、东南福建、西南成都。

（三）整体融资不及预期，龙头引发虹吸效益

2017年新挂牌的53家企业中只有8家完成挂牌后的首次定增募资，合计募资金额4亿元，但其他大多数企业没有获得较理想的融资。整体来看，虽然新三板市场的融资方式和融资工具趋向多样化，但是目前新三板主要以股票融资为主，债权融资并不发达，因为可转债发行前股东不能超过200人，而且仅限于创新层企业，实际上处于创新层的旅游企业屈指可数，政策激励意义大于实际效果。综合来看，新三板依然存在流动性差、融资能力不足的问题，这是困扰着旅游企业发展的一大难题，很多上市公司因融不到钱而选择转战A股IPO。

定向增发是新三板企业最为重要的融资渠道。2017年一共有26家新三板旅企成功募资，占新三板旅企总数的22%，合计募资金额35.27亿元。其中华强方特是2017年募资最多的企业，共14.62亿元，占26家旅企募资总额的41.5%，虹吸效应明显。定增融资过亿的企业仅4家，排名第二的中惠旅融资总额2.64亿元，融资额最低的亚美股份仅有205万元，当然，还有更多的企业颗粒无收。

（四）挂牌增速有所回落，摘牌之势愈演愈烈

2017年，新三板旅游类企业中，新挂牌企业53家，相比2016年的73

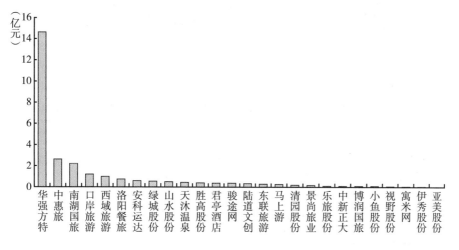

图 2　2017 年新三板旅游企业增发募集资金情况

资料来源：wind 数据。

家，增速有所回落；在 53 家新挂牌企业中，景区和旅行社是挂牌主力，占 60.37%；旅游产业链供应商 9 家，主要为旅游目的地、旅游企业提供规划设计、营销策划、景观打造、软硬件设备设施等产业服务；此外，还有酒店餐饮类 3 家、在线旅游类 2 家，旅游演艺类 2 家挂牌。

　　随着新三板的监管日益趋严，融资效率不及预期，再加上无切实利好政策等原因，新三板企业摘牌潮隐现。与新三板大环境趋同，新三板旅企摘牌数量也有所增加，2017 年摘牌旅企数量达 11 家。一些业绩符合 IPO 的优质旅企选择冲关沪深 A 股，如飞扬旅游、文旅科技、景域文化、马仁奇峰等。还有旅企根据当前行业发展趋势及公司自身战略规划需求，希望降低运营成本①，或更专注于产品开发和业务拓展而主动摘牌，如票管家、道旅旅游。还有部分企业因未能及时披露信息或者存在违规情况被"劝退"。

---

①　新三板上市公司需要承担挂牌督导等费用以及披露定期报告的工作量，增加了公司的运营成本。

（五）整体盈利有所增长，偿债能力逐年下降

从盈利能力来看，2017 年新三板旅游类企业实现平均营业收入 2.43 亿元，较 2016 年增长 14.08%；2017 年实现平均净利润 0.23 亿元，较 2016 年增长 35.29%；此外，2017 年净资产收益率（ROE）平均为 5.66%，较 2016 年上升约 6 个百分点；2017 年总资产报酬率（ROE）平均为 6.1%，较 2016 年上升约 3.7 个百分点。以上财务指标表明，2017 年新三板旅企经营状况较为乐观。

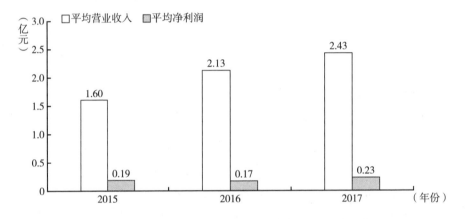

图 3　2015～2017 年新三板旅游企业营收利润情况

资料来源：wind 数据。

从偿债能力来看，2015～2017 年，新三板旅游类企业流动比率和速动比率均逐年下降，2017 年分别降至 2.37、2.24，表明新三板旅游类企业资产变现能力降低，短期偿债能力变弱。

（六）营运能力略有下降，成长性有企稳之势

从营运能力来看，2017 年新三板旅游类企业应收账款周转率及总资产周转率较 2016 年有所下降。其中，流动资产周转率为 2.78，总资产周转率 1.64，均较 2016 年有微幅调整，表明流动资产利用程度也在下降。从每股收益看成长能力，新三板旅游类企业基本每股收益同比增长率在经历 2016

年的大幅度跌落后，2017 年有所企稳，同比增长 9.5%，反映企业的获利水平和成长潜力在经历 2016 年的大幅回落后开始反弹。

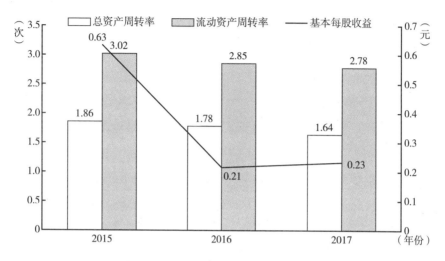

图 4　2015～2017 年新三板旅游企业营运和成长能力

资料来源：wind 数据。

二　典型细分行业发展分析

（一）酒店餐饮类

1. 收入利润增长稳健，资产获利能力下降

对比 2015～2017 年营业收入和净利润的数据，酒店餐饮类企业稳健增长，2017 年营业收入 1.66 亿元，较 2016 年增加 0.16 亿元，同比增长 10.67%；2017 年实现平均净利润为 812.97 万元，较 2016 年增加 266.94 万元，同比增长 48.89%。可见，新三板酒店餐饮类公司净利润整体提升较大，并且表现出较强的盈利能力。此外，从资产回报率来看，在经历 2016 年的大幅回落后，2017 年稍有企稳。具体而言，净资产收益率超过 10% 的企业有 8 家，分别为乔盈股份、山水酒店、君亭酒店、沃阁酒店、望湘园、

粤珍小厨、佳客来以及寓米网。整体来看，酒店餐饮类资产获利能力表现出一定程度的分化。

图5　2015～2017年酒店餐饮企业净利润和营业收入均值

资料来源：wind数据。

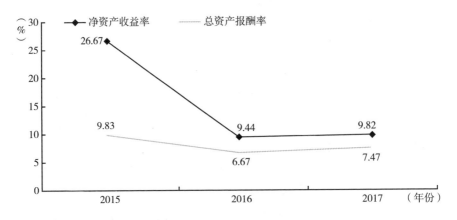

图6　2015～2017年酒店餐饮类资产收益率情况

资料来源：wind数据。

2. 整体呈现"橄榄型"结构

在中国多层次资本市场体系中，新三板目前更侧重的功能定位是"苗圃"，培育创新能力强、增长性好的小微企业，"大块头"和"小不点"占比都不高，更多的是处于快速成长期的潜力企业。23家酒店餐饮类挂牌企业非常符合这一特征，总体呈现"橄榄型"结构。具体从营业收入来看，营业收入在1亿~5亿规模的有12家，占据半壁江山，超过5亿元的仅有望湘园1家。从净利润来看，仅有4家企业未能实现盈利，其余企业均有不同额度的利润入账（见图8），符合创新层标准即最近两年连续盈利且年均净利润不少于1000万元的企业仅有君亭酒店、望湘园、山水酒店三家，绝大多数企业属于中间阵营。

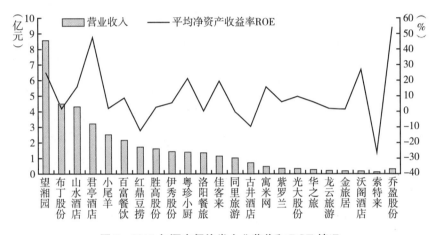

图7　2017年酒店餐饮类企业营收和ROE情况

资料来源：wind数据。

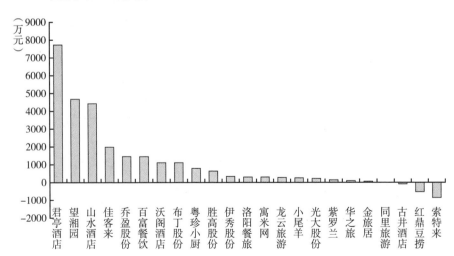

图8　2017年酒店餐饮类企业净利润情况

资料来源：wind数据。

3. 酒店业务同质化，品牌定位和运营模式各有新意

新三板酒店类上市公司主营业务收入主要包括客房收入、加盟收入、物业出租收入、餐饮等其他收入，其中共性是客房收入占比较高，君亭酒店、山水酒店占比分别为77.54%、75.93%，布丁酒店、沃阁酒店也都达到65%以上。总体看酒店企业业务布局趋同，客房或酒店管理收入是收入的主要来源，物业出租、餐饮、加盟等收入则略有差异。

对比来看，酒店企业主要以差异化的品牌定位和运营模式获取相较其他酒店类产品更强的市场竞争力。例如布丁酒店致力于成为年轻消费者喜爱的时尚酒店集团，通过品牌的口碑效应获取年轻的消费群体；山水酒店致力于成为特色鲜明、模式领先的中档精品连锁酒店投资管理集团，通过打造"投资直销 + 品牌加盟 + 委托管理 + 兼并收购"的运营模式，扩大公司规模，逐步提高其在酒店行业的品牌影响力；君亭酒店立足于中高端品牌市场，侧重"高端、服务、文化"，注重自己的文化内涵，从前期产品设计到后期细节服务，提供具有东方文化的产品和服务，营收稳步上涨。从长期来看，要从激烈竞争的酒店行业脱颖而出还需从品牌运营、现代化管理、科技化应用等方面下硬功夫。

（二）景区类

1. 业绩表现分化明显

截至2017年12月31日，新三板共有18家景区类企业，通过对比发现这18家企业的业绩分化明显，可谓"风光"迥异。其中，华强方特在2017年实现利润总额9.12亿元，位于第一集团，且遥遥领先；第二集团的清园股份实现利润总额1.62亿元，恐龙园、武当旅游等均未过亿，断层较明显；碧螺塔、那然生命、天沐温泉、木兰股份、遂昌旅游五家企业盈利没有跨过1000万元的门槛，有些尚在盈亏边缘；香堤湾、白鹿温泉两家企业出现较大亏损，分别亏损1194.9万、1254.96万。净利润增长方面，2017年净利润同比增长的企业有10家，其中，碧螺塔、武当旅游、恐龙园三家企业的净利润同比增长率较高，分别为393%、257%、131%，而净利润同比增长率为负的企业有 8 家，其中天沐温泉和木兰股份的净利润同比增长率分别下降至 −73%、−91%。可见，新三板景区类旅游企业的利润总额和利润增速分化明显。

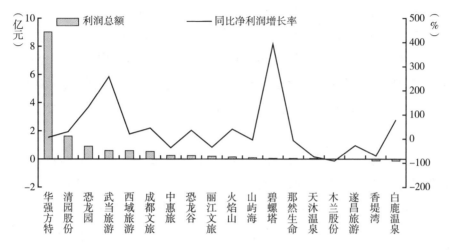

图 9　2017 年景区类企业利润总额及同比增长率

资料来源：wind 数据。

2. 休闲景区优势渐显

景区类旅游企业分为自然景区类企业和休闲景区类企业，对比这两类上市企业业绩，休闲景区类企业的盈利情况更为明显地呈现出稳定向上的趋势，如华强方特、清源股份、恐龙园三家休闲主题企业在 2015～2017 年均实现相对较高的收益，位居景区类旅游企业前列。休闲景区类企业锁定主题公园文化，这成为其优势渐显的一个很大因素。以清园股份为例，该公司主打宋朝文化，以《清明上河图》为蓝本，使游客穿越时空仿佛置身于宋朝的民俗风情、市井文化、皇家园林中；华强方特则主打科技和文化，形成了以动漫产品、特种电影、文化科技主题公园为主要内容的全产业链，并以主题公园为依托，拓展产业链，取得了较好的经营业绩，且仍具上升潜力。

相反，自然景区类企业受环境、季节、政策等不确定因素影响较大，盈利呈现较大波动。如白鹿温泉在 2015 实现利润总额为 2678.88 万、2016 年

亏损 6370.86 万元，2017 年有所回升，但依然亏损 1254.96 万元；喀纳斯更是在 2018 年退出了新三板市场。

3. 盈利模式较为单一

景区类企业的业务构成中，门票收入占全年营收的比重普遍较高，"门票经济"占主导的经营模式短期内难以改变。自然景区类企业面对旅游业季节性波动，经营业务种类及旅游资源的开发力度有待拓宽和加大。对门票销售较为依赖的景区在企业盈利模式、业务结构等方面仍有进一步改善的空间，可以通过挖掘文化、生态、历史资源的内涵，进一步将景区类企业打造成盈利能力、抗风险能力更强的区域性综合旅游服务商。

广州塔通过建立多种经营模式、开拓新型业务，逐渐丰富了盈利渠道。自 2015 年开始，广州塔实现扭亏为盈。根据广州塔 2015 ~ 2017 年年报数据，广州塔的门票收入占比从 2014 年 48.18% 降至 2017 年 41.24%，而餐饮及其他项目的收入占比逐年增加。其中"其他类业务"，包括商铺租赁、各类会展业务、广告位出租、纪念品销售等收入占比在 2017 年已接近 20%，总体看收入结构在不断优化。从转型结果看，广州塔的经营转型有值得借鉴的地方。

（三）旅行社

1. 旅行社体量多已达到大中型企业标准

2017 年新三板旅行社类企业平均营业收入为 3.46 亿元，较 2016 年增长 26.74%；实现平均净利润 944.92 万元，较 2016 年同比增长 152.97%。在 25 家旅行社[①]中，营业收入位居前三的企业分别是南湖国旅、山水股份、景尚旅业，营业收入分别达 23 亿元、16 亿元、9.1 亿元，排名最后两位的企业是三清国旅和西藏天旅，营业收入分别为 3532 万元、1849 万元。此外，南湖国旅、景尚旅业等一些挂牌企业的员工人数远超过 400 人。因此，

---

① 本报告选择了主营业务为旅行社服务的旅行社（股份）公司，此外还选择了数十家综合类旅行社（股份）公司，其主营业务除旅行社服务外，还包含景区托管运营、酒店投资等。截至 2017 年 12 月 31 日，新三板共有 25 家旅行社类上市公司。

无论从营业收入，还是从职工人数来看，旅行社规模实际已达大中型企业标准。①

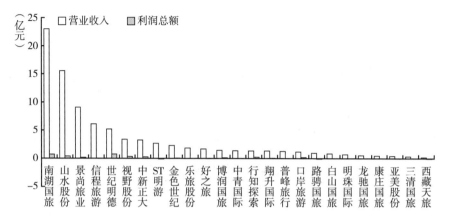

图 10   2017 年旅行社类企业营业收入及利润总额情况

资料来源：wind 数据。

2. 行业竞争激烈，获利不易

2015～2017 年新三板做市旅行社平均毛利率分别为 9.50%、8.69%、9.72%，显著低于沪深 A 股上市旅行社的毛利率水平（见图 11），其中新三板做市旅行社中，只有口岸旅游、行知探索、世纪明德、金色世纪四家旅行社的毛利率水平均超过 20%，基本达到 A 股上市公司水平（见图 12）。因为旅行社共有 27000 多家，所以整个行业呈现门槛低、规模小、利润低的普遍特征，旅行社行业堪称红海。虽然新三板的旅行社企业多为地方或者区域的龙头企业，但是新三板旅行社相比 A 股上市旅行社公司完善的渠道铺设、全国性业务布局、丰富的产品仍有较大差距，而且与地方小旅行社的产品趋同导致其获利能力不足。

3. 集中分布在一线城市及特色资源区域

截至 2017 年 12 月 31 日，新三板旅行社各省数量分别为北京 9 家、上

---

① 根据我国企业法相关法律法规，营业收入小于 1000 万元，为小型旅行社；营业收入在 1000 万～3000 万元，为中型旅行社；营业收入大于 3000 万元，为大型旅行社。

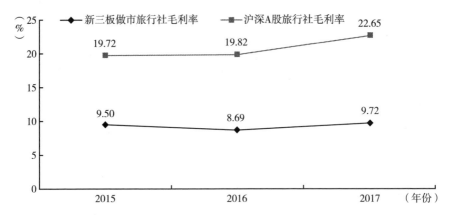

图11　2015～2017年新三板与沪深A股旅行社销售毛利率对比

资料来源：wind数据。

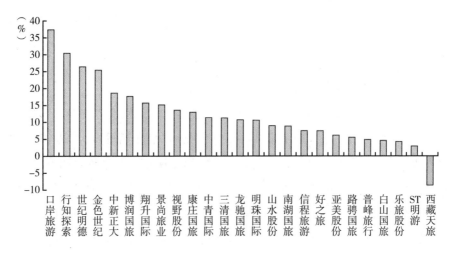

图12　2017年旅行社销售毛利率情况

资料来源：wind数据。

海3家、江苏2家，重庆、浙江、安徽、西藏、内蒙古、辽宁、吉林、湖南、河南、广西、广东各1家。从区域分布来看，上述25家旅行社，主要集中在北京、长三角，东北、西北区域也有分布。区域旅行社拥有当地独特的旅游资源或者旅游政策方面的倾斜，所以在业务方向上会有较为明显的区别。比如，视野股份借助出境旅游火热的局面，适时开展特色海外医疗旅游，业务取得了不错的业绩，2017 年实现净利润 2848.83 万元，较 2016 年的 1024.14 万元增长了近两倍。西藏天旅的特色在于主打西藏地区的旅游服务产品，与其他旅行社在区域产品方面形成明显的差异化竞争。白山国旅与其他旅行社明显不同的是具有边境旅游业务（中朝、中俄），进而在一定程度上避免了与旅行社同业之间的同质化竞争。

（四）在线旅游

1. 主要集中在热门旅游目的地

8 家在线旅游（OTA）企业基本分布在一线城市和热门旅游城市，其有两方面原因。一方面，在线旅游企业并不直接提供旅游产品，而是通过平台和技术支持将合适的旅游产品推荐给旅游消费者，这一定位决定了在线旅游企业对技术开发、市场人员的更多需求。另一方面，在线旅游企业在获取用户阶段需要大量的资金投入，融资需求较为强烈，一线城市聚集大量的投资人和投资机构，旅游在线企业融资的成功率会更高。

2. 公司股权分布相对集中

新三板在线旅游企业除在地理分布上集中外，股东持股也较为集中。在 8 家新三板在线旅游企业中，翔川股份、我要去哪的第一大股东持股比例分别为 61.78%、69.66%，股权高度集中；第一大股东持股比例为 30% ~ 50% 的公司有华实股份、走客股份、差旅天下、骏途网、ST 一块去；最低的百程旅游第一大股东持股比例也接近 30%。

表1　新三板在线旅游类企业第一大股东持股比例情况

单位：%

证券简称	省　份	第一大股东持股比例
华实股份	辽宁省	39.04
翔川股份	上　海	61.78
走客股份	上　海	30.01
百程旅游	北　京	27.31
ST 一块去	江苏省	31.84

证券简称	省　份	第一大股东持股比例
差旅天下	吉林省	40.29
骏途网	陕西省	30.00
我要去哪	四川省	69.66

资料来源：wind 数据。

3. 市场关注度不足，直接融资比重低

OTA 行业是一个充分竞争的行业，是几个头部与众多长尾并存的行业，行业巨头之间的合纵连横已成为常态。然而，对于新三板在线旅游企业来说，OTA 巨头的不断扩张挤压其生存空间，新进入者又紧紧追赶，处于头部企业和小企业中间的新三板企业寻求外部融资支持就显得极为重要。总体来看，融资呈现"两低"的特征：一是融资总额低；二是直接融资比重低，主要是增发占融资总额比重仅为45%。互联网巨头 BAT 布局在线旅游行业时，多投资携程、同程、飞猪等巨头企业，新三板市场的在线旅游企业受关注度不足，其中仅有百程旅游在挂牌前获得阿里巴巴和宽带资本的投资，融资金额接近2000 万美元，其他的直接融资均为定向增发，缺少市场关注度。一般在线旅游企业发展需要大量的资金投入，融资约束将对公司发展有明显制约。

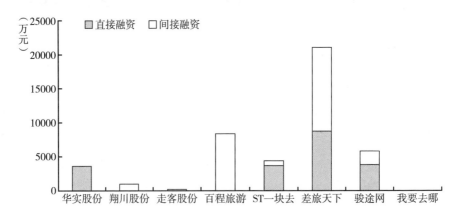

图13　在线旅游企业挂牌后融资情况

资料来源：wind 数据。

三 未来展望

（一）进出有序，从量的增长走向质的提升

随着新三板挂牌企业数量增加，摘牌企业也陆续出现，一部分企业转战其他资本市场，还有一部分被收购，当然也有部分企业因未能履行信息披露义务等违规情形，而被强制摘牌。旅游企业也不例外，2017年旅企挂牌热情降温，摘牌企业却大幅增加，共有11家旅游企业完成新三板摘牌。新三板市场定位于助力中小企业发展和实体经济转型，"适合的企业"才能获益，体量过大的企业应该寻求更大的市场，僵尸企业应该被清除，这样整个市场资源配置才会更有效率，所以，进退有序本质上是市场化净化的过程。入口上倾向于新业态、新科技、新模式的企业，以提升三板的活力和质量；在退出方面明晰标准、优胜劣汰，一进一出，有利于整个新三板乃至旅游板块实现健康有序发展，提高流动性，避免劣币驱逐良币，帮助优质旅游企业实现价值发现。

对于旅游企业来说，挂牌新三板不仅能拓宽企业的融资渠道，也能借此机会梳理企业的治理结构、财务状况等情况，对企业将来的发展大有裨益。在规范经营治理的前提下，引入高科技不断丰富更新产品，提升旅游服务质量，持续性塑造品牌效应、扩大影响力，实现公司业绩持续稳定增长，这才是旅企挂牌三板的应有之义。

（二）政策松绑将激发并购热情，优质企业投资机会凸显

近年来A股上市公司并购新三板企业力度不断加大。wind数据显示，2017年A股上市公司并购新三板挂牌公司的完成交易金额达365.89亿元，主要支付方式为股权和现金。随着并购重组"放管服"向市场化改革方向不断推进，除了"小额快速"通道外，2018年10月12日并购重组的配套融资政策也已放开。10月20日，证监会明确支持优质企业参与上市公司

并购重组，将IPO被否企业筹划重组上市的间隔期从3年缩短为6个月，这意味着政策的松绑有望进一步激发对新三板企业的并购热情。对A股上市旅游企业而言，部分具有独特禀赋的新三板旅游企业具有较大的吸引力。一方面，在市场流动性趋紧的环境下，一级市场估值总体趋于理性，优质企业投资价值越来越凸显；另一方面，优质新三板旅游企业在景区资源、细分行业地位、业务增长性等方面具有独特的优势。因此，并购此类企业成为上市旅游企业进一步完善业务布局、保持业务增长持续性、巩固行业地位的重要方式。

（三）融资不及预期、转板不畅，海外上市或成出路

旅企挂牌新三板不仅是将新三板作为展示的平台，而且还努力将其转化为融资渠道平台。然而，在三板市场融资不及预期的情况下，这些企业每年还要承担挂牌、咨询等服务费用以及披露信息的义务，部分企业试图减负前行，也有一些企业试图转板寻求转机，拟赴陆港两地申请上市。回溯历史，境内旅游企业IPO难的原因错综复杂。一是旅游企业规模较小、同质竞争严重，再加之许多企业控股股东为政府，缺少独立的治理结构，在合规性方面与IPO存在一定差距。二是不少旅游企业的核心资源是景区，但这类资产的经营独立性、产权归属等问题盘根错节，导致业绩规模、经营独立性方面存在一定障碍，影响申请上市。三是对于主题公园、度假村、文旅小镇等以人造资源为主的旅游企业来说，如果投入资金较少，其将面临门槛低、同质化竞争等问题，盈利持续性不足。四是旅游相关的基础设施需要不断维护和更新，而大多数企业只能通过举债的方式进行，不仅增加企业的财务杠杆，也加剧经营风险，进一步增加上市难度。

综合来看，旅游企业的投资机会和资金需求与日俱增，破解融资难困境已是燃眉之急。在新三板融资不足，境内上市困难的情况下，优质旅游企业海外上市或许将成为其现实的选择。

参考文献

刘琳雁：《新三板上市及场外挂牌融资问题探讨》，《财经界》（学术版）2015 年第 4 期。

刘翔峰：《完善新三板摘牌制度》，《中国金融》2016 年第 23 期。

沈明：《中小企业在新三板挂牌的研究》，上海交通大学硕士学位论文，2014。

吴晶妹、邵俊睿：《股权众筹平台与新三板服务业行业风险对比分析——基于卡方检验的研究》，《现代管理科学》2017 年第 11 期。

吴中超、靳静：《我国新三板市场发展现状、趋势与监管——对十年间的回顾》，《现代经济探讨》2017 年第 1 期。

张思、袁亚忠、廖红姣等：《新三板上市旅游企业绩效分析——以"来也股份"为例》，《旅游纵览》（下半月）2017 年第 1 期。

张勇、高敏：《新三板挂牌企业发展比较研究》，《特区经济》2014 年第 12 期。

G.6
支付引领旅行消费新趋势：机遇与挑战

张秋实*

摘　要：　支付依托消费场景而存在，旅游中的"吃住行游购娱"都是旅行者的支付场景。作为交易环节的"最后一公里"，支付体验直接影响旅行者的旅行体验。消费者对支付存在一定的"惯性"和"路径依赖性"，随着移动互联网的迅速发展，各种新兴的旅行支付方式正驱动着旅游消费场景的升级，改变着人们的旅游消费习惯和行为特征。在此背景下，新支付时代在为旅游市场的发展带来挑战的同时也带来前所未有的战略机遇。大到国家小到企业都应高度重视支付能力的提升，建立更加完整的旅行支付体系，助力当地旅游产业的转型升级，实现弯道超车。

关键词：　旅游　支付方式　城市创新　信息化

近年来，"扫一扫"等支付方式的创新与普及极大方便了中国人的旅行，带来了旅行途中的新体验，受到不少其他国家和地区的关注和青睐。随着中国游客的足迹遍布全球，支付方式改变的不只是旅行者的消费模式，也逐渐改变着国内乃至全球旅游行业的商业形态。移动支付这一新的支付方式、消费方式已然开启了旅游支付的新时代，成为未来旅行支付行业发展的必然趋势。

＊ 张秋实，中国社会科学院研究生院财经系博士研究生，研究方向为旅游管理与经济。

一 旅行支付方式由实物支付时代 演变到电子支付时代

（一）旅行支付的演变

支付方式由实物支付时代过渡到信用支付时代，现步入电子支付时代。实物支付中的实物既包括原始的物物交换，也指一般等价物和贵重金属货币。在实践中，由于实物的便携性不够和标准化程度不足，信用中介应运而生。纸币和票据的出现便是依托于信用，以纸基为工具，演变为信息的表达。如今，电子支付的出现改善了信息不对称等问题，有效地提升了信息流动性，提高了支付的效率。21世纪的信息技术空前发达，催生出了电子银行（包括网上银行和手机银行等离柜业务），将线下旅游行为引导到线上完成消费行为。目前，更便捷的移动支付方式允许用户使用移动终端进行支付行为，甚至开始分享行为，从而使旅游消费体验形成生态闭环。

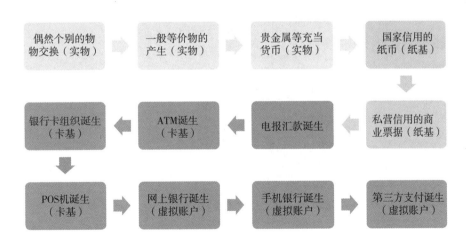

图1 支付体系的历史沿革

（二）全球支付现状

1. 信用卡支付仍占据主导地位，但电子支付发展迅猛

据 Worldpay 支付运营商发布的《2017 年全球支付报告》（见图 2），在

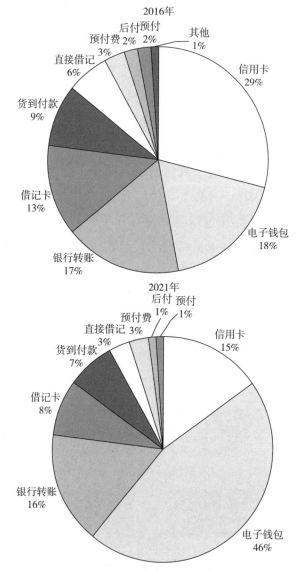

图 2 全球支付方式比例现状及预测

资料来源：Worldpay，《2017 年全球支付报告》。

全球电子商务市场，信用卡依然是当前最常用的支付方式，电子钱包和银行转账分别是第二大和第三大支付手段。2016年，信用卡支付占总支付方式的29%，电子钱包和银行转账分别占18%和17%。全球电子商务市场预测，到2021年电子钱包将超过信用卡成为第一大支付手段，占总支付方式的46%。银行转账和信用卡将成为第二大和第三大支付手段，分别占16%和15%。

凯捷咨询公司（Capgemini）发布的《2017全球支付报告》同样发现电子支付的增长态势（见图3）。2013~2019年，全球电子支付交易笔数年复合增长率为17.6%，预计2019年交易总量将达到765亿笔。而移动支付的年复合增长率为21.8%，到2019年交易笔数可达1088亿笔。

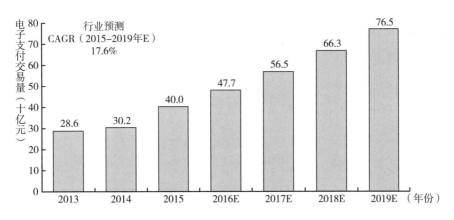

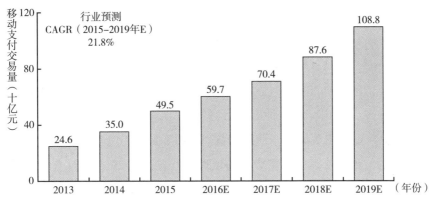

图3　2013~2019年全球电子支付和移动支付的交易量

资料来源：Capgemini，《2017全球支付报告》。

2. 不同行业类型影响支付方式

在旅行过程中，支付方式往往会在不同行业间呈现差异化。欧睿咨询一份关于 2016 年全球消费趋势的调查报告显示：购买出行和旅游相关产品和服务时，消费者倾向于上网进行搜索和比较，最后通过电脑终端完成支付；购买服装、美容和个人护理等产品时，消费者更偏好在实体店进行线下支付；订购门票、餐饮、交通和影音产品等时，更频繁地使用手机支付。服务型的商业行为在进行数字化转变时将产生多样的方式，例如，餐饮支付和外卖支付的设备使用差异是所有行业里最小的，在电脑上购买的比例是 26%，而通过智能手机购买的比例为 20%。

目前信用卡仍是旅行者预订、支付机票和度假产品的优先支付工具。2016 年，Worldpay 调查了六个国家的 12000 名消费者在旅游和航空公司方面的消费情况，其中 72% 的中国消费者和 64% 的美国消费者在最近的旅行中选择使用信用卡支付。同样地，eNette 金融服务公司发现信用卡支付在旅行消费中的主导地位。数据显示，通过旅行社代办的美国消费者中约有 88% 使用个人信用卡支付航空公司费用，个人直接在线购买航空旅行的比例更高。在全球范围内，信用卡也是通过直接渠道订购住宿的主要手段，占在线直销的 68% 和线下直销的 87%。

3. 年轻一代引领移动支付发展

"千禧一代"（出生于 1982～2000 年的一代）是见证互联网崛起的一代，开始逐步具有消费能力。"Z 世代"（出生于 1995～2010 年的一代）又被称为网络时代，是伴随互联网成长的一代。这些年轻人逐渐成为市场消费的主力，他们的支付方式偏好直接影响市场发展。尽管总体而言信用卡依然是最常用的支付方式，但这种态势会逐渐变化，60% 的中国和美国年轻人（18～25 岁）显示出更倾向于使用储蓄消费而不是信用消费，和他们的上一代相比，对信用消费表现出更多的谨慎性。欧睿咨询 2016 年对全球消费趋势的调查数据显示，千禧一代使用过移动支付的比例高达 80%，婴儿潮时期（1946～1964 年出生）的一代则只有 57%，而在千禧一代之后出生的 Z 世代，未来可能是移动支付接受度最高的，也是使用最频繁的群体。DPO

信息服务商调查表示，目前引领移动支付使用的是千禧一代，45%的千禧一代使用了NFC支付，而上一代只有26%使用过。埃森哲对1500名来自美国和加拿大的消费者的研究表明，68%的Z世代消费者更喜欢使用移动应用访问银行业务，其他年龄段的消费者则更喜欢网络银行。

4.全球移动支付存在冷热不均现象

亚太地区的电子支付发展迅速，尤其是中国的移动支付发展。根据凯捷咨询《2017全球支付报告》数据（见图4），在非现金交易量前十的市场中，中国以381亿笔的交易量攀升到第三名，增长率高达63.2%。2018年中国国家互联网信息办公室发布《数字中国建设发展报告（2017年）》，报告显示数字中国建设取得明显成效，2017年全国信息消费规模达4.5万亿元，其中移动支付交易规模超过2万亿元，赶超美国居全球第一。

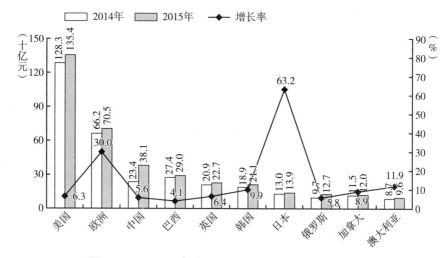

图4　2014～2015年非现金交易量排名前十的市场情况

资料来源：Capgemini，《2017全球支付报告》。

Strategy Analytics移动支付服务商研究报告《2010～2022年移动支付预测更新》称，全球移动支付用户将在2016年底突破10亿人，其中约75%的移动支付用户来自亚太、中东以及非洲地区。全球移动支付交易额[1]到

---

[1]　Strategy Analytics，*Mobile Money Forecast 2010 - 2014*，2016.

旅游绿皮书

2022 年将会是 2016 年的两倍以上——将从 2016 年的 2000 亿美元上涨至 2022 年年底的 5710 亿美元。以中国为代表的中东亚在移动支付交易额和增速上，显然都高于其他地区，中东欧和中美拉美地区交易额较低。

二 部分国家旅游支付特征和城市创新

（一）美国——移动支付领域先行者

1. 美国旅游支付市场碎片化，第三方支付的集中度较低

旅游支付市场碎片化的竞争为消费者提供了更多的选择，但也分散了支付的使用量，支付方式难以标准化。根据 2017 年底到 2018 年初航空旅行数据（见图 5），2164 名美国游客中将近一半的受访者会使用 PayPal 和 Apple Pay 作为支付旅游和旅游相关服务费用的方式。美国金融市场发达，现有支付系统发展良好，新的支付方式很难取而代之，移动支付在美国仍处于混战阶段，PayPal、Apple Pay 及 Samsung Pay 是移动支付市场的主要推动力。美

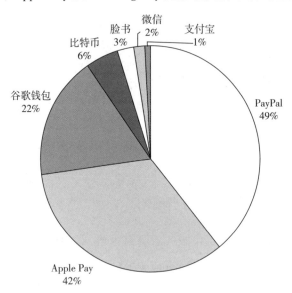

图 5　美国游客偏好的支付方式

资料来源：OAG，《旅行预订和支付的未来》。

国消费金融网站 LendEdu 对大约 2000 名美国千禧一代进行的调查结果显示①，只有近 14% 的人经常使用移动支付，而 35% 的人表示从未使用过移动支付。调查还显示，44% 的受访者表示最经常使用的移动支付软件是 PayPal 旗下的 Venmo。尽管 PayPal 在美国支付系统中处于领先位置，但是其地位依然受到了新的市场进入者的威胁，例如电子钱包运营商 Apple Pay、Samsung Pay、Android Pay 和谷歌钱包。

2. 美国旅游消费者的预约平台偏好为亚马逊和谷歌航空

美国旅行者在预约行程时普遍会选择亚马逊和谷歌航空。OAG 的调查显示（如图 6），2164 名美国游客中 32% 会选择顾客平台（如亚马逊、脸书等）作为备选的预约平台，其次 28% 的受访者选择代理商预约旅游行程。进一步选择偏好的顾客平台时，44% 的受访者会使用亚马逊网站作为预订旅游行程的最佳选择，49% 的受访者并未选择以下给出的平台，而 62% 的受访者提出会从所给选项之外的谷歌航空中直接预订旅游行程。

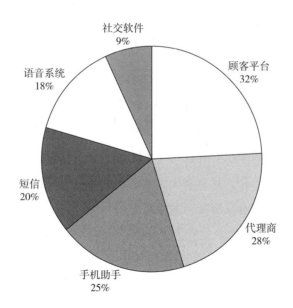

---

① 《美国"千禧一代"未使用过移动支付的比例高达 35%》，http：//www. 199it. com/archives/585663. html，2017 年 4 月 24 日。

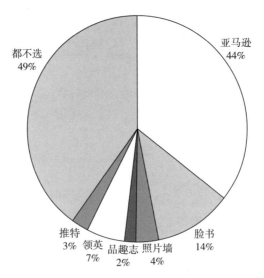

图6 美国游客偏好的旅游行程预约平台

资料来源：OAG，《旅行预订和支付的未来》。

（二）中国——移动支付新兴市场

1. 使用银联卡购物受到中国海外旅游者的青睐

据2016年全球市场调研集团Ipsos的调查（见图7），银联卡是中国游客在海外旅游时最常用的支付方式。其中66%的受访者在海外旅游时使用银联卡支付，41%的中国游客使用现金支付。虽然仅有9%的中国游客使用微信支付，但是微信作为具有聊天、分享照片等功能的社交软件，微信支付很有可能成为未来很有发展潜力的旅游支付方式。

中国游客消费类型中比重最大的前三类分别是购物（25%）、住宿（19%）和餐饮（16%），而非中国游客在住宿上的消费比重最大（见图8）。中国游客人均海外购物消费达762美元，超过非中国游客276美元。62%的中国游客在免税店购物，其次是百货公司（47%）和超市（47%）。

2. 中国游客使用移动支付频率比他国游客较高

尼尔森和支付宝联合发布的《2017年中国境外旅游和消费趋势》报告

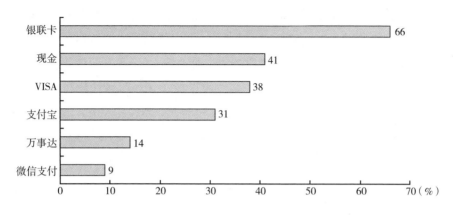

图7　中国旅游者海外支付方式

资料来源：Ipsos、中国国际旅游监测。

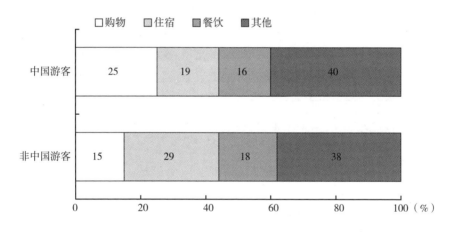

图8　旅游者在海外消费的类型

资料来源：尼尔森和支付宝，《2017年中国境外旅游和消费趋势》。

显示，中国游客在海外使用移动支付的频率比非中国游客的频率高。65%的中国游客在境外旅游时使用了移动支付，而非中国游客仅有11%使用移动支付，超过90%的中国游客表示如果条件允许会选择使用移动支付。

在国内，《2017年中国第三方移动支付市场发展报告》显示中国移动支付占整个支付方式的比例不断增大，2017年提升至82.4%，其中二维

码扫码支付（84%）和手机闪付（60%）成为市场主流移动支付产品。中国支付清算协会发布的《2017年移动支付用户调研报告》对移动支付用户的行为偏好进行了分析，生活消费场景，如吃穿住行等方面使用移动支付的用户比例达到97.1%，排第一；第二是票务类场景，占比达80.4%；商旅类场景排名第三，占比达64.7%。以预订酒店为例，2017年自由行游客通过移动端预订酒店的比例从上年的53%提升到了79%，增长了26个百分点。

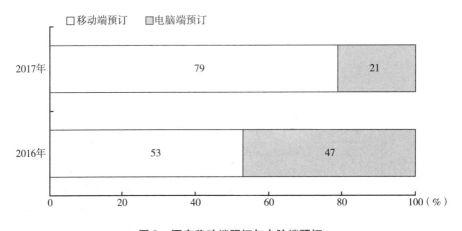

图9　酒店移动端预订与电脑端预订

资料来源：马蜂窝旅行网、中国旅游研究院联合发布《重新发现世界：全球自由行报告2017》。

3. C端移动支付市场已形成巨头垄断的格局

移动支付在C端市场上，巨头垄断的格局已经形成。《2017年中国第三方移动支付市场发展报告》中第三方移动支付交易规模市场份额数据显示（见图10），支付宝已经占据了51.96%的市场份额，财付通作为微信支付和QQ钱包的后台接口也占据了37.15%的市场，剩余约10%的市场由其他支付平台瓜分。然而B端移动支付的"黄金期"仍在，成为部分第三方支付企业选择的方向。2017年第三方移动支付平台交易规模市场份额数据显示，移动支付B端市场上，易宝支付位居第一，市场份额占比为41.2%；拉卡拉市场份额为22.0%，位居第二。

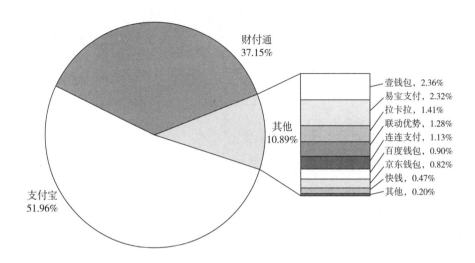

图10　2017年中国第三方移动支付交易规模市场份额

资料来源：比达咨询，《2017年中国第三方移动支付市场发展报告》。

（三）典型城市的旅行支付创新

1. 伦敦——老牌旅游都市向"智慧"转型

英国很早就有支付创新意识，2003年便开始引进"牡蛎卡"非接触式借记卡，该卡凭借支付的快捷性和便捷性，很快在伦敦流行。英国2013年提出"智慧伦敦"计划，旨在有效整合创造性人才、先进性技术和开放性数据，通过数字化交互渠道打造出一个更有智慧的伦敦。于是伦敦不断尝试创新，允许交通网通过非接触式信用卡支付和Apple Pay的支付。2017年11月，伦敦发展促进署与万事达卡达成战略伙伴关系，推出伦敦官方城市指南手机应用，为游客提供"一站式"的旅游信息和更优质的支付体验。新的手机应用收集了旅游景区景点、娱乐购物和交通情况等实时信息，可以帮助游客制订独特的行程安排和预订服务。手机应用是由万事通电子支付功能支持的，可直接在应用界面中进行支付和预约。而且，游客利用万事通平台可以享受价格优惠和折扣待遇，包括购物时享受比斯特购物村奢华套餐行程85折优惠；坐交通工具时，以9折优惠购买伦敦一卡

通；逛景点时，享受伦敦水族馆成人门票买一赠一等优惠。支付市场是不断变化的，伦敦敏锐察觉到动向，紧跟市场发展趋势。为满足大量中国游客的支付需求，一些伦敦的酒店和市场开始引入支付宝。如，2018年5月上海—伦敦萨沃耶奢华酒店与支付宝开展合作，成为伦敦首家接受支付宝支付的奢华酒店。

2. 杭州——中国首个移动智慧城市

作为支付宝的发源地，杭州早已成为全球最大的移动支付之城。无现金理念在这里展现得淋漓尽致，只需要一部手机，就可以解决在杭州的旅游需求。数据显示①，在杭州，超过95%的超市、便利店能使用支付宝付款；主城区的公交车实现移动支付全覆盖，超过98%的出租车支持移动支付，超过50%的餐馆可以使用移动支付。支付宝购票—车站取票的地铁移动支付1.0时代，仅用不到两年的时间，就升级到手机刷卡、扫码过闸的2.0时代。如今，杭州地铁支付有市民卡、移动支付和单程票三种方式，能够满足不同人群的需求。杭州实际上已经率先完成移动智慧城市建设。因此，小到路边摊大到商场都可以使用手机进行移动支付。目前，杭州的核心景点景区都可以使用支付宝购买门票和其他旅游服务。2018年4月，杭州市旅游委员会和支付宝、口碑合作推出了"城市会员计划"，游客只需要通过手机领取城市会员卡就可以享受专属的服务和折扣。例如，就餐时，有特色餐厅的推荐也有优惠券领取；出行时，可以享受共享单车提供的专属骑行券。除了线上优惠，每位领取城市会员卡的游客还可线下领取一个内含礼品袋、饮用水、城市旅游地图以及手册的城市福袋。未来，杭州还计划整合更多应用场景支持城市会员卡，涵盖公交、停车、旅游咨询、投诉等各类公共服务，为城市会员提供更多专属权益②。

---

① 《杭州已率先完成移动智慧城市建设》，《杭州日报》，http：//www.hangzhou.gov.cn/art/2017/9/18/art_ 812262_ 10852094. html，2017年9月18日。

② 中国旅游新闻网：《杭州推出"城市会员卡"数字时代中国旅游城市的创新》，https：//m. baidu. com/sf_ baijiahao/s？ id=1598957678042795884&wfr=spider，2018年4月28日。

三　支付演变带来旅游业新格局

支付方式的演变催生了新零售时代，旅游业的各种业态以支付为核心，开始借助信息化工具将实体和虚拟的服务、国内和国际的交易进行连接。通过旅行支付入口，旅游业与其相关产业在数据社会的发展下形成多方位感知，实现对旅行者的识别、观察和引导。旅行支付的发展进一步简化了跨境旅行带来的中小额国际交易，也对全球的传统零售业、餐饮住宿等行业进行了智慧化改造。一场追求"智慧旅行"的商业革命已经开始，小到商铺大到国家都应重新思考如何借力移动支付和智慧化的浪潮，培育创新驱动的竞争新优势，时刻把握支付市场的机遇，积极利用新优势推动旅游消费升级，在新的旅游竞争中领先一步。

（一）连接线上与线下——支付新技术提供旅游消费升级体验

旅行支付是打通线上与线下消费场景的新入口，能够下沉覆盖到"吃住行游购娱"全渠道，从多方位提升旅游体验。如今旅行支付已经影响了游客的消费习惯，为了营造便捷的消费场景和高效的服务环境，商家和目的地都争先采用高新技术来满足消费者个性化、智能化的需求。例如，在排队和行程中，游客对于效率有着异常高的需求。旅行支付的方式由现金和刷卡逐渐演变成刷脸、车牌识别等无感支付，免去了旅途中交钱找钱的烦琐过程，后台还能记录下旅行消费准确信息。旅游业所提供的线上及移动端支付服务时间也是全天候的，给予消费者充分的比较和思考时间。线上平台里丰富的内容给予消费者更多的选择，消费者完全可以在线上以很低的成本构建完整的旅行消费链，通过 NFC、AR 扫码技术等高新支付手段获取多样消费体验，并在线下实时享受产品和服务。和社交媒体互动（如关注公众号、分享动态等）以及消费后的反馈也是消费流程中不可或缺的环节，旅游服务提供商可以将顾客从线下体验引导到线上平台，形成一个完整的、可循环的消费闭环。

（二）连接国内与国际——支付新模式加强全球旅游交易联系

跨境支付是跨境旅游的必要配套服务，近年来兴起的第三方支付企业借助在高频小额旅行支付市场上的灵活性和成本优势，为全球旅游交易提供了有利的贸易机会和贸易条件。旅行支付将现代大众旅游发展中，与跨境旅游者的流动相伴而生的其他复杂流动（如物品和劳务交换、资金流动、信息流动）高效灵活地整合在支付环节中。相对于以往的支付系统，第三方支付等支付新模式简化了传统贸易过程中的单据和工作程序，依靠信息技术加快了交易反馈速度，从而获得更多更详细的商业信息。随着移动支付在全球的兴起，越来越多的跨国大公司瞄准了这一大市场，支付领域的竞争也越发激烈。PayPal、Apple Pay 和支付宝等知名的国际支付机构都走出国门，开始在全球各个热门旅游地区、旅游服务供应连锁商中稳步推进全球化布局。现如今，中国在移动支付领域实现了弯道超车，开始引领海外。中国游客在境外强大的购买力以及移动支付的高普及度，使得国外商家主动迎合中国游客的需求，不少商家安装支付宝、微信支付等中国移动支付工具。[①]

（三）连接现在与未来——支付新时代创造旅游市场全新机遇

从企业层次而言，在旅行过程中，游客所消费的产品和服务大多数是彼此独立的，但是通过支付交易的链接，看似不相关的旅行消费叠加形成了"消费链"。"消费链"背后的大数据精准记录了现在的行为轨迹，可以预测未来的消费偏好。因此越来越多的企业看到旅行支付的潜在价值，重视支付渠道的布局，从而提升自身的竞争力。从行业层次而言，移动支付搭建的各类平台和客观的交易规模已经为更多创新应用提供了有利的发展基础，基于移动支付的新型服务业态不断涌现，如共享单车、生鲜食品30分钟送达等。值得注意的是，移动支付存在无限的可能，随时面临重新洗

---

① 券商中国：《移动支付将颠覆刷卡支付的主导地位》，http：//finance. ifeng. com/a/20171007/ 15710758_ 0. shtml，2017 年 10 月 7 日。

牌。二维码的优势并不能永久维持，新技术的出现势必会影响现有的支付市场格局。

四　对企业和城市的建议

（一）规范支付环境，提高旅游供给效率

随着支付产业参与主体的多元化，除了银行和支付服务商，通信运营商和手机制造商等多个行业也参与了支付市场。支付业务的产业链也随之延长深化，各个市场参与主体间的利益关系复杂多变。移动支付市场的迅速发展，带动了海量的用户需求，但随之而来的是支付碎片化现象越发严重。单一的支付模式并不能满足顾客的消费需求，却增加了企业商户的管理难度。打造良好规范的支付环境、明晰监管主体责任才能保证支付业务健康快速发展。产业链中的各方主体应协同发展，共同推动旅行支付产业发展。便利的支付工具、完善的支付环境，将推动全球人口流动和旅游业的发展，促进旅游消费及经济发展，加快旅游业的转型发展。

（二）利用支付信息，进行消费者"画像"

支付方式不仅仅是交易工具，也是集信息流、资金流和物流于一体的信息活动。旅行支付在为旅游活动提供便利的同时获取有效的大数据资源，而这些旅行支付数据正是重要的商业资源。旅行群体呈现出日益多样化、差异化和个性化的特点，客户渴望自己的个性化需求可以得到满足。定制体验已经成为新的旅行趋势，自由行和特色游也成为主流。客户动向是不断变化的，通过整合挖掘过去和实时数据来进行消费行为分析，能够直观地了解消费者的旅行习惯和旅行趋势，洞察消费群体的特性，从而有针对性地提升产品、服务的精度和适用性。从发展角度而言，大数据的走向还可以为市场预测和决策分析提供鲜活的数据支撑，帮助运营商洞察市场走向。

（三）创造新型商业模式，减少金融成本

企业对于支付领域的占领，体现在对支付入口的占领、用户信息管理及个性化营销等多个链条的布局与运作。现在，越来越多的旅游企业开始着力布局支付和金融增值服务来提升其线上线下的交易效率及频率[①]。支付已经逐步融入旅游产业链的全渠道，如今整个旅行途中已遍布智能终端和自助终端，旅行者很享受越来越便捷的无感支付出行。凯捷在全球支付报告中指出，云计算、人工智能、区块链、风控矩阵等新兴前沿技术将为支付安全性和便捷性带来历史性的变革。支付方式的变化已经体现出旅游业对不同产业和资源的整合能力。旅游运营商和支付行业的有效合作如旅游卡的出现已经得到旅行者的认同和赞赏，有效地拉动了旅游消费。因此企业可以和支付行业合作探索新的支付方式和商业模式以吸引大量流量，帮助旅游消费模式转型，提高旅游服务效率，提升旅游体验。

参考文献

宜人智库：《2017～2018年中国支付行业研究报告》，2018。

《移动支付将颠覆刷卡支付的主导地位》，http：//finance. ifeng. com/a/20171007/15710758_ 0. shtml，2018年11月22日。

Accenture Consulting, *Driving the future of payment—10 mega trends*, 2017.

鲁泽霖：《数字经济打造现代服务业：盘点和展望》，《产业创新研究》2018年第7期。

中国人民银行济南分行课题组：《国内外移动支付业务发展、比较与借鉴》，《金融会计》2013年第11期。

[①] 《企业聚焦：新时代互联网支付对旅游产业链的价值》，http：//www. sohu. com/a/201777630_ 181185，2017年11月2日。

中国免税行业的政策演变、竞争格局和海外对标

楼枫烨*

摘　要： 免税店是国内奢侈品消费的主要渠道，受益于政策开放和消费回流，中国免税行业未来增长可期。中国免税经营商存在增长空间，免税牌照举足轻重，未来竞争格局走向寡头垄断。免税店具有旅游购物属性，与跨境电商相比具有价格和渠道优势。从海外经验韩国来看，韩国本国居民购买免税品主要通过济州岛离岛免税和离境免税（包含机场和市内免税）两种方式，市内免税店的经营模式助推韩国成为名副其实的购物天堂。

关键词： 免税　政策　竞争　韩国

一　中国免税行业的政策演变

（一）免税政策放松刺激市场规模扩大

原先，免税业受政策限制，为了扩大国内消费，免税政策逐步放开。免税品经营业务涉及免税商品监管、国家税收征缴、外汇管理等多个方面。免

---

* 楼枫烨，国金证券研究所旅游行业首席分析师，以实业经验与视角梳理旅游行业发展前景与价值投资脉络。

税品销售有独特的经营思想和方式,中国对于免税品的销售均实行国家集中
统一管理的方式。

表1　我国免税行业相关的法律法规梳理

时间	部门	文件或政策
2000 年 1 月 1 日	财政部、海关总署、国家税务总局、国家旅游局	《关于进一步加强免税业务集中统一管理的有关规定》
2003 年 10 月 21 日	财政部、国家税务总局、海关总署	《财政部　国家税务总局　海关总署关于中国免税品(集团)总公司扩大退税国产品经营范围和简化退税手续的通知》
2004 年 9 月 30 日	海关总署、国家税务总局	《海关总署　国家税务局关于对中国免税品(集团)总公司经营的国产商品监管和退税有关事宜的通知》
2005 年 1 月 1 日	财政部	《免税商品特许经营费缴纳方法》
2006 年 1 月 1 日	海关总署	《中华人民共和国海关对免税商店及免税品监管办法》
2006 年 3 月 20 日	财政部	《财政部关于印发〈免税商品特许经营费缴纳办法〉的补充通知》
2006 年 5 月 1 日	国家外汇管理局	《国家外汇管理局关于免税商品外汇管理有关问题的通知》
2008 年 1 月 24 日	国家税务总局	《国家税务总局关于出境口岸免税店有关增值税政策问题的通知》
2009 年 12 月 3 日	国务院	《关于加快发展旅游业的意见》
2009 年 12 月 31 日	国务院	《国务院关于推进海南国际旅游岛建设发展的若干意见》
2011 年 1 月 1 日	财政部、商务部、海关总署、国家税务总局	《境外旅客购物离境退税海南试点管理办法》
2011 年 4 月 20 日	财政部	《关于开展海南离岛旅游免税购物政策试点的公告》
2016 年 2 月 18 日	财政部、商务部、海关总署、国家税务总局、国家旅游局	自 2016 年 2 月 18 日起,增设 19 个口岸进境免税店,免税品种有所扩大,免税购物额上限提升
2017 年 1 月 15 日	财政部	将海南铁路离岛旅客纳入离岛免税政策适用对象范围
2017 年 10 月 11 日	财政部	进一步完善离岛免税购物政策和离境退税政策,扩展离岛免税购物政策适用对象范围到乘船旅客,实现离岛旅客全覆盖,研究增设免税店,提高年度免税购物限额

资料来源:网络公开信息、国金证券研究所。

行业迎来政策红利，放开免税政策将逐步实现消费回流。一直以来，中国消费外流的现象明显，尤其是在奢侈品类上，仅有 23% 左右的奢侈品销售发生在国内。资金外流在中国经济增速放缓的情况下需要得到抑制。离岸免税政策的开放及增设进口免税店也体现这一目标。

表 2　2011～2017 年海南岛离岛免税政策的开放

时间	政策内容			
	适用人群	商品范围	购买次数	限额
2011.3	年满 18 周岁，乘坐飞机离开海南本岛但不离境的国内外旅客，包括海南省居民	免税商品限定为进口品，试点期间，具体商品品种限定为首饰、工艺品、手表、香水、化妆品、笔、眼镜（含太阳镜）、丝巾、领带、毛织品、棉织品、服务服饰、鞋帽、皮带、箱包、小皮件、糖果、体育用品共 18 种，国家规定禁止进口，以及 20 种不予减免税的商品除外	非岛内居民旅客每人每年最多享受 2 次，岛内居民旅客每人每年可享受 1 次。旅客购物后乘机离岛记为 1 次免税购物	离岛旅客每人每次免税金额暂定为人民币 5000 元以内（含 5000 元），即单价 5000 元以内（含 5000 元）的免税商品，每人每次累计购买金额不得超过 5000 元
2012.10	年龄条件调整为年满 16 周岁	增加美容及保健器材、餐具及厨房用品、玩具（含童车）等 3 类免税商品品种。调整后，免税商品品种扩大至 21 种，其中国家规定不符合民航安全要求、禁止进口以及 20 种不予减免税的商品除外		离岛旅客每人每次免税金额暂定为人民币 8000 元以内（含 8000 元），即单价 8000 元以内（含 8000 元）的免税商品，每人每次累计购买金额不得超过 5000 元
2015.2		将零售包装的婴儿配方奶粉、咖啡、保健食品、家用空气净化器、家用医疗器械等 17 种消费品纳入离岛免税商品范围。放宽香水、化妆品、手表、服装服饰、小皮件等 10 种热销商品的单次购物数量限制		
2016.2				对非岛内居民旅客取消购物次数限制，每人每年累计免税购物限额不超过 16000 元人民币

续表

时间	政策内容			
	适用人群	商品范围	购买次数	限额
2017.1	年满 16 周岁的铁路离岛旅客			

资料来源：网络公开信息、国金证券研究所。

（二）中国免税行业未来增长可期，政策面及需求面释放利好

中国的免税市场起步较晚，未来，中高端收入人群资产增值和消费升级将助力中国免税市场增长。回溯数据来看，2016 年中国海南岛离岛免税市场销售收入为 60.7 亿元，同比增长 14%，2012～2016 年中国离岛免税市场销售收入复合增长率达到 27%（见图 1）。2016 年全年的离岛免税购物人数累计为 173 万人次，同比增长 5%（见图 2）。人均免税消费额为 3506 元，同比增长 8.2%（见图 3）。2017 年，海南离岛免税商品销售额达 80.2 亿元人民币，同比增长 32%；销售数量 1050 万件，同比增长 41.8%；购买旅客 233.4 万人次，同比增长 34.8%。2016 年人均免税消费额的增长主要是因为消费额度的放开，从每人每年 8000 元的消费额度提升到每人每年 16000 元的额度，政策刺激了人均消费水平。根据中国国旅 2018 年半年报数据，2018 年上半年公司实现营业总收入 210.85 亿元，同比增长 67.77%。公司营业收入的增长主要来自免税业务的贡献，报告期内公司免税商品销售业务实现营业收入 149.47 亿元，同比增长 126.31%。

2016 年下半年免税消费人次和销售额复苏反弹，海南离岛免税回暖明显。从月度数据上来看，海南离岛免税市场自 2016 年 7 月开始出现回暖现象，购物人次及销售规模增速均有所提升。回暖原因主要有两个方面：第一是海南省的旅游市场逐渐回暖，环境及天气是绝对优势；第二是 2016 年上半年海南省加大力度整治旅游市场，短期影响团客客流增速，长期利好海南旅游的规范化发展。

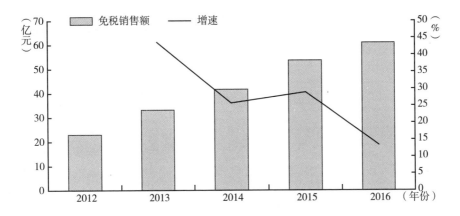

图1　2012～2016年海南岛离岛免税销售额及其增速

资料来源：wind、国金证券研究所。

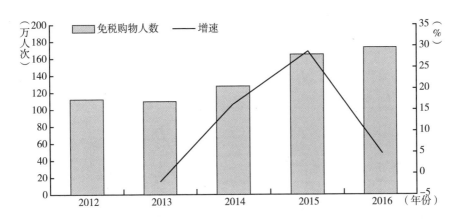

图2　2012～2016年海南岛离岛免税购物人次及其增速

资料来源：wind、国金证券研究所。

（三）国内免税市场呈现寡头垄断局面，免税牌照下的竞争格局分析

免税业的经营模式主要有三种：一是口岸和市内免税店，此类免税店遍布全球；二是离岛免税店，2011年3月，中国政府发布了海南离岛

111

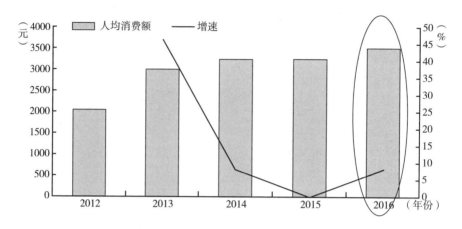

图3　2012～2016年海南岛人均离岛免税消费额及其增速

资料来源：wind，国金证券研究所。

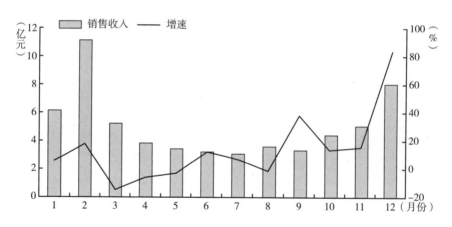

图4　2016年海南岛离岛免税各月度销售规模及增速

资料来源：wind，国金证券研究所。

免税政策，同意在三亚市内免税店和海口机场率先试点，这类免税店目前只在中国海南岛、日本冲绳岛、韩国济州岛和中国台湾离岛4个地区设立；三是免税外汇商场，这是一种特殊的免税购物形式，只在中国、菲律宾等极个别国家存在。我国有5家经营口岸和市内免税店的企业，主要包括中国免税品（集团）有限责任公司（中免集团）、珠海市免税

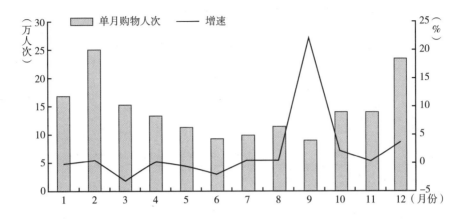

图5　2016年海南离岛免税各月购物人次及其增速

资料来源：wind、国金证券研究所。

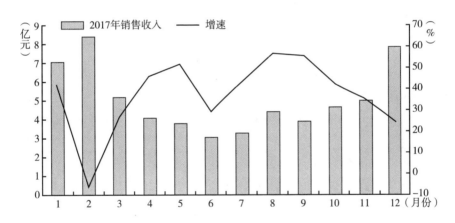

图6　2017年海南离岛免税各月度销售规模及增速

资料来源：wind、国金证券研究所。

企业集团有限公司（珠免集团）、深圳市国有免税商品（集团）有限公司（深免集团）、海南省免税品有限公司（海免集团）和日上免税行。中免集团是唯一一家拥有全国范围内开展免税业务牌照的企业。日上免税行是经中国政府批准的专业经营机场免税店的外资企业。

表3　中国免税业呈现五强鼎立

国内免税运营商	公司	牌照类型	经营区域
全国性运营商	中免集团	全国性	全国主要机场、港口、边境口岸等
试点运营商	日上免税行	区域性(上海市)	上海浦东机场、虹桥机场
区域运营商	深免集团	区域性(深圳市)	深圳市各口岸
区域运营商	珠免集团	区域性(珠海市)	珠海市各口岸
区域运营商	海免集团	区域性(海南省)	海南省范围(除三亚)

资料来源：网络公开信息、国金证券研究所。

中国免税经营商存在成长空间，免税牌照举足轻重。穆迪公司的数据表明，2016年中免集团的销售额处于全球第二梯队，为全球第十二名（见图7）。未来随着国内免税政策的放开以及国际化进程的加快，中免集团作为具有全国范围免税牌照的特许经营商，有望成为站稳国内、进军海外的免税巨头。2016年全球免税品市场达到600亿美元以上，年化增速约为8%。中国免税集团延续了其前四年的强劲增长走势（2012～2015年销售额的增长率分别为33%、20%、18%和12.4%），其在2016年的销售额达到93.8亿元人民币（折合12.83亿欧元），同比增长8.8%。

（四）免税店具有旅游购物属性，与跨境电商相比具有价格优势

从商品价格角度来看，免税店商品无论是品质还是价格均优于跨境电商。2016年4月8日跨境电商税收政策出台，食品、保健、母婴、日用品等免税商品将不再免税，高端商品的税收政策将同步调整，但存在税率下降的情况（见表4）。免税业务的商品税收与跨境电商拉开差距，价差优势源于免税商品不存在增值税和消费税。跨境电商和免税业务存在本质性的区别，虽同为商品零售，但发生的原因不同。免税业务拥有旅游购物的属性，其购物行为一般发生在出入境及离岛等环境下，是为了促进旅游消费而设立的商品售模式，而跨境电商的辐射范围较广。

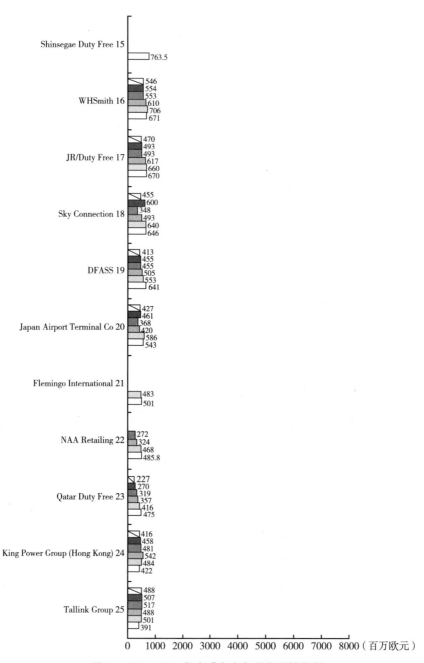

图7　2011～2016年全球各大免税集团销售额

资料来源：穆迪、国金证券研究所。

表 4　跨境电商商品税率调整前后对比

	改前行邮税	改后综合税率
食品、饮料、书刊等	10%	11.9%（增值税）
相机、服饰、自行车等	20%	11.9%（增值税）
高尔夫、高档手表	30%	32.9%（增值税＋消费税）
烟酒、化妆品等	50%	32.9%（增值税＋消费税）
单次购买 1000 元以内	改前	改后
食品、饮料、书刊等	税款≥50 元　10% 税款＜50 元　免税	11.9%
相机、服饰、自行车等	税款≥50 元　10% 税款＜50 元　免税	11.9%
高尔夫、高档手表	税款≥50 元　10% 税款＜50 元　免税	32.9%
烟酒、化妆品等	税款≥50 元　10% 税款＜50 元　免税	32.9%
单次购买 1000～2000 元	改前	改后
食品、饮料、书刊等	全额征税	11.9%
相机、服饰、自行车等	全额征税	11.9%
高尔夫、高档手表	全额征税	32.9%
烟酒、化妆品等	全额征税	32.9%
单次购买超过 2000 元	改前	改后
食品、饮料、书刊等	全额征税	全额征税
相机、服饰、自行车等	全额征税	全额征税
高尔夫、高档手表	全额征税	全额征税
烟酒、化妆品等	全额征税	全额征税
年度购买超过 20000 元	改前	改后
食品、饮料、书刊等	全额征税	全额征税
相机、服饰、自行车等	全额征税	全额征税
高尔夫、高档手表	全额征税	全额征税
烟酒、化妆品等	全额征税	全额征税

资料来源：网络公开信息、国金证券研究所。

二　中国与韩国免税政策对比

韩国本国居民购买免税品主要有济州岛离岛免税和离境免税（包含机场和市内免税）两种方式。济州岛针对韩国本国居民的离岛免税政策，相

比海南岛的离岛免税政策限制更多；但针对外国人和本国居民出国的离境免税政策较为宽松；市内免税店的经营模式助推韩国成为名副其实的购物天堂，这是值得海南效仿的对象。

从离岛免税来看，海南和济州离岛免税政策更多是为了刺激海岛的第三产业发展。因济州岛来往首尔等主要城市的航班多且机票便宜（经济舱往返不超过 1000 元人民币且浮动不大），离岛免税的政策优惠可以惠及往来济州岛的本国居民和外国游客。但从免税额度和消费场景来看，离岛免税的场景只有机场免税店，如果没有出境行为，韩国本国居民是不能在济州岛的市内免税店购物的（如果外国游客在济州岛的市内免税店购物，提货点必须是出境的机场，济州、首尔和仁川皆可），这也是济州离岛免税店和我国海南岛三亚离岛免税店最大的不同。济州岛离岛免税单次不能超过 600 美金，全年共 6 次机会，即 3600 美金是全年上限，而海南离岛免税一年总额度不能超过 16000 人民币。相对于我国海南省的三亚海棠湾免税店的政策和单次额度，韩国的离岛免税政策限制更多。如果考虑到对精品奢侈品类的购买力和全年免税总额度，海南和济州离岛免税都不能完全释放本国居民的购物力，离岛免税政策更多是为了刺激海岛的第三产业发展。

表5　海南岛和济州岛离岛免税政策对比

	海南岛	济州岛
免税购物政策	• 自 2011 年开始正式实施离岛免税政策，岛内居民和外国游客可凭借有效身份证件并提供离岛机票、火车票在免税店或免税店网上销售窗口购买限额内的商品，于离境机场或火车站提货点提货（铁路离岛免税需要提前一天进行购买） • 依适用对象不同分为乘飞机离岛的旅客和乘火车离岛旅客，未来可进一步扩展至自驾游、乘邮轮游艇及乘轮船轮渡的旅客 • 岛内居民的离岛免税额度为 16000 元/每人·年，岛内居民免税次数为一年一次 • 非岛内居民的离岛免税额度为 8000 元每次，16000 元/每人·年，无免税次数限制	• 韩国政府自 1979 年开始允许离境前的市内免税业务，本地居民和外国游客可凭借护照和机票信息于离境前一个月在免税店购买限额内的商品，于离境机场和港口提货 • 分为离岛免税（离开济州岛）和离境免税（离开韩国）两种免税模式，前者可在机场购买免税品，后者在市内免税店和机场均可购买免税品 • 本国居民的离境免税额度为 3000 美金（超过 3000 美金的商品不能购买，补交税也不行） • 外国游客无免税额度和品类限制 • 本土品牌可当场提货，非本土品牌需要在机场提货

	海南岛	济州岛
离岛退税政策	• 海南岛离岛退税政策实施时间较短,退税额度、品种较之境外地区还有很大提升空间,境外旅客可在离境之日将其购买的退税物品(离境日距购买日不超过 90 天)在定点商店退税,离境退税税种为增值税,退税率统一为 11%,且食品、饮料、水果、烟、酒、汽车、摩托车等并不在享受退税物品行列之内 • 2015 年财政部正式发布《关于实施境外旅客购物离境退税政策的公告》,推动海南旅游业转型升级。退税物品范围由试点时的正面列举方式扩大至负面清单方式,并降低了起征点,由 800 元人民币降低至 500 元人民币	• 韩国离境购物退税制度较为成熟,对于在韩国滞留不超过 6 个月的非居民,消费超过 3 万韩元,在标有"Global Blue Tax Free(全球退税)"或"TaxFree KOREA(韩国退税)"标志的指定商店购物,均实行增值税、消费税与营业税退税优惠。一般商品的退税率约为 3%~7%,商品范围涉及服装、鞋帽、化妆品、钟表、电器等 • 2016 年,韩国将刺激旅游消费作为突破口,提高对国外游客离境购物增值税退税的额度,每个指定退税商店的退税额度从 200 万韩元提高至 500 万韩元

资料来源:网络公开信息、国金证券研究所。

表 6 韩国离岛免税和离境免税政策

	离岛免税(离开济州岛)	离境免税(离开韩国)
免税时间	• 2002 年开放离岛免税政策	• 1979 年开放市内免税店
适用人群	• 离开济州岛的本国居民和外国游客,并于2014 年废除了必须满 19 岁的年龄限制	• 离开韩国的本国居民和外国游客
免税品类	• 酒类、烟草、计时表、化妆品、香水、手包、钱包、腰带、太阳镜、饼干类、人参类、领带、围巾、贴身饰品、文具类、玩具类、打火机等 15大类商品。但不经营农产品和济州特产 • 酒类:每人每次携带 1 瓶 • 烟草:每人每次携带 10 包(1 条)	• 单个品牌只能购买 50 件香化商品 • 背包和手表的总数不能超过 10 件
免税额度	• 每人每次免税购物总额 40 万韩元以内,约 600 美元	• 2016 年单次免税额提升至 3000 美金
免税次数	• 一年 6 次	• 不限次数
适用免税店	• 济州岛机场和港口出境店,经营主体为 JDC和 JTO	• 适用于机场出入境店、市内免税店和网上免税销售渠道
免税税种	• 免征增值税、个别消费税、酒税、关税及烟草消费税	• 免征增值税、个别消费税、酒税、关税及烟草消费税

资料来源:网络公开信息、国金证券研究所。

从离岛免税政策的历史变迁来看,海南岛的免税政策在享受对象、次数、品种、数量、金额和离岛方式等方面都有相应的调整。而济州岛除了免

税对象年龄上的变化之外无其他免税政策的调整。说明我国海南省的离岛免税政策的目的除了助推区域发展之外，更重要的是刺激我国居民在不出境的前提下进行免税购物消费，促进海外消费的回流。但从消费人次的数据上看，2017 年海南省游客数量为 6745 万人次，三亚接待过夜游客 1830 万人次，而当年海棠湾离岛免税店的消费人次约为 650 万，提袋率约为 20%，实际购物消费人次不到 150 万，客单价约为 5000 元。这样大的游客基数数据甚至还未包括海南省岛内居民，实际离岛免税店的消费动力释放是远远不够的。从目前的品种、数量、金额和离岛方式来看，依然有较多的免税限制，例如香化类商品全年最多 12 件、单次免税消费额度 8000 元超过部分需要交纳行邮税、烟酒类不能购买等，因此我国居民的免税购物消费潜力尚未被充分释放。在海南省建省 30 周年的政策红利下，进一步改革免税政策呼声颇大。

表 7　海南离岛免税政策的历史变迁

	享受对象	免税次数	免税品种	免税数量	免税金额	离岛方式
调整前	年满 18 周岁、乘飞机离开海南本岛但不离境的国内外旅客，包括海南省居民（即岛内居民）	非岛内居民每年 2 次；岛内居民每年 1 次	首饰、工艺品等共 18 种	化妆品、笔、服装服饰、糖果 5 件；小皮件 4 件；其他两件	5000 元/每人次	乘飞机离岛
第一次调整	调整至年满 16 岁	未作调整	增加 3 种，共 21 种	化妆品、糖果 8 件；其余商品上调至 4~5 件	8000 元/每人次	未作调整
第二次调整		未作调整	增加 17 种，共 38 种	提高香水、化妆品、手表、服装服饰等 10 种商品限购件数；各类免税品 4~12 件不等	未作调整	未作调整
第三次调整		取消非岛内居民限购次数	未作调整	未作调整	16000 元/每人·年	未作调整
第四次调整		未作调整	未作调整	未作调整	未作调整	增加乘火车离岛方式

资料来源：中国海关总署、公开资料整理、国金证券研究所。

表8　济州岛离岛免税政策的历史变迁

	享受对象	免税次数	免税品种	免税数量	免税金额	离岛方式
调整前	年满19岁,乘飞机或轮船离岛旅客	每人每年购买6次	酒类、烟草类等15大类商品	酒类:每人每次携带1瓶 烟草类:每人每次携带10包(1条)	每人每次消费600美金(约合4080人民币)	乘飞机或轮船
调整后	废除年满19岁的规定	未作调整	未作调整	未作调整	未作调整	未作调整

表9　海南岛和济州岛免税店比较

	海南岛	济州岛
免税店数量	● 两家,海口免税店(以下简称海口店)、三亚国际免税城(以下简称三亚店)	● 三家,新罗免税店(以下简称新罗店)、乐天免税店(以下简称乐天店)、JTO免税店(以下简称JTO)、新世界免税店(以下简称新世界)
免税店区位	● 海口店:海口美兰国际机场候机楼隔离区内17号－20号登机口周围 ● 三亚店:三亚市海棠区海棠北路118号	● 新罗店:济州特别自治道西北部 ● 乐天店:济州特别自治道西北部,靠近新罗店 ● JTO:济州特别自治道西南部
免税店交通条件	● 海口店:美兰机场内部 ● 三亚店:三亚凤凰国际机场距三亚免税店44公里,出租车约43分钟;三亚凤凰国际机场至三亚店有7条直达公交线路、1条旅游专线	● 新罗店:4条直达公交线路 ● 乐天店:济州国际机场机场大巴15分钟可直达;2条直达公交线路 JTO:机场巴士济州国际会议中心站附近,交通方便
免税店品牌	● 海口店:经营国家批准的38类免税商品,涵盖200余种国际一线高端品牌 ● 三亚店:储货3.1亿元,经营近百个国际知名品牌,五大顶级香水化妆品品牌(迪奥、香奈儿、娇兰、兰蔻、雅诗兰黛)及世界顶级品牌(安普里奥·阿玛尼、古驰、蒂芙尼、博柏利、Boss、杰尼亚、菲拉格慕、登喜路)入驻	● 新罗店:涵盖化妆品香水、服装饰品、腕表珠宝、电子产品、纪念品5大类,100余种国际一线高端服饰、化妆品品牌,以及食品香烟纪念品等 ● 乐天店:涵盖化妆品、香水、服饰、食品、名表等10个品类143个品牌 ● JTO:以韩国本土品牌为主
免税店总营业面积	● 海口店:2510平方米 ● 三亚店:7000平方米	● 新罗店:共4层 ● 乐天店:共3层,济州地区规模最大的免税商场

	海南岛	济州岛
免税提货手续	• 店内购买,离岛交付(接受网上预订)	• 店内购买,离岛交付(接受网上预购)
免税税种	• 关税、进口环节增值税和消费税	• 关税、个别消费税、酒税、增值税、烟草消费税
购物体验	• 订好离岛飞机票或火车票即可在网上购买物品,离岛时提货,方便快捷;三亚店人流拥挤,满减力度不足,购物体验一般	• 网上订购活动多,韩国本土品牌更受欢迎,机场取货时间长,排队至少3个小时以上

来源:韩国商务部、公开资料整理、国金证券研究所。

从离境免税来看,韩国的政策更为宽松。针对离开韩国的本国居民和外国游客,免税额度在2006年提升至单次3000美金且全年无额度限制。这也塑造了韩国购物天堂的竞争优势,其中包含政策利好、渠道多元、规模效应、有效竞争等多种因素。

政策利好带来多元免税销售渠道。韩国的免税方式主要是离岛免税和离境免税,前者的渠道是离开济州岛时的机场免税店,后者的渠道是市内免税店(包括济州岛和首尔)、机场免税店和网上销售。韩国政府从1979年开始开放市内离境免税业务,消费者可凭护照和出境机票在市内免税店购买一定限额的免税商品,并在离境机场或港口提取免税货品。1995年,韩国政府将本国居民离境免税额度提升至2000美元,并于2006年将本国居民离境免税额度进一步提升至3000美元。韩国的市内离境免税业务政策落地至今已有近四十年的时间,而对照我国,真正针对本国人出境前消费的免税店直至2018年尚未有政策出台。

总额规模效应强化了品类完整性和价格优势。韩国免税产业2017年整体市场规模为128亿美元,位居全球第一,其后为英国、日本及泰国。韩国乐天作为单一连锁店,2016年超越DFS跃居全球第二(增长28%);三星集团的新罗免税店也跃居全球第五大免税集团(增长27%)。韩国免税商品因整体销售额高而产生了积极的正面效应,如价低和货全。韩国三家龙头免税运营商乐天、新罗和新世界的单一免税店，奢侈品品牌涵盖面已非常广。

牌照政策的发放和变化带动了免税经营主体的有效竞争。2013年，韩国关税厅将市内免税牌照经营期限从10年缩减为5年；2015年，市内免税牌照由过去的自动续约，改变为公开招标。目前韩国共有27张免税牌照。2016年12月，韩国新增加了6家市内免税店。目前，韩国共有13家市内免税店。各家免税店在品类价格、促销活动、经营效率上展开了更有效的市场竞争。

免税流程通畅带来较好的购物体验。在韩国市内免税店购买商品，无论是本国居民还是外国居民只需出示离境机票与护照即可。韩国本土品牌产品顾客购买后可直接提货使用。国际品牌的产品顾客凭借物品交换券、护照和登机牌，可由本人至机场取货处取回。韩国机场取货点多，首尔仁川机场共有5个，且取货点的设置会根据登机口的位置择优安排，避免消费者在机场内浪费时间。

表10 中国和韩国市内免税店政策对比

	中国	韩国
经营资格获取	• 由国务院主管部门批准,经海关总署备案	• 韩国市内免税牌照经营期自2013年起由10年缩短为5年,获取方式自2015年起由自动续约更改为面向市场公开招标。
限购政策	• 回国人员在免税店内一次性选购商品限额为8000元(超过部分缴纳行邮税)	• 韩国政府规定每人每次在免税店购买背包和手表的总数不能超过10件,化妆品和香水等同一品牌产品不能超过50件
外商投资限制	• 财政部2000年颁布政策规定禁止外商合资、合作经营免税品商店或变相允许外商参与免税商品店经营,并进一步加强中免统一经营管理全国免税品销售业务	
市内免税店收入数据	• 2016年三亚海棠湾免税店单店年销售额:45.82亿元	• 2016年乐天市内免税店年销售额:280亿人民币 • 2016年乐天单店年销售额:56亿人民币

旅游绿皮书

续表

	中国	韩国
提货方式	● 采取"店内买单,口岸提货"的方式,规定出境游客须在机场隔离区的提货点提货	● 实行"市区购买,机场取货"的方式提货,但本土品牌可凭借机票和护照现场提货

来源:公开资料整理、国金证券研究所。

参考文献

The Moodie Davitt Report.

旅游业态与产品创新

Innovation of Industry and Product

乡村旅游内容创新：状况、挑战与对策

吴 俊[*]

摘 要： 受产业政策和人口规模等因素的综合推动，我国乡村旅游蓬
勃发展，已经成为促进我国居民消费扩大升级、实施乡村振
兴战略的重要途径。为适应乡村旅游提质扩容实现优质发展、
更好满足人民日益增长的美好生活需要，我国乡村旅游发展
进入内容创新的全新阶段。本报告在对我国乡村旅游内容创
新的发展状况、面临的挑战进行分析的基础上，提出了相应
的对策建议，旨在为推动乡村旅游发展提供助力。

关键词： 乡村旅游 内容创新 对策建议

---

* 吴俊，现任职于文化和旅游部，主要研究方向为旅游政策、旅游资源开发与利用、乡村旅游
等。

乡村旅游是农业与旅游业融合发展的业态。在产业政策和人口规模的双重推动下，始于20世纪90年代的中国乡村旅游，在较短时间内实现了产业规模、产值总量的快速增加，为促进我国乡村发展、优化农业结构、增加农民收入、促进城乡协调发展以及更好地满足城市居民旅游需求等，发挥了积极作用。回顾2017年，全国乡村旅游达25亿人次，占据国内旅游半壁江山。

虽然我国乡村旅游蓬勃发展，但也出现了乡村旅游规模扩大迅速而质量提高缓慢、乡村旅游产品全面开花而内容千篇一律、乡村旅游频次高而利润率低的问题。为增强乡村旅游的吸引力、提高旅游业附加值，当前各地政府和市场主体开始对乡村旅游进行内容升级。本报告对我国乡村旅游的内容创新这一最新发展的特征、实际效果及其面临的挑战进行了分析，梳理了当前乡村旅游发展升级演进路径，进而围绕推动我国乡村旅游内容深度发展，提出相关政策建议。

一　我国乡村旅游正进入内容创新发展阶段

我国乡村旅游发展的大背景是农村经济社会的转型，农业产业现代化的发展带动了涉农特色产业的壮大。回顾我国乡村旅游内容演变历程，可以看到它与农村发展紧密相连，其发展形态和载体先后历经了三个发展阶段。

（一）农家乐兴起导入期

与其他国家相比，中国乡村旅游起步较晚。20世纪70年代末80年代初，随着我国经济改革率先从农村突破，一些地区农业经营的观念逐渐发生变化，出现了具有乡村旅游特点的经营活动，总体呈现自发性、零散性的特点。在成都郫县农科村，当地多户村民开创性地创办农家乐，吸引了不少城市游客"吃农家饭，住农家院"。1992年3月，四川省委原副书记冯元蔚在郫县农科村视察工作时，看到游客在徐家大院惬意地游玩，即兴提笔书写了

"农家乐"三个大字，农家乐由此得名。农科村通过农家乐解决"三农"问题的探索实践得到了党和国家领导人的高度重视，全国各省（区、市）纷纷派人到农科村参观学习。农家乐这种利用农业资源开展旅游活动的新形式逐渐得到推广，并走向全国，开创了中国乡村旅游的先河。到了 1995 年 5月，我国实施每周五日工作制，人们对旅游的需求获得了前所未有的释放机遇，激发起城镇居民的周末旅游潮。1998 年，原国家旅游局推出旨在推动乡村旅游发展的"98 华夏城乡游"，推动全国兴起以农家乐为代表的乡村旅游发展。

（二）观光型产品成长期

2004 年，"三农"问题上升到了国家发展战略的重要高度。2004 年中央一号文件《中共中央国务院关于促进农民增加收入若干政策的意见》明确，"坚持'多予、少取、放活'的方针，调整农业结构，力争实现农民收入较快增长"。在这一大背景下，原国家旅游局将 2006 年旅游主题定为"中国乡村游"，宣传口号为"新农村、新旅游、新体验、新风尚"，这表明行业主管部门对推动乡村旅游发展的高度重视。是年 8 月，原国家旅游局发布《关于促进农村旅游发展的指导意见》（简称《意见》），明确"各地农村旅游发展生动活泼、形式多样、特色鲜明，有力地促进了社会主义新农村建设。但我国农村旅游发展总体上还处于起步阶段，存在着认识不足、引导不够、配套建设滞后等问题。"《意见》明确了发展目标，力争到 2010 年基本形成种类丰富、档次适中的农村旅游产品体系。为推动这一目标的实现，国家旅游局于 2006 年 8 月在成都召开全国乡村旅游现场会，将 2007 年旅游主题确定为"中国和谐城乡游"。2007 年，国家旅游局联合原农业部印发《关于大力推进全国乡村旅游发展的通知》，明确要充分利用"三农"资源发展旅游业，全面拓展农业功能和领域。这一系列工作，都有力凝聚了全国各地推进乡村旅游发展合力。

在这一阶段，全国范围内农家乐数量急剧增长，外延向渔家乐、牧家乐、藏家乐、洋家乐等延伸，地域分布也从城郊向远郊区扩展。休闲

农庄、观光农业园、果蔬采摘园、古村古寨游等旅游产品开始出现，进一步丰富了乡村旅游产品体系，使乡村旅游的整体发展水平大大提高。在部分乡村旅游发展较成熟的地区，开始出现精品化、特色化的发展趋势。

（三）休闲体验产品深化期

2017 年中央一号文件明确提出，聚焦农业供给侧结构性改革，大力发展乡村休闲旅游产业。这是中央一号文件发布 14 年来，首次从产业角度提出大力发展乡村休闲旅游产业，乡村旅游由此跃步入产业化时代。2017 年政府工作报告明确，"大力发展乡村、休闲、全域旅游。"乡村旅游发展获得宏观政策的大力支持，迎来全新发展局面。随后，国家发改委等多部门先后联合印发《促进乡村旅游发展提质升级行动方案（2017 年)》《促进乡村旅游发展提质升级行动方案（2018～2020 年)》。

新时代，随着人民生活水平的不断提高、国家经济社会发展主要矛盾的转变，国家改革进入全面深化阶段，中国旅游的主要矛盾已经转变为人民日益增长的旅游美好生活需要和不平衡不充分的旅游发展之间的矛盾。聚焦乡村旅游这一细分业态，广大游客的需求开始从简单的观光游览转向深层次的度假休闲，传统粗放型的乡村旅游产品体系已经不能适应发展需求。为破解这一矛盾，乡村旅游开始进行业态内容升级和服务升级，一批更富个性、特色和精品特征的民宿、乡村度假酒店、乡村度假中心、乡村体育旅游俱乐部等产品开始出现，这些都成为新时期乡村旅游发展的亮点。

综上所述，中国乡村旅游短短三十多年的发展历程，之所以能够取得如此高速的增长，主要依靠我们所处的发展阶段和由此决定的后发优势，有赖于人口红利带来的巨大市场需求，乡村低成本的劳力、土地、资源等优势。目前，这些传统优势的作用已经有所减弱，传统粗放型的乡村旅游发展模式已经走到了尽头。当下乡村旅游要提速发展，关键就是要通过内容创新，优化产业结构，提高发展质量和效益。

二　乡村旅游内容创新的发展现状分析

由于市场规模和社会影响方面的作用，乡村旅游已经成为我国乡村发展、旅游产业发展的重要组成部分，成为政府、学者、产业界共同关注的焦点话题之一。乡村旅游内容创新，是居民消费升级的重要体现，也是振兴乡村、促进旅游产业结构升级的重要驱动力。国家出台的一系列宏观政策和旅游需求端的客观需求，使得我国乡村旅游内容创新有其内在发展逻辑和发展空间。目前，我国乡村旅游内容创新呈现以下态势。

（一）市场对内容的需求不断增长

在全国旅游业快速发展的大背景下，我国乡村旅游呈现"井喷式"增长。数据显示，2017年休闲农业和乡村旅游各类经营主体已达33万家，比上年增加了3万多家，实现了《促进乡村旅游发展提质升级行动方案（2017年）》确定的接待人数超过25亿人次的发展目标。预计到2018年底全国乡村旅游将实现7800亿元收入规模，2021年全国乡村旅游收入规模有望突破10000亿元（见图1）。

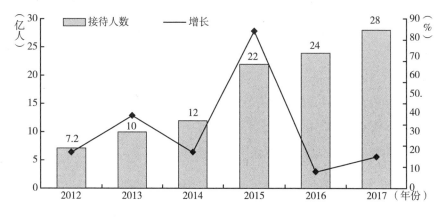

图1　2012~2017年我国乡村接待人数和增速

在乡村振兴战略的支持下，全国乡村的基础设施进一步完善，乡村旅游在需求和供给两端受益。在这样的大背景下，游客们对富有内容深度的梯度化旅游产品体系需求量更大。乡村旅游围绕产品内容、服务内容、消费内容升级，拥有了巨大发展空间。

（二）内容创新的政策环境持续向好

乡村旅游作为我国旅游消费中发展最快、潜力最大、带动性最强的领域，发展空间和增长潜力被各方看好。在度过乡村旅游的初级开发阶段之后，各方均不同程度地认识到，乡村旅游并不只是简单的"采农家菜、看农家景、吃农家饭、赏农家戏"，更重要的是借助内容创新丰富产品供给、保护开发乡土文化，进而带动当地就业，产生多元带动的综合效益。着眼于此，从中央到地方各级政府出台了一系列政策和优惠措施，促进乡村旅游发展，用旅游促进乡村振兴。如，近年来，原国家旅游局共召开三次全国乡村旅游与旅游扶贫工作推进大会，从农村实际和市场需求出发，部署安排完善乡村基础设施，优化旅游环境，丰富旅游产品。山东、湖北、江苏、浙江等省纷纷出台乡村旅游发展规划，制定促进乡村旅游发展的用地、财政、金融等扶持政策，加大配套公共设施建设支持力度，加强从业人员培训，强化体验活动创意、乡土文化开发等。《湖北省乡村旅游发展规划（2016～2025）》提出，重点打造"鱼米之乡""四季花香"两大核心旅游产品和乡村观光类、乡村体验类、乡村度假类、乡村科普类四个辅助旅游产品。2018 年 10 月，山东省发布的《大力推进全域旅游高质量发展实施方案》提出，山东将立足农业大省特色优势，实施休闲农业和乡村旅游精品工程，培育乡村旅游集群片区、推进乡村记忆工程、传承民俗文化等，打造乡村旅游齐鲁样板。一系列政策措施利好的机遇，暗含着促进乡村旅游抓住内容升级的施政考量。

（三）内容供给的深度化、多元化、精细化特征鲜明

大众旅游时代，初级乡村旅游产品已难以有效满足旅游需求。我国居民收入和消费水平的不断提高、城乡交通时间的缩短，为乡村旅游产业衍生出

新的业态形式提供了更多的可能性。在乡村旅游内容创新的过程中，乡村绿道、登山步道、户外体育公园、休闲露营地、房车自驾车营地、马术俱乐部等新产品和乡村主题博物馆、乡村非遗展示馆、乡村美术公社、乡村音乐部落、乡村动漫基地等新业态层出不穷。

作为乡村旅游住宿的主力军，不少民宿开始升级住宿之外的内容。浙江省首批6家白金级民宿之一的"墟里"，在浙江永嘉岩头改造一个老厂房时，注重深挖乡村的内容潜力，设有传统手工工坊、有机餐厅和亲子区，将民宿升级成为乡村生活实验室，既有效满足了游客对更高层次内容的需求，又进一步拉长了产业链，提升了价值链。

（四）内容竞争日趋激烈

随着乡村旅游灌注的内容不断增多，乡村旅游市场的竞争愈发激烈。能够关联乡村方方面面的资源，整合农业体验、牧业体验、手工体验、自然体验、民俗文化体验等，提供优质内容的经营者，相较于那些因循守旧、提供简单化体验和服务的经营者，更容易吸引客流、提升品牌知名度、拓宽收入渠道。以民宿为例，我国乡村民宿发展较晚，在起步阶段我国民宿呈现景区依赖性特征，民宿的发展主要依赖景区资源，谁的位置好，谁就容易导入景区客流，生意红火。在这之后，民宿则进入硬件投入型时期。这一阶段，谁的设计好谁就有优势。但在内容创新时期，则是谁的内容好，谁才能获得客源。总之，优质内容已经成为乡村旅游最大的竞争力。更多的乡村旅游内容，也正在竞争中被创造出来。

四　我国乡村旅游内容创新面临的挑战

我国乡村旅游发达的地区，在推动乡村旅游内容创新方面的一些理念和举措已经走在前面。但综观全局，在不同地区不同方面，仍然不可避免地存在一些问题和障碍。破除这些制约因素，让乡村旅游内容创新更加顺畅，成为乡村旅游经济健康发展的重要议题。

（一）项目重复建设导致内容单一

乡村旅游项目布局和内容布局主要依赖地方政府的认知。在当前的开发管理模式之下，不同地方政府对乡村旅游的认知程度不尽相同。较多旅游后发地区上马乡村旅游项目时，受限财力、人力和专业水平所限，依然缺乏区域总体规划，缺乏科学分析和设计。这就造成了小区域内项目重复建设、内容单一、形式趋同、缺乏精品，难以构建分层级、内容丰富的产品体系，导致游客留不住、难再来，不能适应现代旅游市场的需求。

（二）区域发展不平衡阻碍内容质量整体提升

不同地区的乡村旅游管理水平存在较大差异，各地推进市场监管、公共服务均等化、市场营销的力度不尽相同，落实中央、省、地市层面的支持政策情况也有所差异。这种情况如果长期存在，必然会扩大区域不平衡，并阻碍乡村旅游内容创新的整体发展步伐。

（三）逐利心态导致文化内容深层次开发少

尽管有些地方在推动内容创新过程中，注重深入挖掘乡村旅游资源和环境的文化内涵，但重视短期经济效益的逐利心态依然在较大范围存在。不少经营者意识不到内容创新的文化重要性和商业重要性，往往热衷于开发观光、采摘等满足游客物质欲望的活动项目，缺乏开发深层次精神需求和文化氛围的动力。这种市场定位不高的短视行为，往往将乡村的文化表象粗暴放大和复制，使得塑造出来的乡村文化缺乏吸引力和独特性，在具体运营时也会暴露回收慢的弊端。

（四）资金瓶颈限制精品内容打造

乡村旅游项目投资回收期相对较长，一个中档规模的民宿，往往需要五年以上才能见到收益。乡村远离城市，乡村旅游在融资方免还存在抵押物缺乏、贷款信用与担保不够、贷款门槛高且程序复杂、融资信息不对称、还款能力弱等突出问题，这些问题客观上限制了乡村旅游市场主体打造精品内容，影响发展质量的整体提升。

（五）人才匮乏问题制约内容创作水准

乡村振兴，人才是关键。在乡村旅游业不断扩张的同时，乡村旅游人才匮乏的问题也日益突出。我国乡村旅游发展至今，各地逐渐开始关注对专业人才的培养，但整体发展速度较慢。乡村旅游从业者许多是土生土长的农民，他们往往缺乏较好的教育培训，对旅游的认知不足，也缺乏旅游经营者应具备的管理经验，对于旅游产品开发、市场营销、文化挖掘等缺乏了解，部分影响了乡村旅游内容创新的力度和深度。此外，支持乡村旅游高水平发展的专业人才也极为匮乏。虽然认可市场发展的前景，但乡村整体软硬件条件和生活条件的限制，导致很少有专业旅游人员愿意进入乡村。部分带着情怀进入乡村的城市精英，也会因为医疗条件、子女教育、户籍难迁等现实问题，选择重回城市。这些都严重影响乡村旅游内容创新的持续性，没有时间保证就难以做到厚积薄发。

五　推动乡村旅游内容优质发展的对策建议

结合乡村旅游内容创新的最新动态及其存在的问题，总结各地的探索经验和教训，建议重点从以下几个方面着手，推动乡村旅游内容优质发展。

第一，以优质旅游理念为指导，有效规范乡村旅游内容生产体系。优质旅游是能够很好满足人民群众日益增长的旅游美好生活需要的旅游，是充分体现新发展理念的旅游，是推动旅游业发展方式转变、产品结构优化、增长动力转换的旅游。乡村旅游的内容创新，需要以优质旅游理念为指导，走内涵式旅游发展之路、走高渗透融合发展之路、走科技创新发展之路、走全方位开拓之路。在此理念的指引下，大力抓好各区域乡村旅游的总体规划、具体项目的科学论证。根据各地发展阶段、财政收入的不同，可以考虑适当倾斜资金，加大规划支持力度，使内容生产摆脱单一重复的低水平状态。另

外，可逐步建立乡村旅游内容创新评估机制，并确定相应的奖惩机制，使各地推动内容创新的动力更强。

第二，以全域旅游为统筹，有效增加乡村旅游内容供给。全域旅游相对于传统景点旅游模式的创新，是旅游发展观的转变。发展全域旅游，需要树立全域旅游的体制观、全域旅游的资源观、全域旅游的产品观、全域旅游的业态观、全域旅游的发展观。具体到乡村旅游的内容创新领域，要坚持发展全域化，推进全域统筹内容规划、统筹布局、均衡发展，实现对全域资源的内容开发。要坚持内容供给的品质化，加强乡村旅游与农业、林业、牧业、艺术、文化、手工艺的融合，生产有内容的旅游商品，增加有效供给。

第三，以文旅融合为指南，挖掘提炼乡土文化，增加乡村旅游内容的厚度。文化，为乡村旅游"点睛"。萦绕在很多人心中的"乡愁"，其载体既有乡景，也有乡土文化。增加乡村旅游内容生产的厚度，就需要管理者、经营者吃透这些根植于乡村山野的文化，在保存乡村文化原真性和独特性的基础上，对其进行旅游开发，以文化旅游演艺、旅游文创产品、乡村文化品牌形象展示等方式，让乡村文化可感知、可体验、可享受、可消费。

第四，建立可持续的长效资金使用机制，为乡村旅游内容生产提供资金支持。缺乏资金涌入，绿水青山终难变成金山银山，优质的旅游内容也难以生产。扩展乡村旅游经营主体融资渠道，要积极鼓励金融机构在防范风险的前提下，针对乡村旅游发展主体和开发项目的小、散特征，降低贷款准入门槛，简化贷款程序，开发针对中小企业和旅游经营户的额度较小的信贷产品，为中小企业提供便利。要积极采取政府担保、集体经济担保、联合担保、专业企业担保等多种方式为乡村旅游融资提供担保。积极创新社会资本参与方式，鼓励和引导民间投资通过PPP、公建民营等方式参与有一定收益的乡村基础设施建设和运营，有效拓展乡村旅游经营主体融资渠道。

第五，加强人才扶持和培养，为乡村旅游内容生产提供人才支撑。要高度重视乡村旅游人才的培训工作，积极投入资金，从村民的旅游技能、旅游知识、乡土文化等方面进行重点培训，保证乡村旅游人才队伍的专业化发展。要制定出台关于引进乡村旅游人才的扶持政策，帮助乡村旅游经营主体引入懂旅游、懂运营、懂内容挖掘的专业人才，满足发展需要。

参考文献

联合国世界旅游组织：《国际乡村旅游发展报告》，2017。

李金早：《以习近平新时代中国特色社会主义思想为指导奋力迈向我国优质旅游发展新时代——2018年全国旅游工作报告》，2018年1月。

四川省旅游培训中心：《乡村旅游创新案例——乡村旅游操盘手实录与经验分享》，中国旅游出版社，2018。

刘德谦：《关于乡村旅游的回顾和几点再认识》，《中国旅游评论》2014年第二辑。

智研咨询网：《2017～2023年中国乡村旅游行业分析报告》，2016。

中商产业研究院：《2018～2023年中国乡村旅游市场发展前景研究报告》，2018。

G.9
中国旅游演艺行业的发展
趋势与未来创新

毛修炳 李子君*

摘 要： 旅游演艺是异地观众在旅游目的地观看用各种演出形式表现
地方文化特色的演出活动。2017年旅游演艺市场在宏观经济
下行背景下逆势上扬，实景演出与主题公园演出繁荣发展，
北方地区集中在北京、陕西、山西等地，南方地区均衡分布
于各地。市场进入大型旅游演艺规模化阶段，千古情、印象、
山水盛典三大品牌继续攻城略地，华夏传奇、丝绸之路盛典
等地方品牌开拓外埠市场。一些旅游演艺融合VR、AR等舞
台新技术，把景区场景化，结合沉浸式演出形式发展成为沉
浸式旅游演艺。

关键词： 旅游演艺 市场规模 品牌 沉浸式演艺

一 旅游演艺概述

（一）旅游演艺概念的界定

目前，国内对旅游演艺的概念和名称还没有统一。李幼常提出旅游演艺

---

* 毛修炳，北京道略管理咨询有限公司总经理，道略演艺产业研究中心首席咨询师，专注于文
化旅游产业的研究和咨询；李子君，道略演艺产业研究中心数据分析师，主要研究方向为业
内数据挖掘与数据分析。

是指在旅游景区现场进行的各种表演活动，以及在旅游地其他演出场所内进行的，以表现该地区历史文化或民俗风情为主要内容，且以旅游者为主要欣赏者的表演、演出活动①。朱立新认为，旅游演艺是以异地观众为主要欣赏对象的演艺活动。这个界定只强调受众对象为异地观众。异地观众隐含着两层意思：一是节目到异地演出，观赏者虽然在自己的常住地观看，但相对节目的产出地仍然是异地观众；二是节目在本地演出，但观众是来自异地的旅游者②。综上可见，旅游演艺的定义为旅游目的地为吸引游客，以多种多样的演出形式，以表现该地区历史文化或民俗风情为主要内容，以异地观众为主要欣赏者的表演、演出活动。

（二）旅游演艺的分类

目前人们划分旅游演艺的依据主要有三：一是演艺场所是否固定，二是演出场所类型，三是表演主体。国内旅游演艺分类主要依据演出场所。按照旅游演艺演出场所的类型可以分为主题公园演出、实景演出和独立剧场演出（见表1）。

表1　旅游演艺按场所分类及枚举

旅游演艺类型	项目举例
主题公园演出	《宋城千古情》 《大宋·东京梦华》 《狮子王》
实景演出	《印象·刘三姐》 《长恨歌》 《天门狐仙·新刘海砍樵》
独立剧场演出	《云南映像》 《又见平遥》 《时空之旅》

---

① 李幼常：《国内旅游演艺研究》，四川师范大学硕士学位论文，2007。
② 朱立新：《中国当代的旅游演艺》，《社会纵横》2010年第4期，第96~99页。

其中，主题公园演出主要是为配合主题公园而开发，以表现主题公园的主题为内容，只在主题公园内演出的各种演艺，如杭州《宋城千古情》、开封《大宋·东京梦华》、上海迪士尼《狮子王》等。实景演出突破传统舞台演出的空间局限，把旅游目的地真实的自然环境转变成巨型演出舞台，将当地居民和居民的日常生活、风土民情、风俗习惯等转化成艺术素材，具有独一性和不可复制性。如桂林《印象·刘三姐》、西安《长恨歌》、张家界《天门狐仙·新刘海砍樵》等。独立剧场演出是在旅游目的地的专业剧场和演艺餐厅、茶馆内针对旅游人群所打造的旅游演出产品，以展示当地文化特色的歌舞、戏剧、曲艺、杂技等演出形式为主，如昆明《云南映像》、平遥《又见平遥》、上海《时空之旅》等。

二　我国旅游演艺现状

（一）行业总体规模

1. 旅游演艺剧目

2017 年我国旅游演艺剧目共有 268 台，较 2016 年增长 5.5%，新增剧目 22 台，停演 8 台（见图 1）。新增剧目中，实景演出剧目增加 11 台，是各类型中增加最多的。

2. 旅游演艺票房

近五年，旅游演艺市场持续走高，2017 年旅游演艺票房收入为 51.46 亿元，较 2016 年增加 8.43 亿元，增长比率为 19.6%（见图 2）。其中，宋城演艺、三湘印象产品演出票房增加超过 5 亿元，为票房增长贡献了 62.4%。

3. 旅游演艺场次

2017 年旅游演艺场次共 85753 场，较 2016 年增加 13696 场，同比增长 19.0%（见图 3）。消费者对文化旅游的需求越来越大，推动了旅游演艺的增长，千古情系列、印象系列、又见系列、最忆系列、山水盛典系列新增演

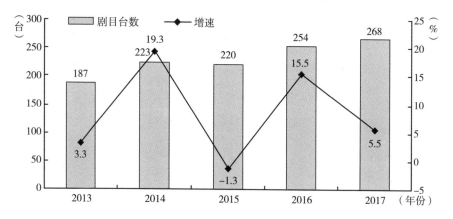

图1　2013～2017年中国旅游演艺剧目台数及增速

资料来源：道略演艺产业研究中心。

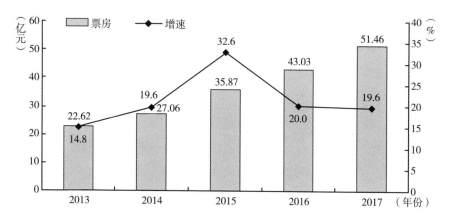

图2　2013～2017年中国旅游演艺票房收入及增速

数据来源：道略演艺产业研究中心。

出5824场，贡献42.5%新增场次。

4. 旅游演艺观众人次

对比2016年，2017年旅游演艺观众人数增长较快，增长比例26.5%，达到6821万人次（见图4）。其中，主题公园演出同比增加1305.5万人次，占新增观众人数将近91.3%。

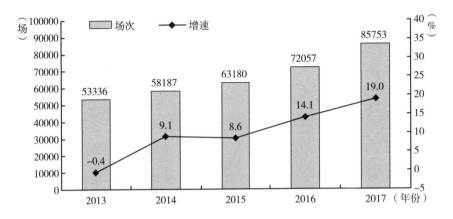

图 3　2013～2017 年中国旅游演艺演出场次及增速

数据来源：道略演艺产业研究中心。

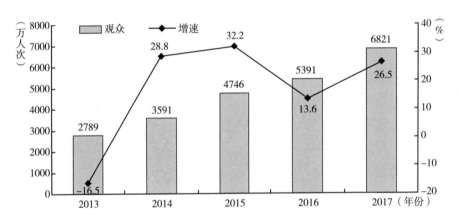

图 4　2013～2017 年中国旅游演艺观众人数及增速

数据来源：道略演艺产业研究中心。

（二）旅游演艺细分类型发展情况

1. 旅游演艺细分类型

中国旅游演艺按照演出场所的类型可细分为主题公园演出、实景演出和独立剧场演出。2017 年主题公园演出市场表现优于其他细分市场，实景演出突破天花板再上新台阶。

2. 主题公园演出发展强劲，以10%台数贡献45%票房

2017 年主题公园演出剧目数量有 26 台，仅占总体台数的 9.6%，而票房收入却占到总体票房的 45.3%；而独立剧场演出剧目数量有 171 台，占总体台数的 62.9%，票房收入只占到总体票房的 26.4%（见图 5）。

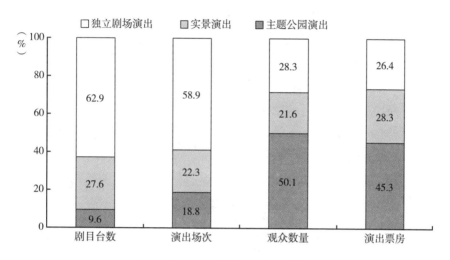

图 5 2017 年中国旅游演艺细分类型比例

数据来源：道略演艺产业研究中心。

3. 独立剧场演出票房增长28%超13亿元，优秀项目吸金明显

①独立剧场演出票房达到 13.6 亿元增长 28%，创历年新高

2017 年票房收入 13.6 亿元，同比增长 28%（见图 6），演出场次达到 50527 场，观众数量为 1931.3 万人次。

②78.4% 的独立剧场演出票房低于旅游演艺总体票房的平均值

独立剧场演出剧目为 171 台，单台剧目平均票房为 793.9 万元，相较 2016 年同比增长 13.4%。独立剧场演出 78.4% 的剧目票房低于平均票房，20.5% 的剧目票房收入在 100 万元以下。

4. 实景演出票房增长16.7%突破14亿元，突破前两年票房天花板

①实景演出票房增势喜人，全年达到 14.59 亿元

全国实景旅游演艺票房突破 14 亿元，2017 年同比增长 16.7%，票房收

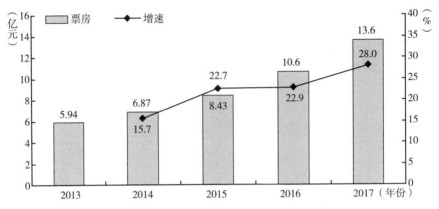

图6 2013～2017年独立剧场演出票房收入

数据来源：道略演艺产业研究中心。

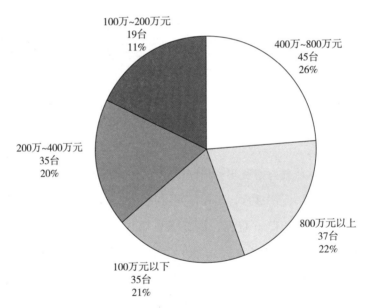

图7 2017年剧场类旅游演艺剧目票房收入分布

数据来源：道略演艺产业研究中心。

入达到14.59亿元，演出19141场，接待观众1472.8万人次。

②实景演出平均票房上升4.2%，头牌剧目盈利能力优秀

实景演出剧目共75台，代表性剧目有《印象·刘三姐》《长恨歌》《印

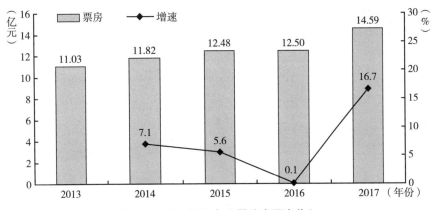

图8　2013～2017年实景演出票房收入

数据来源：道略演艺产业研究中心。

象·丽江》《文成公主》《印象·大红袍》等，单台剧目的平均票房约为
1944.8万元。其中，实景演出约80.0%的剧目票房低于平均票房，66.7%
的剧目票房收入在1000万元以下。

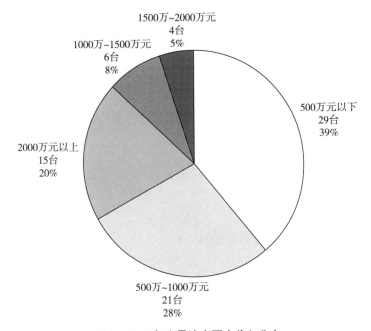

图9　2017年实景演出票房收入分布

数据来源：道略演艺产业研究中心。

5. 主题公园演出票房再创新高，知名演出带动作用显著

①近五年来主题公园演出票房持续增长，2017 年达到最高

主题公园演出实现票房收入 23.30 亿元，同比增长 16.70%（见图 10），演出 16085 场，观众数量 3417.2 万人次。

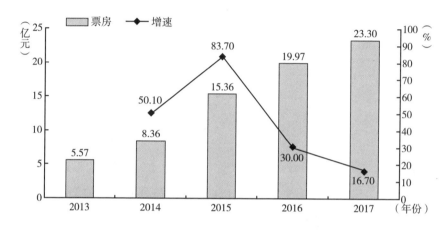

图 10　2013～2017 年主题公园演出票房收入

数据来源：道略演艺产业研究中心。

②主题公园演出票房为旅游演艺细分类型中最高，平均票房达 9000 万元

2017 年主题公园演出剧目共 26 台，代表性演出项目有宋城演艺的千古情系列、华夏文旅的传奇系列、开封清明上河园的《大宋·东京梦华》等，单台剧目的平均票房约为 8962 万元，其中，宋城演艺的《宋城千古情》《三亚千古情》《丽江千古情》《九寨千古情》、广州长隆的《魔幻传奇Ⅱ》等 6 台知名剧目票房收入超亿元。

（三）新增旅游演艺剧目情况

1. 2017年新增旅游演艺剧目22台，主题公园类增长较快

2017 年新增旅游演艺剧目 22 台，票房收入为 3.39 亿元，占旅游演艺总票房的 6.6%。其中，实景演出新增 11 台，是新增剧目中最多的；独立剧场演出新增 8 台，占新增剧目的 36%（见图 12）。

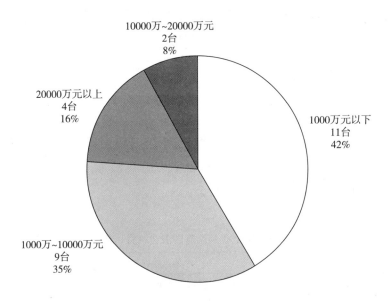

图 11 2017 年主题公园演出剧目票房收入分布

数据来源：道略演艺产业研究中心。

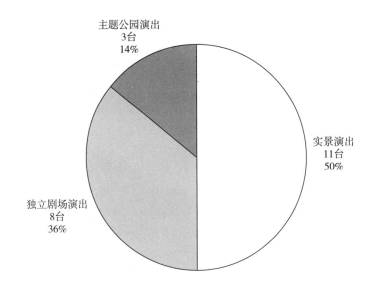

图 12 2017 年新增旅游演艺剧目类型台数分布

数据来源：道略演艺产业研究中心。

2.2017年新增旅游演艺题材内容多元化，演出形式注重创新

2017年旅游演艺市场新增演出更加多元化，如印象推出《最忆是杭州》、旅游版和邮轮实景演出《知音号》，山水盛典推出实景演出《桃花源记》、《田野狂欢》以及佛门盛事《法门往事》。新增演出更加重视创新形式和与当地历史文化的结合，洛阳的《武则天》采用了卢舍那大佛、牡丹、唐三彩、洛阳方言等地道的洛阳元素；包头的《漠南传奇》用马术再现了成吉思汗时代蒙古民族在草原上成长壮大、驰骋疆场、建功立业的英雄画面。

表2　2017年新增旅游演艺剧目目录

剧目名称	驻演城市	剧目题材	首演时间
《法门往事》	陕西宝鸡	以历史为背景,讲述了唐代、明代、民国、"文革"、当代等五个时期中法门寺的变故	2017/1/30
《知音号》	湖北武汉	借船借景借江水,《知音号》将行动、人情、面貌都勾连起来,讲述属于一个城市的故事	2017/5/20
《炭河千古情》	长沙宁乡	以西周王朝灿烂的历史文化为背景,以国之重器四羊方尊的传奇故事为主线,再现了三千年前的那一场爱恨情仇	2017/7/7
《桃花源记》	湖南常德	梦幻演绎陶渊明千古文章,原生态民歌回响在让观众美醉的场景之中,蒙太奇般地表演于烟波浩渺的悠悠秦溪上。	2017/8/1

（四）旅游演艺区域分布情况

1.2017年华东地区旅游演艺票房突破16亿元，引领全国旅游演艺市场

2017年华东地区旅游演艺票房收入为16.13亿元，票房占比为31.3%，接近全国旅游演艺票房的1/3，华南、西南紧随其后，票房收入分别达到9.76亿元和8.70亿元（见图13）。

2.2017年有16座城市旅游演艺票房收入过亿元，占总体票房的71.0%

2017年旅游演艺票房收入超过亿元的城市共有16个（见图14），总计36.56亿元，占总体票房的71.0%。收入过亿元城市以南方旅游城市为主，其中杭州是旅游演艺票房收入最高的城市，占旅游演艺总体票房的18.4%。

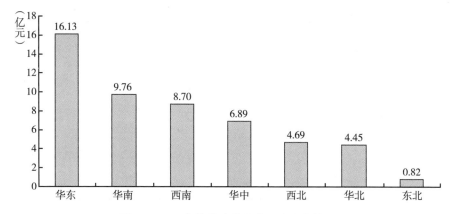

图 13　2017 年旅游演艺票房区域分布情况

数据来源：道略演艺产业研究中心。

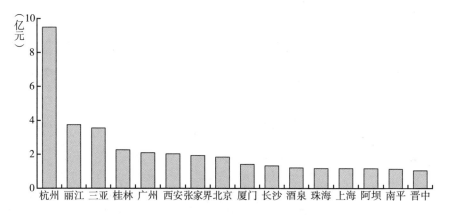

图 14　2017 年旅游演艺票房收入过亿元的城市

数据来源：道略演艺产业研究中心。

（一）2017年中国旅游演艺发展特点

1. 游客文化需求大幅增加，旅游演艺市场迎来发展良机

①文化旅游需求旺盛，促进旅游演艺发展提速

2017 年旅游演艺观众人次为 6821 万人次，大幅增长 26.5%（见图15）。受益于中国经济转型以及消费升级，旅游人群对旅游内容要求日益增高，从原来的观光旅游转变成休闲文化旅游，推动了旅游演艺大幅增长。

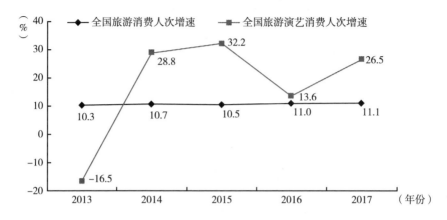

图 15　中国旅游市场消费人次增速

数据来源：道略演艺产业研究中心。

②旅游演艺市场火热，优质剧目一票难求，加场难以满足需求

旅游演艺受益于消费升级及消费者文化水平提高对文化需求的增加，市场规模继续扩大。文化需求的增长，促使旅游演艺旺季市场火爆，一票难求，甚至频繁加场，春节假日及国庆假日常常刷新最高单日演出场次记录（见表3）。

表 3　2017 年部分旅游演艺剧目演出场次加场情况

剧目名称	淡季单日平均场次	旺季单日平均场次	单日最高场次
《闽南传奇》	2 场/天	3 场/天	4 场/天
《魔幻传奇Ⅱ》	2 场/天	3 场/天	4 场/天
《三亚千古情》	2 场/天	5 场/天	6 场/天
《宋城千古情》	3 场/天	8 场/天	18 场/天
《又见平遥》	1 场/天	2 场/天	4 场/天
《张家界·魅力湘西》	1 场/天	2 场/天	3 场/天

2. 宋城演艺、华夏文旅构建演出文化生态模式，获得市场高度认同

①宋城演艺开拓轻资产模式，继续发力旅游演艺市场

2017 年宋城演艺吸取 2016 年《泰山千古情》等的失败经验，转向轻资

产模式。2017 年接连与多个合作方签约了《岭南千古情》《明月千古情》《黄帝千古情》项目（见表4）。《炭河千古情》大获成功，演出 500 余场，观众超 200 万人次。

表4 宋城演艺发展股份有限公司项目

商业模式类型	项目名称	投资时间
重资产模式	《宋城千古情》	1997 年
	《三亚千古情》	2013 年
	《丽江千古情》	2014 年
	《九寨千古情》	2014 年
	《桂林千古情》	2015 年
	《张家界千古情》	2018 年
	《西塘千古情》	2018 年
	《上海千古情》	2018 年
轻资产模式	《炭河千古情》	2016 年
	《岭南千古情》	2017 年
	《明月千古情》	2017 年
	《黄帝千古情》	2017 年
	《中华千古情》	2018 年

②华夏文旅打造"演艺＋"综合体，创新模式进入快速发展阶段

华夏文旅以"传奇"系列演艺为基础，开拓"多元业态、一站式服务"的旅游新格局，已打造威海《神游传奇》、厦门《闽南传奇》、西安《驼铃传奇》等 3 个演艺秀，配套开发乐园景区和酒店等，取得了成功，并开启快速扩张趋势（见表5）。

表5 华夏文化旅游集团股份有限公司项目

项目名称	首演年份	城市
《神游传奇》	2010 年	山东威海
《闽南传奇》	2015 年	福建厦门
《驼铃传奇》	2017 年	陕西西安
《南京传奇》	2020 年（预计）	江苏南京

3. 2017年成为沉浸式旅游演艺元年，沉浸式旅游快速增长

《又见平遥》沉浸式演出对市场产生了积极的影响。《不眠之夜》大获成功，再次促进了沉浸式旅游演艺大爆发（见表6）。《知音号》《极乐敦煌》等沉浸式演出进入市场，取得积极效果，掀起沉浸式演出热潮。

表6　沉浸式旅游演艺项目

剧目名称	演出地点
《知音号》	湖北武汉知音号轮船
《今时今日是安仁》	四川成都安仁古镇
《天酿》	贵州遵义茅台天酿景区
《寻梦牡丹亭》	江西抚州文昌里景区
《极乐敦煌》	甘肃敦煌温泉沙漠小镇
《做客九华·问禅》	安徽九华山地藏圣像景区

4. 夜游激活旅游市场夜晚经济，间接刺激旅游演艺增长

夜游模式突然引爆旅游市场。随着夜游景点游客的增长，以夜游内容作为重要部分的旅游演艺也迎来重大发展。多地纷纷上马夜游旅游演艺项目，一些老牌旅游演艺也相继开发夜游节目（见表7）。

表7　部分老景区开发夜游新旅游演艺项目

剧目名称	演出城市	运营机构名称
《印象·刘三姐》	桂林	三湘印象股份有限公司
《左江花山音画夜游》	崇左	山水盛典文化产业股份有限公司
《巅峰震撼》	张家口	下花园安盛集团
《春江花月夜》	扬州	扬州瘦西湖演艺有限责任公司
《夜泊秦淮》	南京	南京夫子庙文化旅游集团有限公司
《云溪夜游》	洛阳	焦作云台山旅游股份有限公司
《梦里老家》	婺源	江西婺源翼天文化旅游股份有限公司
《象山传奇》	桂林	桂林旅游发展总公司

三 我国旅游演艺的问题与建议

(一)旅游演艺市场处于初级发展阶段,存在众多问题与不足

1. 旅游演艺市场在时间、地区、产品发展程度上不平衡

中国旅游演艺市场发展不平衡,具体体现在三个方面。一是时间不平衡。早期优先发展起来的旅游演艺产品知名度很大,运营模式经过时间磨合已经成熟规范化,旅行社等销售渠道也经常联合销售推广。后来发展起来的旅游演艺产品虽然可以直接复制成功项目的运营经验,但是知名度很难与前者竞争,旅行社等机构也不愿意推广销售,没能达到先发带后发的目的。二是地区不平衡。受到气候因素和人口分布因素双重影响,大规模大投入的大型旅游演艺产品相继分布在南方旅游目的地和城市,并且集中在南方部分热门旅游城市激烈竞争市场份额,相对而言,北方大型旅游演艺产品稀缺,只分布在几个中心城市。除此以外,二线以下拥有 5A 级景区资源的城市开发的大型旅游演艺产品屈指可数。三是产品不平衡。首先,少数旅游目的地的旅游演艺率先实现了沉浸式技术升级,内容也针对沉浸式的特点进行了改造,而其他大多数地区基本停留在传统舞台旅游演艺演出阶段,技术内容都十分陈旧。其次部分已有旅游演艺的城市大规模大投入的大型旅游演艺产品仍在不断开发、扎堆竞争,而其他城市难以见到一部制作优良的优秀旅游演艺产品。

2. 旅游演艺项目盲目追求大投入,造成市场头重脚轻

中国旅游演艺市场另一大特色就是大投入大规模的大型旅游演艺项目主导市场,政策和资源都偏向这类大型旅游演艺项目,主要是因为大型旅游演艺项目能为当地树立招牌、带来吸引力。然而大型旅游演艺项目投入大、回本周期长、风险高,不利于旅游演艺市场持续发展,而宋城演艺的《泰山千古情》、山水盛典的《天下·情山》、三湘印象的《印象·刘三姐》的破产就说明了大型旅游演艺项目的不足。小型旅游演艺项目找投资难,政策不

照顾，市场推广难，都为市场健康发展埋下了极大隐患。

3. 旅游演艺产品过于注重视觉冲击力，忽视内容创新

早期旅游演艺尚未发展起来的时候，游客平均每年出游不到 1 次，较少看旅游演艺产品，初次观看视觉冲击力较大，对内容要求不高。于是旅游演艺为了争夺这类游客，注重灯光特效、庞大演出团队、惊奇表演技术，给观众带来震撼的视觉冲击力，对于内容则尽量简化，追求以最快的速度产生效益，这对吸引首批观众十分有效。但在散客化时代，大多数游客平均每年出游超过 3 次，他们对于感官刺激的需求已经退位让给文化精神需求，散客平均受教育水平要高于团客，对文化内容的要求也比团客高，而大多数旅游演艺在内容上不是千篇一律就是过于艰深难懂，无法吸引这些散客。

4. 产品销售渠道仍依赖线下渠道，客户群体以团客为主

中国旅游演艺产品的推广严重依赖旅行社的销售，各自的线上平台都没有适应移动互联网时代的移动互联特性，只有几个知名旅游演艺开通了网上销售平台，大多数仍然依靠线下销售。不仅线下销售依赖旅行社、地接社拉客，其门店也依附于各大旅游景区售票处，对于散客极为不友好。这在移动互联时代是极其严重的落后，会延误商机，也间接影响了散客对旅游演艺产品的购买意向。

5. 旅游演艺市场竞争日益激烈，热门地区旅游演艺产品一窝蜂扎堆

旅游演艺市场竞争日益激烈，尤其是知名旅游景区，旅游演艺剧目数量剧增。以张家界为例，光是大型旅游演艺就有 8 台剧目，其他小型旅游演艺不计其数，而高质量的演出仅是少数，票房收入上亿元的仅有 1 台。同样的事情也发生在杭州、三亚等旅游城市。

表8　张家界市旅游演艺剧目

剧目	类型
《张家界·魅力湘西》	室内民俗歌舞晚会
《天门狐仙·新刘海砍樵》	室外实景音乐剧
《烟雨·张家界》	室内民俗歌舞剧
《梦里张家界》	室内民俗歌舞晚会

续表

剧目	类型
《梦幻张家界》	室内民俗歌舞晚会
《武陵魂·梯玛神歌》	室外大型山水实景
《寻梦凤凰》	室内民俗晚会
《张家界千古情》	室内民俗歌舞晚会
《边城》	室外大型实景

6. 旅游演艺知名 IP 稀缺，市场对于 IP 的影响力认识不足

与年轻的中国旅游市场一样，旅游演艺产品尚处于发展阶段，市场上只有宋城演艺的千古情系列 IP，三湘印象的印象、又见、最忆、归来系列 IP，华夏文旅的传奇系列 IP 知名度较高，为观众所熟悉。其他如山水盛典系列 IP、欢乐盛典的丝绸之路盛典系列 IP、杨丽萍的云南系列 IP 产品分散，没有高度统一的品牌标识。在主题公园中，各类旅游演艺 IP 也无法自成体系复制到别处，如迪士尼游乐园的《狮子王》、华侨城欢乐谷的《金面王朝》、长隆马戏城的《秘境奇技》等。IP 建设缺乏能影响旅游演艺产品线的扩张，反过来也导致旅游演艺产品只能在本地发展，很难走出本地向全国扩张。

（二）促进旅游演艺可持续发展的建议

1. 积极开发空白市场争夺散客群体，少存量竞争多增量创新

利用已有成功商业模式，积极开发产品空白的热门旅游资源地区，尤其是北方一些热门旅游目的地，例如哈尔滨、漠河、额济纳等地区，利用推进文化与旅游融合的政策背景，以及当地积极推动夜经济的发展需求，填补当地的旅游演艺市场空白。这既为当地创造了 GDP，创造了就业，推动了旅游演艺市场的发展，为文旅企业开拓了新市场，也避免在红海地区陷入低价恶性竞争，为更多的旅游演艺产品寻找新出路。

客源上，旅游演艺产品还在依赖团客渠道，对散客渠道几乎没有开发，白白浪费散客资源。在散客数量大幅增长的形势下，旅游演艺产品要更多围绕散客的需求改进产品，在内容上针对文化独特性进行创新，表演形式上融

合新技术进行创新，创造产品差异化，积极与散客进行互动，打造旅游演艺知名系列品牌。在销售上要加大对散客的销售力度，采用线上平台电子门票、公众自媒体"病毒式"营销、蹭热点事件等方式吸引散客的关注度，吸引更多的旅游散客来观看旅游演艺产品。

2. 要推进小型旅游演艺发展，沉浸式演出是突破口

在注重大型旅游演艺产品、做实景类产品的前提下，开发小型旅游演艺产品，利用当下热门的沉浸式演出形式，融合当前的 AR、VR 技术，做到在景区内进行沉浸式旅游，把景区演艺化，反过来推动演艺景区化。沉浸式演出形式的特点要求旅游演艺产品规模不能过大，而小型旅游演艺产品反而能更好地适应沉浸式演出形式。融合沉浸式技术成本也极低，对于景区内设备的利用率高，种种优势注定沉浸式旅游演艺产品必将小型化。小型化的旅游演艺产品在互动性上要强于大型旅游演艺产品，每次演出都有不一样的体验，在产品周期上也远远领先大型旅游演艺产品，可带给观众独一无二的体验。

3. 推进旅游演艺与互联网的融合，适应移动互联时代的高度互动

旅游演艺产品要积极开发线上平台，实现门票电子化，做到随时随地即可买票。要在第三方电子商务平台如携程、驴妈妈、途牛以及京东、淘宝等设立平台，也要在微信、微博、今日头条等媒体渠道上开通公众号，随时随地更新旅游演艺产品的信息动态，在新一代观众中推广传播产品。要开发线下周边系列产品在线上商城销售平台，围绕旅游演艺产品打造线上产业链，比如小游戏、短视频、音乐等衍生品，实现旅游演艺产品的互联网化。

（三）旅游演艺的未来前瞻

1. 沉浸式旅游演艺将在未来快速普及并日益成为主流演出

未来，沉浸式旅游将快速普及。中国旅游从观光消费转向休闲消费、对文化的体验和互动需求大幅度增加，都促使旅游演艺不再停留在舞台上，而是要走下舞台，走到观众中间。国外传来的沉浸式演出形式奇妙地和旅游演艺发生了"化学反应"，诞生了全新的沉浸式旅游演艺，极大地满足了消费

者对文化的体验和互动这两大需求，这将促使大部分旅游演艺转型为沉浸式演出，以争夺口味升级的观众群体。

2. 旅游演艺产品加速差异化，针对各自拥有的旅游资源定制化

沉浸式旅游演艺的特点是观众的体验是唯一的、是与众不同的，每一次互动都会有不同的结果，造就了千万个不同的内容。随着观众越来越需要互动和精神上的自我追求，旅游演艺也将越来越差异化发展。在旅游资源上，也将针对其不同特色和情况，定制有针对性的内容与表演形式，创造产品的独特性，以此对抗产品同质化压力。

3. 旅游演艺将与人工智能融合，创造全新的自动化演出形式

随着人工智能技术的开发和应用，旅游演艺的表演也逐步自动化，体现在人工智能能针对不同观众的不同动作做出不同回应，并控制一些机械设备与观众进行互动，这大大拓展了旅游演艺的范围。比如，可以针对多个观众进行协同互动表演等以前人力无法做到的事情，利用这个新特性将诞生许多以前无法想象的新表演形式。

参考文献

李幼常：《国内旅游演艺研究》，四川师范大学硕士学位论文，2007。

朱立新：《中国当代的旅游演艺》，《社会纵横》2010 年第 4 期。

G.10
自驾游和露营行业的现状和模式探讨

魏小安*

摘　要：　当前，我国自驾游人数平稳增长，自驾游和露营行业迅速发展、前景广阔，但仍受到各种限制，其根本矛盾在制度上。自驾游和露营行业要发展，就要紧抓政策机遇，利用市场拓展生活，创造复合模式，延伸行业链条，利用中国特色来推动行业发展。

关键词：　自驾游　露营　幸福产业

李克强总理提出的五大幸福产业，包括旅游、文化、体育、健康、养老，第一位是旅游，第二位是文化。十九大报告也提出了我们现在社会的主要矛盾是人民日益增长的美好需要和不平衡不充分的发展之间的矛盾。中国自驾游和露营产业就是幸福产业的创造者，是美好生活的提供者。

一　现状和前景

（一）现状：繁荣与限制

2017 年，中国自驾游人数平稳增长，总人数达到 31 亿人次，比上年增长 17.4%，占国内出游总人数的 62%。近五年，自驾游人数持续增长，出游人数占国内旅游人数比例稳定在半数以上。旅居车方面，2017 年全国旅

---

* 魏小安，世界旅游城市联合会专家委员会主任，中国社会科学院旅游研究中心特约研究员。

居车销售量为 2.2 万台，2017 年年末全国旅居车保有量为 7 万台。露营地方面，"十三五"期间是营地建设的集中期，截至 2017 年年末，全国建成及在建营地达到 900 家。

但是，自驾游和露营产业的发展仍然受到很多限制，核心是没有形成现实的商业模式。目前的露营地主要存在两种模式：第一种模式靠卖房车、卖装备来养营地，本来营地是个主业，现在变成个辅业；第二种模式为准房地产的形式，卖使用权，搞临时性建筑。其中一个深层次的矛盾是中央政府和地方政府的关系，中央出台了一系列支持自驾游和露营地的文件，但地方政府缺乏有效的资金、政策支持。

（二）前景：巨大的发展空间

自驾游和露营产业的发展前景很大，原因有四。第一，休闲需求日趋刚性，爱好休闲是人的天性。我们的传统文化总把"好吃""懒做""图舒服"当成一种贬义词，实际上，"好吃"促进了农业社会的发展，"懒做"促进了制造业的发展，"图舒服"促进了服务业的发展。第二，从娱乐推进需求升级。今日的休闲需求，很大一部分是娱乐的需求，这是一种需求的升级。第三，市场追求新体验。自驾游就是一种对新体验的需求，也是对人性的一种追求。第四，共享休闲成为主流，通过共享的方式推动休闲，会形成社会消费的主流。

从消费空间的角度来说，自驾游的流行是一种生活方式的革命，空间非常巨大。中国自古以来是农耕民族，安土重迁，讲的是父母在、不远游，所以历史上就不可能形成大众旅游的格局。现在已经到了工业化发展后期，人们整个生活方式变了，所以生活方式必须有一个革命，这个革命里头，自驾游、房车、营地，就是其中的消费引领。

二 矛盾和问题

自驾游和露营地一方面消费空间巨大，另一方面发展空间又受到局限，其根本问题在制度上。

（一）公共性和商业性

营地类项目，在发达国家，属于准公共性产品，这些国家对于准公共性产品，会免费或低价提供土地，给予低水电气价格。可是露营地政府自己不能做，因为政府做，效率一定低、速度一定慢、质量一定差，必须由企业来做，由市场来调节。所以露营地是政府的半公共性产品，由企业通过半商业性的运作，来为民众提供一种新的生活方式，这是国际上普遍的经验。但在我们国家，往往将之当作商业项目来看，在制度上就会遇到一系列的障碍，例如土地要招拍挂，露营地的利润率无法支撑招拍挂的土地价格。

我们不是不知道国际经验，但在实际中却难以按照国际经验来操作，所以各项目标很难落地。当然这个中间还是有进步，房车刚出来的时候，各个方面都没有反应，各个领域都不知道怎么对待。第一辆房车上高速路，就被拦在收费口，拦了两个多小时，层层请示，谁都不知道怎么收费，也不知道怎么处理。现在这类事虽然还有，但是至少大家接受。所以一个新的事物，从不理解、打压到现在接受了，在理念上还有倡导，从中央到地方，大家开始赞成，这是一种进步。如果能够真正有一些实实在在的政策落下来，爆发性的需求就会转化为爆发性的增长。

（二）爱好和情怀

自驾游和露营产业的经营人员，投入这个行业主要是因为爱好，所以从玩开始、从干发端，一开始是自己玩，由玩入手开始从事这个行业。这种情怀很难长久支持，也很难真正形成产业规模。但总体来说，恰恰有这么一批创业者，才使我们这个事业能够坚持到今天，才使我们这个行业能够逐步形成，使我们这个产业能够逐步壮大。

另外一个方面，这个行业里需要文化内容。文化提升，是下一步很重要的一个任务。这个行业涉及的文化很复杂，内容也很丰富，文化不是只有名胜古迹。自驾游和露营行业相关的文化，包括四个方面。第一，自然的文化。凡是从事这一行的，都热爱大自然、追求大自然，这本身就是一种文化追求。第二，群体的文化。自驾游更多的是一种群体的爱好，这种群体的文化，形成了一种自组织，这种自组织创造了一种新的感受和新的方式。第三，方式的文化。各种各样的方式组合在一起，这个方式的文化也使我们不断地产生新的追求。比如现在落地自驾、多方式组合，包括自驾游本身组织方式的变化，都是有文化的。第四，野奢的文化。我们追求一种荒野生存，但是又在追求一种真正的奢侈，这就是一种野奢的文化。这种野奢的文化，恰恰是在这种方式、这种组织和这种自然追求之下才能够形成的。所以至少有这么四个方面的文化，这就意味着我们的内容会更加丰富。阿拉善英雄会所体现的文化内容就不是简单的自驾游的聚集文化，体现了更新的、更高的、更极端的文化追求。

三　发展模式探究

（一）政策支持机会

文化和旅游部的组建，提升了旅游业的地位。从文化的角度来说，政策抓手更多了，所以自驾游和露营行业更应该突出文化，抓住政策机会，寻求支持。在原有的小旅游的体制下，自驾游和露营行业的发展缺乏真正的手段、政策、力度、资金支持，很难获得大的发展空间。文化和旅游部的组建，将带来行业更大的支持力度，形成实实在在的发展空间。

（二）市场拓展生活

通过市场拓展生活是旅游的优势，现在消费正在升级，通过消费升级，达成生活转型，下一步很自然的追求就是户外运动和自然生活。一方面，我们现在具备了政策的优势；另一方面，旅游始终有市场的优势，通过这种市场的拓展，可以开拓新的生活方式。

（三）创造复合模式

我们可以把涉及自驾游和露营行业的元素归类整合、全面聚集，一定会

形成复合的模式。第一类是硬件，汽车、道路、房车、营地，都是硬件；第二类是运营型的，就是资本、设施和运营；第三类是组织、聚集和领袖。自驾游和露营行业有一个非常突出的特点，就是形成领袖，会形成领袖型的企业，也会形成领袖型的人物，尤其是自驾游俱乐部，每一个俱乐部的领导都是一个领袖，都有很强的号召力。这种复合模式的形成，也产生了多种意义。

第一是扩大活动半径的意义。游客有了更自由的交通工具，这就和原来的出行很不一样，这个活动半径扩大的意义，对各地发展的意义非常大。例如对于一个县，空间很大、景点分散，通过自驾游的方式，有三五个点，游客可能都能到达，这样对于这个县，游客就能停留一天的时间，晚上住宿在县里，这就是活动半径扩大的意义。

第二是更自由的活动方式的意义，"自"的意义就是自驾，目前我们讲"自驾"还是自己驾驶，下一步就是自动驾驶，再下一步是自由驾驶，这是"自驾"一层一层的含义，到那个时候，完全处在自由的状态，不管你自己会不会开车。但是自由驾驶这种状态形成了，这就是一个新的天地，这就是"自"的意义。

第三是新的熟悉目的地的方式的意义，自驾游旅游者和一般的旅游者不同，一般的旅游者虽然也做一点攻略，但是毕竟不熟。自驾游不同，自驾游开着车跑来跑去，不熟也熟，这种熟的意义意味着自驾旅游的选择余地极大，评判的要求也会提高，这就是熟的意义。

第四是对于乡村的意义。讲全域旅游发展，尤其是乡村旅游发展，自驾游对乡村的意义是实实在在的，就是因为有前几个意义了，就敢下乡，就这个地方那个地方，敢进山，哪个地方都敢去。一般的旅游者，尤其我们这种比较老的，习惯于团队旅游的这种旅游者，出了这个范围，哪也不敢去。

第五是流动的意义。资源在流动、资金在流动、消费在流动、市场在流动，各个方面都在流动，这种流动就创造了一个共享的发展空间。

第六是深度的意义。发展推进，使我们的旅游发展越来越推向深度进军，这就意味着全域旅游通过这样的方式才能够全面落实，这就是模式的创造，需要复合。

（四）延伸发展链条

自驾游和露营行业要通过链条式的延伸，创造新的发展格局。

首先，构建需求链。作为一个自驾游的旅游者，从产生这个念头开始，就产生了第一个需求，然后在这个过程中，一系列的需求都在产生，这是一个需求链。

第二，围绕着这个需求链，形成服务链。这种服务链，一是需要政府的公共服务；二是需要运营商的服务；三是需要信息服务。需要各个方面的服务，这就形成了一个服务链。

第三，围绕服务链，形成产业链。这个产业链对各个地方来说，是最具有实在意义的。一般的旅游者，到目的地最多买一点旅游商品，二消容量有限。可是通过自驾游的方式，游客会努力装满车的后备厢，让快乐充满自驾者的心怀。这个后备厢不是靠工艺品、纪念品就能装满的，所以很多地方，就制作了一个大礼包，里面装的是农副土特产品，若干个品种装一个礼包，游客来了之后，一个礼包拿走，保证品质、保证供应链条，这就形成一种比较普遍的方式。

第四，产生深度的利益链。产品的供应商有自身的利益要求，组织者有利益要求，自驾游消费者有利益要求。在这个利益链里面，哪一个环节出现出错，都会出问题，会产生利益的冲突。对行业而言，要让利益尽可能地和谐，尽可能地协调。只有通过延伸发展，形成链条，才能够从根本上造就发展新格局。

（五）中国特色推动

中国特色，第一个是海量特征。我们现在已经有将近14亿人口，据统计其中有4亿中产，形成了庞大的市场规模。现在总体的消费格局，就是以中产阶层为主体，以年轻人为主导，这是旅游消费很突出的特点。在海量的旅游需求中，基于旅游行为，目前形成了四种消费。

第一是金钱消费，收入因素已经不是自驾游和露营行业发展的根本因

素。例如房车，很多人都买得起房车，房车并不贵，但是买了房车，停在哪儿？上路怎么办？保障怎么办？这一系列的问题跟不上来，消费者就不敢买这辆车。

第二是时间消费。时间消费是现在制约中国旅游发展最根本的问题，缺乏休闲时间，让游客很难从容地自驾，从容地露营，这限制了这个行业的发展。另一方面是时间分配不均，旺季很旺、淡季很淡，很难形成健康可持续的商业模式。

第三是文化消费。文化消费已经成为有经验的消费者越来越高的追求。消费的文化性，在自驾游、旅居车、营地这个行业，一定要体现出来。这体现在两个方面：一个方面是从旅行到居住，到旅居，这实际上体现的是一种新的文化；另一个方面从露营地到露营公园，到露营生活。这两个方面追求的结合，能使这个行业的文化含量上一个大的台阶。

第四是品质性消费。国家文件已经提出要向优质旅游发展，但对于自驾游和露营行业，怎么体现优质？营地不能按景区模式建，也不能按博物馆模式建，露营生活的本质是对自然的追求，所以对露营生活品质性的追求，除了一些基础性、标准化的东西要达到之外，更重要的可能就是在服务品质上达标。这个服务比其他的服务难度要大很多，因为要在客人的流动过程之中，在客人不断释放自我的过程之中，在客人在大自然的环境之中，来满足各种各样的消费需求，来提供服务，这种服务品质的要求很高。

G.11
研学旅行的中国实践和国际经验

马勇　徐圣*

摘　要： 研学旅行是实施素质教育的重要手段，在多个国家已成为国
民教育体系的一部分，中国政府高度重视研学旅行的发展并
积极加以推动。本报告在梳理研学旅行的缘起、政策、特点
和市场的基础上，结合日本研学旅行实施经验，发现目前中
国研学旅行服务标准的内容更为丰富，但各个实施标准还需
要进一步细化。在此背景下，加快完善研学旅行服务标准、
充实研学旅行产品体系、创新研学旅行内容形式对推进研学
旅行发展具有重要意义。

关键词： 研学旅行　服务标准　产品体系　素质教育

引　言

公元前 497 年，孔子带领学生周游列国，在旅途中考察各国的政风民
情；17 世纪欧洲"大旅行"（Grand Tour）中，部分贵族青年在牛津剑桥旅
行（post-Oxbridge trek）中寻求艺术、文化和西方文化的起源。现代的研学
旅行起源于日本的修学旅行（しゅうがくりょこう），1882 年日本栃木县第
一中学校（现栃木县立宇都宫高等学校）的教师带领学生群体参观在东京

* 马勇，湖北大学旅游发展研究院院长，主要研究方向为研学旅行、旅游规划；徐圣，湖北大
学商学院旅游系研究生，主要研究方向为研学旅行。

上野举办的"第二届实业博览会"的活动，成为修学旅行的开端。在此之后的130年间，修学旅行逐渐被更多学校采用，成为日本小学、中学和高中教学中的一部分。

陶行知针对民国教育体制提出"修学旅行，旅行为增长知识，扩大眼界之教育方法"①。中国改革开放后，大量来自韩国、日本以及东南亚等国的修学旅行团到访中国，对此中国国际旅行社、中国旅行社和中国青年旅行社专门成立了修学旅行接待部门。20世纪80年代，国内经济逐渐好转，学生及其家长对类似修学旅行产品的需求开始显现。2006年，山东举办首届"孔子修学旅游节"，这也是中国第一个修学旅游节庆活动。2009年，为了激发国内旅游市场需求，广东省旅游局发布了《关于试行国民旅游休闲计划的若干意见（征求意见稿）》，其中提到了学生的修学旅行，这也将修学旅行上升到了更高的决策高度。

王定华首先定义了研学旅行，研学旅行是指学生集体参加有组织、有计划、有目的的校外参观体验实践活动②。教育部等11部门提出"中小学生研学旅行是由教育部门和学校有计划地组织安排，通过集体旅行、集中食宿方式开展的研究性学习和旅行体验相结合的校外教育活动"③。国家旅游局提出"研学旅行是以中小学生为主体对象，以集体旅行生活为载体，以提升学生素质为教学目的，依托旅游吸引物等社会资源，进行体验式教育和研究性学习的一种教育旅游活动"④。综上，研学旅行是在教育部门的领导下，由学校组织学生在研学导师的带领下进行集体旅行，在研学营地依托旅游吸引物等资源开展教学活动，且有考核与反馈的校外专项教育性旅行活动。

---

① 陶行知：《中国普及教育方案商讨》，载《中国教育改造》，北京联合出版公司，2015，第132~133页。
② 王定华，原教育部基础教育一司司长，在第十二届全国基础教育学校论坛上发表了题为《我国基础教育新形势与蒲公英行动计划》的主题演讲。
③ 中华人民共和国教育部：《教育部等11部门关于推进中小学生研学旅行的意见》，2016年11月30日。
④ 中国国家旅游局：《研学旅行服务规范》（LB/T 054 – 2016），2016年12月19日。

一　研学旅行的现状与特点

（一）研学旅行相关政策

基于国内旅游产业发展现状和教育体系实际需求，研学旅行这新型旅行方式开始出现。2013 年 2 月 2 日，国务院办公厅发布的《国民旅游休闲发展纲要（2013～2020 年）》中提出"逐步推行中小学生研学旅行"的设想，这是在国家级政府文件中首次提出"研学旅行"一词。2014 年 8 月 21 日发布的《国务院关于促进旅游业改革发展的若干意见》中提出"积极开展研学旅行"。2014 年 7 月 14 日，教育部为规范中小学生境外研学旅行活动、保障师生安全，发布了《中小学学生赴境外研学旅行活动指南（试行）》。2016 年 12 月 19 日，教育部联合其他政府部门发布了《教育部等 11 部门关于推进中小学研学旅行的意见》。2017 年 5 月 1 日由原国家旅游局发布的《研学旅行服务规范》正式实施。2018 年 9 月 30 日《武汉市中小学生研学旅行标准编制》发布，针对研学旅行的机构、基地、研学导师等方面制订考评标准。

（二）研学旅行市场

1. 发展潜力巨大

随着中国经济水平继续提升，城市化和全球化程度提高，K－12 教育市场成为教育投资重点。研学旅行的主要潜在消费群体覆盖了 K－12 教育市场，在吸引投资方面具有良好的市场发展前景。截至 2017 年底，全国有在校小学生 10093.70 万人，小学专任教师 594.49 万人；在校初中生 4442.06 万人，专任教师 354.87 万人；普通高中在校生 3970.99 万人，专职教师 177.40 万人；中等职业教育在校学生 1592.50 万人，专职教师 83.92 万人；合计在校学生 2.01 亿人，专职教师 1210.68 万人①，潜在消费者超过 2 亿人。研学旅行在成为中国

---

① 中华人民共和国教育部：《2017 年全国教育事业发展统计公报》。

教育体系中的一部分后，作为中小学生的刚需，潜在的整体市场规模超千亿元人民币。

2. 产品体系多样

目前中国旅游集团、中青旅、携程、途牛等企业均提供了丰富的教育旅游产品。通过对线上及线下的旅游产品进行汇总，按照《研学旅行服务规范》（LB/T 054－2016），可将其分为知识科普型、自然观赏型、体验考察型、励志拓展型和文化康乐型这五大类。

①知识科普型产品是基于各种类型的博物馆、科技馆、主题展、动植物园、历史遗产、工业项目、科研场所等资源而打造的。这一类研学旅行产品通过向学生展示历史文物、艺术作品、科技成果、工业生产和科学实验，并设定一定的区域供学生亲自体验，来进行常识教育和科学普及。

②自然观赏型产品包括江、河、湖、海、山川、草原、沙漠等自然资源。这一类研学旅行产品不局限于观赏，而是对自然资源进行深度体验。例如考察江河沿线的地质变化、辨别海洋生物、识别山脉地势、了解防风固沙等，在旅行过程中通过实物和实地考察增长见识。

③体验考察型产品包括农庄、实践基地、夏令营营地或团队拓展基地等资源。这类产品强调集体参与和实践过程，通过实际参与掌握一定的技能，例如种植采摘、紧急救护、野外穿越等，旨在培养学生的防灾技能，磨炼学生意志。

④励志拓展型产品包括红色教育基地，大学校园、国防教育基地和军营等资源。这一类产品通过让学生参观红色景点、知名高等学府以及各类军事开放活动（如军营开放日），增强青少年爱国主义情怀，塑造正确的世界观、人生观和价值观。

⑤文化康乐型产品包括各类主题公园、演艺影视城等资源。这类产品紧跟时代艺术潮流，可提高学生的文化影视鉴赏能力，在专业知识教育之外，增加研学旅行的趣味性。

表1   各阶段研学旅行项目推荐

	知识科普型	自然观赏型	体验考察型	励志拓展型	文化康乐型	乡土乡情	县情市情	市情省情	省情国情
小学1~3年级	√				√	√			
小学4~6年级	√	√		√			√		
初中	√		√	√				√	
高中			√	√					√

（二）研学旅行特征

1. 注重公平，全面普及

目前K-12阶段的游学或带有教育活动的旅行产品主要由民间组织提供，其价格、内容、形式尚未到达研学旅行的标准，主要的受众群体是较富裕家庭的子女，普及性不强、覆盖面不广。研学旅行是由学校组织，以年级或班级为单位的集体活动，通过集体旅行和集中食宿开展活动，突出全员参与和集体活动。研学旅行作为未来教育体系中的一部分，更加注重活动本身对学生自身发展的价值，进而创造社会价值和未来更大的经济价值，而非项目本身的经济收益。现阶段中国的义务教育由国家承担主要费用，整个项目在义务教育的大框架下进行，可以利用财政补贴、政府议价、成本定价等方式降低旅行成本，对贫困家庭学生减免费用，鼓励全员参与外出考察学习，为更多学生提供多样化学习的机会。

2. 精准识别，全域选择

通常的旅游项目内容丰富，从各地的风土人情到各国的社会国情，有历史遗产也有现代风貌，主要目的是满足旅游者审美和娱乐的需求。研学旅行以求知修身为主要目的，并非娱乐休闲。研学游线与研学基地都会不同于传统旅游业中的热门游线和景点。有助于研究学习、提高知识储备的资源都可以成为研学旅行的对象，不局限于单一景点、景区或者风景名胜。在中小学生的教育中要因材施教，故对资源的识别要精准，对不同类型的学生群体也要精准定位，匹配以不同的研学旅行线路、导师和基地。在全域旅游发展的

背景下，研学旅行的目的地选择更加丰富。为了满足素质教育要求，促进学生的全面发展，研学旅行的选择面也应该更为广阔，不应局限于本地及周边的博物馆、纪念馆及传统的训练营地等。

3. 回归真实，突出实践

研学旅行是实现人的自我完善与全面发展的重要途径①，研学旅行的开展遵循教育规律，注重内容体系的知识性与趣味性。在"互联网 +"的大趋势下，信息的交互效率大幅度提升，课堂教学的工具与方法都更加先进，最先进的 VR、AR 技术能够极大地还原异地景象。现阶段发展研学旅行具有现实意义，通过户外的实践考察，学生与现实世界发生直接的联系，体验真实的生活、获取知识。不同于教室中的课堂教学，研学旅行更加注重体验性。王定华认为："学生必须要有体验，而不仅是看一看、转一转，要有动手的机会、动脑的机会，动口的机会，表达的机会，在一定情况下，应该有对抗演练，逃生的演练，"这也意味着研学旅行的整体层次高于观光旅游，可通过旅行中的实践，在异地环境下锻炼与提升学生的综合素质。

三 中日研学旅行体系对比

日本在中小学中实施修学旅行已有七十余年，形成了一套完整可执行的修学旅行服务标准，在国内研学旅行市场刚起步，服务体系不够完善的情况下，借鉴日本的修学旅行实施标准对发展具有中国特色的研学旅行项目具有重要意义。

（一）日本修学旅行的服务标准与特点

目前日本的修学旅行标准分地区实施②，将学校类型分为小学（普）、

---

① 王晓倩、曹诗图：《试论人学视角的旅游研究》，《地理与地理信息科学》2018 年第 1 期，第 86~91 页。
② 公益财团法人全国修学旅行研究协会『国内修学旅行实施基準（都道府県・政令指令都市）』、2017。

中学（普）、高中（普/定）以及这三类的特别支援学校。实施标准中分别对时间、旅行费用、实施学年、实施许可标准、旅行范围、教师数量进行规范（见图1）。尽管各地的标准略有区别，但是整体上小学（普）是两天一晚，费用以不让家长负担过重为宜，多数集中在20000～30000日元；大多每学年进行一次，部分地区要求全员参与，而有些部分地区提出最低参与比例，多数处于75%～85%；旅行范围限定在国内；教师数量与参与学生人数与班级或年级数量挂钩，各地的比例有所不同。对于初中（普）旅行的时间是三天两晚，其他标准与小学（普）大致相同。高中（普/定）的旅行时间上限大多为五天四晚，费用为80000日元，若在海外进行则为三倍费用标准。参与人员方面，大多要求全员参与，部分要求70%～90%的参与比例，旅行范围包括全日本本土、近中国地区以及其他国家。教师数量占参与学生比例较初中（普）和小学（普）有所降低。实施标准还包括了特别支援学校，实施标准与普通学校类似，但是配备的教师数量更多，旅行的范围各学校自行决定，但主要集中在国内范围。此外还有针对高等学府的海外的修学旅行标准，整体上标准宽松，学校拥有更多的自主权。

（二）中国模式与日本模式的异同

中国目前的研学旅行标准分为国内和海外两部分，现阶段以发展国内研学旅行为重点。相比于日本，中国的研学旅行标准中项目更多，包括研学导师、研学营地、人员配置、教育服务、行程管理、安全管理、反馈改进（见图2）。目前，对于旅行时间、费用、实施时间没有具体的安排，仅要求每个研学旅行团队至少配置一名主办方代表、一名项目组长、一名安全员、一名研学导师和一名导游人员，并且每20位学生配备一名带队老师。较日本不同的是，我国的研学旅行标准在教育服务方面规定每天的体验教育课程项目或活动时间不少于45分钟，教育服务项目涵盖健身、健手、健脑和健心，服务流程涵盖出行前、旅行中和结束后三部分，教育设施与教材包括编写相应的研学旅行教材、配备多媒体辅助设施、建立教育服务评价机制。我国标准对交通方式和车辆连续行驶时间做出规定，要求连续行驶两小时休息

时间不得低于 20 分钟。我国对住宿营地和露营地引入相关的标准进行管理，此外还对餐饮服务、导游讲解服务、医疗及救助服务、安全管理、服务改进和投诉处理制订或引用了相关标准，尽管不够细致，但整体的操作框架显得更加充实。但是海外研学旅行方面目前仅有《中小学学生赴境外研学旅行活动指南（试行）》可供参考，主要规定参与人员以小学四年级以上学生为主；旅行时间方面小学生不超过三周，中学生不超过六周；教学时间不低于学生在境外时长的 1/2。这些规定缺乏细则，对实际工作的指导意义有限。

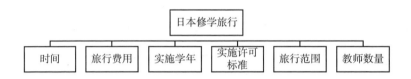

图1　日本修学旅行体系

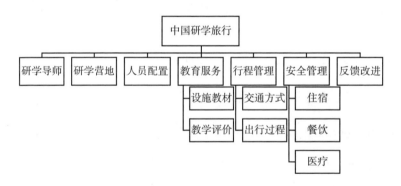

图2　中国研学旅行体系

四　研学旅行发展的问题与解决措施

（一）研学旅行市场缺乏规范

目前市场上多数机构提供的研学旅行产品只能纳入"旅游＋教育"这一种旅游新产品中，并非严格意义上的研学旅行产品。这一类产品以名校参观、历史遗产游览以及夏（冬）令营为主，产品中的目的地选择、游线设计、内容编排等与研学旅行服务规范有相当大的差距。到目前为止，研学旅行行业内部还没有形成一套健全的行业标准。加之界定模糊，导致研学旅行的进入门槛低，准入门槛、退出机制以及评价准则亟待完善。研学旅行是一项需要多部门协同的项目，涉及教育、公安、交通运输、财政、旅游等多个部门，需要一套完善的部门联动准则来协调各单位分工。在国家旅游局以及教育部相关的标准出台后，要发挥旅游管理部门的作用，对市场进行规范化管理，旅游企业不得随意将一般旅游产品冠名为"研学旅行产品"。各地应该立足于本地的资源赋存、交通区位、经济发展、气候条件等出台更为细致的操作标准。目前山东省出台了《山东省推进中小学生研学旅行工作实施方案》，在工作推进机制、经费保障、出行保障、课程体系建设和旅行基地建设等方面提出初步的方案。武汉市已开展了"五色研学旅行"试点工作，出台了《武汉市中小学生研学旅行系列标准》，其中对服务机构评定、营地评定和导师评定制订了评分细则。

（二）研学旅行产品缺乏影响力

研学旅行市场总体呈现宣传不足和普及程度不高的特点。中国旅游研究院的调查统计显示，在调查对象中只有40%的人参加过研学旅行，还有60%的人从未参加过研学旅行，并且有23.4%的受访者不知道研学旅行，说明营销力度不够，营销取得的效果不佳。尽管研学旅行得到了政府相关部门的重视也具有良好的发展趋势，但是市场在资源的配置中起决定性作用，研学旅行产品本身与行程中的服务由不同的供应商提供，而资本具有逐利的本性，如果研学旅行产品不能获得市场认可就难以实现可持续发展。首先地方旅游管理部门和教育部门要认识到研学旅行的可行性和必要性，研学旅行未来要成为教育体系中的一部分就需要获得政府的认可与支持。要利用多种渠道持续推广普及研学旅行的概念与优势特点，获得中小学生及其家长的认可，适时推出试点方案，在小范围试运营，改进完善后再推向更大的市场，最终形成"政府重点引导、学校认证组织、学生积极参与"的良好发展格局。

（三）研学旅行产品缺乏专业性

研学旅行本身是基于"旅游＋教育"的新型教育产品，脱离了传统旅游产品的范畴也超出了一般的教育服务体系，因此无论是旅游企业还是教育机构都难以独立承担研学旅行产品的定制和运营工作，而在此之前，两者鲜有合作，跨界融合机制尚未健全。目前，功能完善、要素齐全的研学旅行产品还未出现。基于国家层面给研学旅行的定义，市场中的企业也不能照搬日本的修学旅行产品。研学导师、营地与服务规范的出台，对产品和人员的专业性要求进一步加强。未来，要满足这种对专业性的要求，首先要形成跨界融合机制，促进旅游产业和教育产业融合发展；其实要加强人员培训，研学导师以及其他工作人员也要经过背景审查和专业知识考核才能上岗；最后要利用工程化手段不断完善研学旅行产品，在实际运营的反馈中不断提升产品专业性。

四　研学旅行发展对策

（一）研学旅行在义务教育框架内实施

日本早已将修学旅行纳入国民教育体系，并认为这是有效的教育手段；欧美国家采用的"田野旅行"（field trip）也成为学生教学课程中的一部分。截至 2017 年年底，中国教育支出占 GDP 的比重连续 6 年超过 4%，将研学旅行纳入义务教育体系有着良好的社会和经济环境。研学旅行在义务教育框架下进行有三大优势。第一，推进了教育改革加速。中国的教育正从应试教育向素质教育转型，素质教育就是在个人全面发展和受教育者素质提高的基础上提高民族素质的教育。研学旅行的推进是对儒家三方达德、六艺兼修的教育思想的传承，主张教学、学习和实践三者的结合。在义务教育框架内实施研学旅行不仅规范了组织、政策、经费等，还加强了学生和家长对素质化教育的直观感受。

第二，加快了旅游业跨界融合。发展研学旅行是旅游业进行供给侧改革的契机，作为中小学生的刚需，研学旅行庞大的市场势必吸引力大量资本以及传统旅游产业集团和教育产业集团的介入。研学旅行本身要求旅游和教育的高度融合并突出教育功能，两个产业在资本和市场需求的推动下有了融合发展的机会，这也为旅游业与其他产业融合发展形成模板。

第三，提供了中小学生学习机会。旅游是在基本生活需求之上的高层次消费，这种特性意味着贫困家庭和部分普通家庭学生难以有机会参与完全自费的旅行游览活动，而在义务教育框架内实施研学旅行可以由政府主导议价，通过制订费用标准和补贴标准使得贫困学生也有机会参与研学旅行，增长见识、提高素质。

（二）研学旅行的课程化发展

研学旅行的核心指向是培养学生在实际中发现问题、分析问题和解决问题的能力。这种能力的提升需要系统化的培养，而非碎片化的知识传递。根据研学旅行服务标准对教材与课程的规范，研学旅行需要向课程化发展。应该在课程化研学旅行的理念下，利用课程策略来管理旅行，将课程要素融入实践过程中，规范研学旅行的课程开发、实施和评价，做到整个活动有明确的课程目标与要求，课程有目标的授课内容和实施方案，活动结束后有学习评价和课程反馈。这样的管理模式提高了研学旅行的系统性、科学性以及规范性，使得研学旅行产品框架整体上可重复使用。研学旅行中的课程也要与学校的专业课程区分，旅游旅行是综合性课程，表现为"多学科综合、多教法并用、多知识串联"，采用"研学导师指引、学生参与、学生发现、学生解决"的问题解决程序，可提高学生独立思考和实践能力，以达到知行合一的效果。

（三）研学旅行的学习机制创新

研学旅行区别于课堂教学。在不同的情境中学生的学习机制也不同，白长虹认为在旅游情境中的学习过程分为经验学习和情境学习[1]。经验学习就

---

[1] 白长虹、王红玉：《旅游式学习：理论回顾与研究议程》，《南开管理评论》2018 年第 2 期。

是学生在研学旅行中发现需要解决的问题，在活动结束后进行反思和加强巩固，在之后的活动中派上用场。课堂中的学习仅涉及认知性学习，而旅行中的学习还涉及人的情感因素和行为因素。情境学习就是在旅行过程中接触到新的时间共同体，学生出于好奇会参与和尝试。在异地情境中，学生对于某种文化或事物的态度会产生变化，学生的行为也趋于真实。因此研学旅行中的课堂不应该是学校课堂的空间移动，而应该创造出一个契合学生情感和行为倾向的教学环境，注重人与人之间、人与环境之间的交互行为，多设置讨论和小组项目，设置即时评价系统，使学生在特定的情境中通过一系列交互行为完成知识的学习过程。这就要求研学基地的建设和研学教材的编写要超出传统旅游基地建设和教材编写的要求，以信息交互为中心，利用多种技术手段和多种教学方式，加快学生和研学导师之间的信息传递，还要积极营造小组合作的学习氛围。基于 Richard 提出的旅游中学习周期模型——分离、交互、返回、再进入①，研学旅行活动结束后的考核评价与总结不应该流于形式，而要将其视为学习的核心部分，因此整个学习机制不应随着活动的完结而停滞，要在后期敦促学生及时归纳与反思。

五　结语

研学旅行的发展源于中国深化教育改革的实际要求，这也是旅游产业转型升级的契机。目前中国研学旅行还没有真正普及到每一位中小学生，相对于发达国家，研学旅行市场还不够规范，服务标准还不够成熟，内容体系还没有完全建立，研学旅行的发展路径与模式还需要进一步研究。未来要将研学旅行纳入义务教育体系，创新内容体系与学习机制，通过政府统筹、学校组织、学生全员参与的方式，结合研学基地、研学导师、研学教材来实现真正意义上的具有教育价值的旅行活动，实现学生的全面发展。

---

① Richards, T.. Adventure-based Experiential Learning. Empowerment through Experiential Learning: Explorations of Good Practice. London, UK: Kogan Page, Taylor and Francis, 1992: 159.

参考文献

陶行知：《中国普及教育方案商讨》，《中国教育改造》，北京联合出版公司，2015。

中华人民共和国教育部：《教育部等 11 部门关于推进中小学生研学旅行的意见》，2016 年 11 月 30 日。

中国国家旅游局：《研学旅行服务规范》（LB/T 054 - 2016），2016 年 12 月 19 日。

王晓倩、曹诗图：《试论人学视角的旅游研究》，《地理与地理信息科学》2018 年第 1 期。

中华人民共和国教育部：《2017 年全国教育事业发展统计公报》。

公益财团法人全国修学旅行研究協会『国内修学旅行实施基準（都道府県・政令指令都市）』、2017。

白长虹、王红玉：《旅游式学习：理论回顾与研究议程》，《南开管理评论》2018 年第 2 期。

Richards, T., Adventure-based Experiential Learning. Empowerment through Experiential Learning: Explorations of Good Practice. London, UK: Kogan Page, Taylor and Francis, 1992: 159.

G.12
中国定制旅游发展分析与展望

孙鹏义 *

摘　要： 近年来，随着我国国民消费水平、受教育程度的不断提高，各类旅游设施、条件的不断完善，以及以互联网为核心的多种新技术的应用和普及，旅游者更加追求旅游的个性化和独特性，更加注重旅游的品质和体验。在此背景下，定制旅游应时而生并日益成为旅游业中一支重要的力量。定制旅游在满足人民美好生活需要方面发挥了极其重要的作用。当前，我国定制旅游正处于快速发展期，但快速发展并不意味着定制旅游市场已经发展成熟，只是表明定制旅游正步入快速发展通道，其仍会遇到一些发展瓶颈和不确定性。定制旅游市场在发展过程中还面临很多问题，其潜力还远未被开发。本报告通过分析我国定制旅游的发展现状，梳理存在的问题，提出优化发展的路径，并对我国定制旅游的前景予以展望，将有利于我国定制旅游的健康可持续发展。

关键词： 定制旅游　个性化　互联网　创新

改革开放四十年来，中国经济社会发展突飞猛进，各项事业在发展过程中出现了许多的新形势、新趋势。当前，我国社会主要矛盾已经转化为

---

* 孙鹏义，管理学博士，中国社会科学院旅游研究中心访问学者，主要研究方向为旅游企业管理、旅游规划管理。

人民日益增长的美好生活需要和不平衡不充分的发展之间的矛盾。人们对于美好生活的追求日益迫切，特别是对个性化、差异化、品质化的需求逐渐增强。

中国旅游业在这一时期实现了快速发展，各类旅游形式不断涌现。近年来，传统旅游形式在整体旅游业务中所占比重呈逐年递减趋势，旅游市场正逐步由卖方市场转变为买方市场，但传统旅游仍然占据主导地位。然而，旅游供给者与消费者对于旅游产品或服务的理解不尽相同，导致供需之间的矛盾仍较为突出。随着我国国民消费水平、受教育程度的不断提高，加之各类旅游设施、条件的不断完善，休闲旅游观念日渐深入人心，旅游者愈加注重旅游的品质、深度和体验，更加追求个性化和独特性，传统的跟团游等旅游方式已然无法满足旅游者更高层次的需求。定制旅游的出现恰好符合追求个性化且自主性较强的旅游者。当前，定制旅游成为一个热门话题，就目前发展来看，定制旅游在整个旅游产品和服务体系中所占比重相对偏低，仍具备较大的发展潜力，其发展前景可期。但与此同时，定制旅游在发展过程中也存在着对其内涵和外延的理解分歧、其在整个旅游产品和服务中的定位、模式创新困境、市场发展速度偏慢等诸多问题。本文将基于我国定制游的现状，结合发展过程中存在的问题，进一步探讨其发展趋势。

一　定制旅游的概念

（一）我国定制旅游的发展历程

伴随我国经济社会的持续快速发展以及旅游活动的广泛普及，旅游市场群体的规模日益扩大，旅游在国民日常生活中的地位不断提升，并且旅游者对于旅游的认知也趋于成熟，旅游者更加追求多样化、个性化的旅游方式，越来越注重在旅游过程中获得文化层面、精神层面的体验。上述变化促使旅游企业不断创新旅游产品或服务，催生新的旅游模式和业态，为定制旅游的兴起提供了良好的环境。

从历史进程来看，1990～2000年，我国国民旅游消费意愿持续增强，跟团游是这一时期最主要的旅游方式；2001～2013年，中国经济高速发展，高收入人群数量逐年增长，高端定制旅游机构开始萌芽并逐步探索；至2016年，中国富裕阶层群体的日益壮大，跟团游和自助游已无法完全满足这部分群体的个性化需求，于是定制旅游开始不断成长和壮大；2016年之后，定制旅游相关机构大量涌现，旅游者对于定制旅游的认知度也不断提高，定制旅游进入快速发展期。

（二）有关定制旅游的界定

目前，有关定制旅游的系统性研究相对较少，对于定制旅游的界定还未在学术层面形成统一的认知。通常而言，定制指的是生产者依据消费者的不同需求，生产或设计符合其个性需求的产品或服务，而且往往需要消费者参与产品或服务生产的过程。

有关定制旅游的界定呈现百家争鸣的态势，所谓仁者见仁、智者见智。有研究者提出，定制旅游是一种以旅游者为主导的高端旅游方式，旅游企业根据旅游者的个性化需求，由旅游者参与设计，生产出符合旅游者需求的旅游产品或服务。有研究者持类似观点，认为定制旅游是由专业旅游咨询人士根据旅游者具体的旅游意愿，从"吃住行游购娱"等方面设计并提供个性化的旅游方案，给出完全符合旅游者个性需求的高端旅游产品或服务。也有研究认为，定制旅游是旅游企业根据旅游者的需求安排旅游行程中的各类要素，让旅游者参与旅游产品或服务设计过程，以满足旅游者对旅游体验的个性化追求，最终实现旅游价值的一种旅游方式。定制旅游模式弱化或者去除了中间商，可以为旅游者提供更加个性化的产品或服务。

以上对于定制旅游的界定，具有相同之处。一是认为定制旅游是以旅游者为中心的一种旅游形式；二是强调旅游者的参与。展开来讲，强调以旅游者及其个性化需求为中心，这是定制旅游的首要特征。在定制旅游企业视野中，每一位旅游者都是一个细分的目标市场，旅游企业致力于满足旅游者的个性化需求，将旅游者的需求作为第一要务。强调旅游者的参与，这是以旅游者为中心的延续，也是从旅游者角度进一步突出定制旅游有别于传统旅游的特征，即定制旅游中旅游者的参与度远远大于传统旅游，在旅游产品或服务的整体设计过程中，每一个重要的环节都有旅游者参与的身影。

其他多数研究者在界定定制旅游时，也大多强调旅游企业与旅游者的沟通、尊重旅游者的个性需求、注重旅游者在旅游产品或服务中的参与等，但有的偏重于模块化设计或生产，有的更关注旅游者的预算，有的则突出旅游周边产品或体验等。由此可见，总体上国内对于定制旅游的界定形成了一定的共识，但在产品或服务的细节设计、流程再造等方面还存在某些差异，因而在实际运行过程中，许多定制旅游企业表现出不同的风格和侧重点。

（三）定制旅游的类型和形式

根据渠道性质不同可划分为线下定制旅游和在线定制旅游。线下定制旅游主要包括针对团体和针对个人（家庭）的定制旅游模式：针对团体的定制旅游由旅游者或由相关组织组团，以团队为单位与旅游企业确定旅游线路等具体内容，旅游企业根据其要求提供产品或服务；针对个人（家庭）的定制旅游以个人（家庭）为单位向旅游企业提出诉求，由旅游企业一对一给出专业的定制旅游方案。在线定制旅游根据其不同的运营模式分为B2B、B2C、C2C等形式（见表1）。在线定制旅游已成为定制旅游新的增长点，在整个定制旅游业务中的比重正逐步上升。

表1　在线定制旅游运营模式分类

类型	运营模式
B2C 模式	由在线定制旅游企业所属的定制师将包括机票、酒店、门票等在内的各种细分旅游产品及服务提供给旅游者，供其选择
B2B 模式	在线定制旅游企业为线下旅行社提供定制旅游供应商服务或工具类产品
C2C 模式	由个人定制师或旅游达人通过定制旅游平台向旅游者提供定制旅游产品及服务

根据服务群体不同可划分为高端定制旅游和大众定制旅游。高端定制旅游以独具优势的旅游资源服务于高收入群体的需求，其单笔订单的利润率相对较高，但产能相对较低。大众定制旅游掌握的优势资源偏少，一般是整合现有旅游资源，为中低收入群体提供相关的定制旅游产品或服务，通过不断增加订单数量等方式实现盈利（见表2）。

表2　以服务群体不同划分的定制旅游类型

类型	特点
高端定制旅游	以高收入人群需求为主,利润率相对较高、产能相对较低
大众定制旅游	以追求消费升级的中低收入群体为主,性价比相对较高

依据旅游者的参与程度，可以将定制旅游划分为需方型定制、平衡型定制、供方型定制三种类型（见表3）。需方型定制主要由需方即旅游者主导，旅游者提出产品或服务设计要求并深度参与其中，最终成型的产品或服务完全或绝大部分符合旅游者的个性化需求，此种类型下旅游者的参与程度最高。平衡型定制类型下，旅游者虽然具有个性化的需求，但目标不够明确，旅游者在产品或服务的选择上难以决策，要求供需双方即定制旅游企业与旅游者进行多次沟通，在此基础上由定制旅游企业给出多种柔性定制方案，引导旅游者做出决策，此种类型下旅游者的参与程度较高。供方型定制是旅游企业根据旅游者不甚明确的个性化要求，对标准化产品进行调整和重构，然后提交给旅游者供其选择，此种类型下旅游者的参与程度较低。

表3　以旅游者参与程度划分的定制旅游类型

类型	特点
需方型定制	由需方即旅游者主导,旅游者提出产品或服务设计要求并深度参与其中,此种类型下旅游者的参与程度最高
平衡型定制	供需双方即定制旅游企业与旅游者进行多次沟通,在此基础上由定制旅游企业给出多种柔性定制方案,引导旅游者做出决策,此种类型下旅游者的参与程度较高
供方型定制	旅游企业根据旅游者不甚明确的个性化要求,对标准化产品进行调整和重构后提交给旅游者供其选择,此种类型下旅游者的参与程度较低

定制旅游的类型还可以根据不同的人群和主题细分为亲子定制游、家庭定制游、情侣定制游等，或者根据不同的区域分为北美游、欧洲游、东亚游等。总之，定制旅游可以依据不同的标准，从不同的视角出发，细分出多种不同的类型或形式。这正是定制旅游以旅游者为中心的重要体现，旅游者的个性化需求千差万别，或处于不同的层面，或分属于不同的领域，因此对于定制旅游产品或服务类型的划分相对比较灵活。定制旅游企业可根据自身的业务特点和业务重心打造不同的产品或服务类型，以满足旅游者多样化、个性化的需求。

二 中国定制旅游的发展现状

（一）对定制旅游认识的几个误区

1. 定制旅游等于高端旅游

有不少旅游者认为定制旅游是一种高端旅游，将其等同于豪华游、奢侈游。诚然，在中国定制旅游发展的早期阶段，定制旅游的形式以高端定制为主，但随着经济社会的不断发展，定制旅游已呈现多种发展形式，虽然高端定制形式依然存在，但并不是唯一的形式。因此，不应将高端定制所呈现的"高端"价格等无限放大，此处的"高端"应当理解为相对高端。实际上，定制旅游的高端更多体现在它以旅行者的需求为中心，体现对于旅游者的重视，旅游者拥有了更多的主动权、选择权。相较于传统旅游方式，旅游者所处的地位更高，发挥的作用更大，得到的体验也更好，这才是定制旅游真正高端的一面。目前，定制旅游产品或服务的价格与发展初期相比已经大幅下降，其与传统旅游产品或服务的价格差距也在逐渐缩小，加上国民收入水平的提高以及对旅游消费支出的扩大，都使得定制旅游正走向大众化。定制旅游已经不再专属于某些高收入人群，而是人人皆可参与的大众旅游产品或服务。

2. 定制旅游无法实现规模化

部分定制旅游企业经营者认为，定制旅游注重个性化、差异性的特点，

导致其产品或服务难以批量设计或生产，造成定制旅游企业无法实现规模化经营。实际上，随着互联网等新技术的不断应用，定制旅游企业在收集、分析旅游者信息等各类数据时更加便利，企业建立了强大的数据库，可以利用数据库并结合旅游者的需求快速生成个性化旅游产品或服务。实现规模化的重点和难点在于紧紧抓住旅游者的消费需求，增加其返游率，这也是提升定制旅游企业利润所面临的重要问题。

3. 定制旅游等同于"完全定制"

许多旅游者认为定制旅游的产品或服务一定是符合自己需求、独一无二的，与其他旅游者定制的产品或服务完全不同。应当承认，定制旅游企业提供给旅游者的产品或服务是个性化的，具备独特性，但如果定制旅游企业没有标准化或模块化的产品或服务素材储备，那么每一次的定制都将耗费大量的人力物力、付出高昂的开发成本，这不符合定制旅游企业的经营规律和盈利模式。因此，当前的定制旅游一定是标准化与个性化的结合，可以通过对标准化的模块进行变更或调整来形成符合旅游者需求的个性化产品或服务。

（二）中国定制旅游的发展现状——以在线定制旅游为例

当前，在线定制旅游已成为中国定制旅游的重要新生力量，代表了未来定制旅游的发展方向。因此，考察中国定制旅游的发展现状必然绕不开在线定制旅游。与其他类型的定制旅游模式相比，在线定制旅游的数据更易获得，更具典型性，能够体现中国定制旅游发展的现状。

艾瑞咨询研究显示，2017年中国定制旅游市场总规模为865亿元，其中在线定制旅游交易规模达到68亿元，在线化率为7.9%（见图1）。从现有的交易规模和在线化率来看，中国在线定制旅游仍处于发展的初期阶段，产品或服务形式等方面还有较大的发展空间。考虑到在线定制旅游未来经营模式的不断创新、所涵盖群体的逐步扩大以及线上线下数据互通呈现出的一体化发展趋势，本报告认为中国定制旅游的交易规模将继续大幅扩大，在线化率也将持续走高。

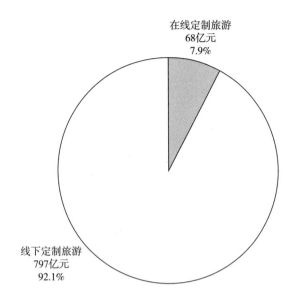

图1 2017年中国定制旅游市场交易规模及在线化率

资料来源：艾瑞咨询，中国在线定制旅游行业研究报告
（2018年）

1. B2C模式的定制旅游发展现状

就目前的发展态势来看，自营类B2C模式可以较为有效地掌控产品及服务的质量，并可为定制师的职业发展提供良好的空间，有利于定制旅游企业长远发展，但线下人工成本相对较高导致其难以快速实现规模化发展。相对而言，平台类B2C模式则存在产品及服务质量较难把控的情形，但其可以较容易地实现规模扩张。

2. B2B模式的定制旅游发展现状

随着客户端市场竞争日益激烈，定制旅游企业将业务拓展至同业企业，目前这一模式发展迅速。不过，定制旅游分销平台的推广仍然存在不少困难，行业标准的建立和统一仍需要不断探索。

3. C2C模式的定制旅游发展现状

个人定制师或旅游达人的定制能力参差不齐，以及相关服务配套不够系统，造成C2C模式定制旅游的二次消费率相对较低。

可以看出，我国的定制旅游正处于快速发展期，但快速发展并不意味着定制旅游市场已经发展成熟，只是表明定制旅游正步入快速发展通道，其仍会遇到一些发展瓶颈和不确定性。定制旅游市场在发展过程中还面临很多问题，比如许多旅游者对定制旅游的模式依旧认识不足等。当前，定制旅游企业在整个旅游产业中所占比重相对偏小，这也说明中国定制旅游的发展空间巨大。

三　中国定制旅游发展存在的问题

（一）定制意识不足

从目前国内旅游业的发展情况来看，人们的旅游需求旺盛且旅游要求越来越高，旅游者除了关注旅游产品的价格之外，更加关注自身在旅游活动中的参与感和获得感，旅游者的这些需求为定制旅游发展提供了有利条件。然而，定制旅游的市场环境、技术条件等还不够成熟，定制旅游参与主体对定制旅游的认识仍显不足，"定制"的本质和精髓还远未促进形成旅游供需双方的自觉意识，这导致定制旅游的市场认可度依然偏低。

旅游者方面。一部分旅游者无法完全理解和把握定制旅游的确切含义，缺乏"定制"的意识，未形成对定制旅游的消费习惯，依然将传统旅游作为自己出行的首选形式；还有一部分旅游者对定制旅游存有一定的误解，认为定制旅游等同于高端旅游，并不适合普通旅游者。有的旅游者虽然计划选择定制旅游产品，但无法准确表达自己的需求和意愿，无法深度参与定制旅游的过程，导致供需双方沟通不畅，无法达成最终的合作意向，影响了定制旅游产品在更大范围内的成长。

旅游企业方面。我国定制旅游的发展还处于初期阶段，定制旅游的受众群体仍然较少，许多旅游企业还未真正意识到定制旅游的发展前景，或者虽然有一些旅游企业已经意识到定制旅游的广阔需求，但因各种原因无法完全进入该领域。另外，定制旅游企业推广定制旅游产品的有效性和针对性不足。有的定制旅游企业没有明确的受众群体，其面对的是所有的潜在旅游者，营销受众群体的不确定性造成该类企业订单成交的概率偏低。有的定制旅游企业虽有明确的受众群体，但其受众群体的选择过于小众，无法形成规模效应。这其实都与旅游企业对于"定制"的认识不足有关，"定制"的本质在于有效调研和把握旅游者的个性需求，但这并不等同于满足所有旅游者的各类需求，也并不等同于仅仅满足极其小众人群的特殊需求。

（二）创新能力有限

随着旅游业的快速发展，旅游市场竞争变得愈加激烈，特别是当定制旅游成为市场热点之后，对于定制旅游市场的争夺成为很多旅游企业的工作重心。大多数涉足或专业从事定制旅游的企业一直致力于旅游产品或服务方面的创新，无论是对旅游资源的挖掘、旅游线路的设计，还是对旅游体验的规划等，都进行了大量的探索。但从实际效果来看，企业的工作仍然与旅游者的需求存在差距。这一方面说明旅游企业掌控和整合旅游资源的能力还需要增强，另一方面也说明旅游企业对旅游者需求的识别和研判还有所欠缺。一些定制旅游企业在开发和设计定制旅游产品时，仍然沿用传统旅游的思维模式，将传统旅游线路的相关元素拆分之后再进行整合，其实质是身披定制旅游外衣的传统旅游，它的体验度难以满足旅游者的预期。同时，传统旅游产品也在不断融入更多的可替换项目以增加其灵活性和差异化，这与一部分定制旅游企业的中低端产品形成竞争态势，因此，从事定制旅游的企业必须更加突出其创新和特色才能在竞争中立足。

因此，定制旅游不能局限于对旅游行程进行设计，而应更多地透过这些行程让旅游者获得深层次的体验，这也是旅游者选择定制旅游产品的初衷。定制旅游企业在设计定制旅游产品时，不但要认知和满足旅游者的基本需求，而且要注重对旅游者的深度需求或潜在需求进行挖掘，加入更多的创新元素，使其个性化需求得以最大化满足。

（三）开发成本偏高

传统旅游企业通常依靠大量获取订单和分摊成本的团购方式来盈利，有时甚至会通过增加自费项目等拓展利润空间，盈利方式有赖于规模化。因此，旅游者数量的多寡、各类相关服务的成本、旅游线路的整体性价比，都会成为传统旅游企业考虑的重要因素。

与传统旅游相比，定制旅游偏重于为旅游者提供个性化服务，面对的客户是小型团体或个人，因此，每一个小型团体或单一的旅游者都被视为独立的细分市场中的一员，以此满足每一位旅游消费者的不同需求，为旅游者提供差异化的、专属的旅游体验。但与此同时，很多旅游者个性化的需求无法完全复制到另外旅游者的需求之上，很多时候为某一位旅游者定制的旅游产品成为"一次性"产品，重复利用率低，难以实现批量开发和规模化营销。定制旅游企业专业人才付出的时间和知识，以及旅游过程中可能出现的行程变动等，都使定制旅游产品的开发成本水涨船高，这成为定制旅游亟待破解的难题之一。

（四）专业人才匮乏

定制旅游是生产或提供个性化旅游产品或服务的，与传统旅游从业者进行简单的咨询回复、预订机票门票和酒店等相比，定制旅游从业者需要理解和分析旅游者的个性需求，并按其需求进行设计与开发，这对于旅游从业者的专业要求比较高。这些从业者包括旅游产品或服务定制师、规划师、咨询师、资深导游等，就目前的情形来看，上述专业人才的数量缺口仍十分巨大，现有人才的质量也需继续提升。

定制旅游从业者除了具备传统旅游从业者最基本的旅游常识和技能之外，还需要真正理解定制旅游的本质，对定制旅游有深入的把握，具备良好的创新意识和创新能力、广博的知识储备和专业素养，以及优秀的组织协调沟通技能。另外，随着定制旅游不断与新技术进行融合，定制旅游产品或服务在开发过程中的信息收集与研判、信息交互平台的开发与维护、对旅游产品或服务的全过程监控等工作，需要定制旅游从业者具备相关的专业背景，这些都对定制旅游从业者提出了更高的要求。

三　中国定制旅游优化发展的路径

（一）提升定制意识

对于定制旅游企业而言，要注重研究和判断定制旅游的发展态势，通过与相关高校、研究机构等建立合作关系，共同探讨定制旅游的发展规律。在定制旅游的推广和普及方面，定制旅游企业要切实担负起相应的责任，通过各类媒体形式让旅游者了解定制旅游的概念、特点和优势，以吸引更多的旅游者认识并参与定制旅游业。

对于旅游者而言，需要更新旅游消费理念，要意识到跟团游、自助游、定制游是目前旅游市场上三种主要的旅游模式。旅游者在选择旅游产品或服务时，不要局限于传统模式，自助游、半自助游、定制游等都是可以选择的旅游方式，尤其是定制游，因其能够更好地满足旅游者的个性化需求，已经受到越来越多旅游者的青睐。同时还要意识到，定制旅游并不等同于高价旅游或奢侈旅游，虽然定制旅游的相对特殊性使旅游者付出的成本要高于传统旅游形式，但因消费者能够享受更加个性化的服务，所以高出的成本与旅游者在旅游过程中获得深度体验和精神满足是成正比的。

（二）加大创新力度

创新是永恒的话题。对于定制旅游来说，创新意味着可以在激烈的市场竞争中获得比较优势，形成自己的特色。随着互联网等新技术的广泛应用，定制旅游领域的创新一般包括发展模式创新和技术平台创新。

1. 发展模式创新

改变传统的以旅游企业为主导的形式，转向以旅游者及其个性化需求为主导的形式。除此之外，还要密切关注并充分利用新技术，以新技

术为依托不断升级和改造现有的运营模式，形成多种发展模式并存的良性局面。

2. 技术平台创新

利用互联网等新技术，构建适用于定制旅游企业和旅游者的便捷定制操作系统，供需双方可以通过操作系统快速对接，不断提升定制的效率，从而实现规模化发展。

（三）降低开发成本

通过将定制化生产模式和规模化生产模式有机融合的方式，将非标准化的产品或服务进行模块化开发，当旅游者提出定制需求时，将模块化的元素进行组合和建构，生成符合旅游者需求的产品或服务，这样可以在一定的程度上降低定制的时间成本和人力成本，也可以提高效率。换言之，定制旅游企业通过标准化和模块化方式提供不同的单体元素或组合方案，旅游者可根据自身需求进行组合，如果多个旅游者的需求产生重叠，则可实现规模化生产和设计，这样既能最大化满足旅游者的个性化需求，又可降低成本和高效运作，有利于定制旅游的可持续发展。另外，定制旅游企业要降低成本并提高盈利水平，还需要通过技术创新和人才成长等制定高效的运作流程，以实现效益最大化。

（四）引育专业人才

通过加强国际交流合作，引进具有海外学习、研究或从业背景的高层次定制旅游人才，同时加大对现有从业人员的培训和培养，不断提升国内定制旅游人才队伍的整体水平。另外，可考虑建立专兼职结合的定制旅游人才队伍。定制旅游企业在人才队伍建设过程中，需要考虑年龄结构、知识结构等因素，以打造结构合理的专职人员梯队。除此之外，定制旅游企业还可以吸收一部分有意愿参与定制旅游企业运营的旅游达人、旅游爱好者等，作为储备人才或兼职人员，让他们参与到定制旅游产品的开发和营销中，不断扩大定制旅游产品的影响力。

四 中国定制旅游发展趋势展望

（一）以"互联网＋"为基础的在线定制旅游将成为主流模式

互联网及大数据、云计算、物联网等新技术的更新和应用，将进一步促进定制旅游的渠道升级。旅游企业在宣传营销方面有了更便捷、更有效的交互平台，旅游者依靠多种形式的移动终端设备获取大量的旅游信息，并可以实现在线定制与支付，这将极大地提高定制的效率，而定制旅游企业也可以更高效地收集和分析旅游者的需求。新技术的应用也将进一步促使定制旅游的内容升级。部分定制旅游平台增加了攻略分享、交流互动等社交功能，旅游者还可以随时随地通过微信、QQ、微博等方式分享个人的旅游经历与感受，进一步丰富了旅游内容和可体验性，有利于定制旅游的快速传播和推广，这成为许多定制旅游企业进行产品或服务营销的重要手段。

（二）旅游者的需求边界与旅游产品或服务的博弈仍将继续

随着经济社会的不断发展，旅游者将会有更高层次的追求或需求，加上旅游者的个性化需求具有不确定性，且其需求很有可能远远超过目前旅游企业提供的产品或服务所涵盖的范围，因此，对于定制旅游企业来说，要更加注重研究旅游者的个性需求，并根据经济社会发展的趋势对相关需求做出预判，提出产品或服务解决预案。下一步，旅游者个性需求的扩张与定制旅游产品或服务之间的博弈仍将继续。需求的边界越来越模糊，必然要求定制旅游产品或服务要更具针对性和特质化，若非如此，有可能导致旅游者需求无法得以满足，而定制旅游企业也无法有效运行。所以，这种博弈会推动定制旅游业向更高层次发展。

（三）更多新的运营模式和产品或服务形式将大量涌现

源于各类新技术的不断应用，以及旅游者个性化需求的持续升级，未来

定制旅游将会出现更多新的运营模式以适应这种新的变化。新的运营模式可能基于现有的互联网，也有可能依赖于未来的其他新技术。未来的定制旅游，将以技术为引领，覆盖更大范围内的旅游者，定制旅游有望成为大众旅游方式。而新的消费习惯也将不断涌现，新的产品或服务形式也不再拘泥于现有的类型，旅游者不断升级的个性需求以及定制旅游企业不断进行产品或服务创新，将形成一种合力，共同推动新的产品或服务形式的出现，进一步丰富定制旅游产品或服务的体系。

参考文献

付超：《定制旅游在我国的发展现状、问题及对策分析》，《保定学院学报》2016 年第 1 期。

马秋玲、柴寿升：《基于波特五力模型的我国定制旅游企业发展现状分析》，《山东工会论坛》2018 年第 5 期。

袁婷婷：《移动互联经济时代定制旅游规模化发展》，《旅游管理研究》2015 年第 9 期。

祝捷、孙亮：《议私人定制旅游研究与存在问题》，《旅游管理研究》2016 年第 3 期。

马秋玲、龙春凤：《定制旅游服务创新的四维度分析》，《四川旅游学院学报》2018 年第 4 期。

柳玉清：《旅游业大规模定制化服务——基于顾客满意度的服务创新策略》，《燕山大学学报》（哲学社会科学版）2006 年第 3 期。

王计平、赵云丹、倪菁：《定制旅游对旅行社供应模式的影响研究——以上海市为例》，《淮海工学院学报》（自然科学版）2011 年第 1 期。

张亚利、马秋玲：《基于 CiteSpace 5.0 的我国定制旅游研究知识图谱分析》，《中国海洋大学学报》（社会科学版）2018 年第 3 期。

周晓梅：《定制旅游在旅行社产品开发中的可行性研究》，《太原城市职业技术学院学报》2014 年第 8 期。

旅游与区域发展创新

Innovation of Regional Development and Tourism

G.13

粤港澳大湾区入境旅游
空间格局与新态势

保继刚　叶晓旋*

摘　要：　2000 年至今，粤港澳大湾区入境旅游发展不平衡特征明显，
　　　　　呈现以香港、澳门为第一层级，深圳、广州为第二层级，其
　　　　　余七市为第三层级的多级格局，经过培育阶段（2000～2003
　　　　　年）、快速发展阶段（2004～2008 年）和增长减缓阶段
　　　　　（2009～2016 年）三个阶段的发展，区域入境旅游多级格局
　　　　　仍稳定不变。本报告对大湾区入境旅游的客源市场空间分布
　　　　　进行分析，发现珠港澳三地的入境旅游发展相互依赖，分布
　　　　　高度集中。受城市功能及地位差异影响，外国游客市场存在

---

* 保继刚，长江学者特聘教授，博士生导师，主要研究方向为旅游地理、旅游规划；叶晓旋，
中山大学人文地理硕士研究生。

以下特征：香港的外国游客市场结构多元化，空间分布较为分散；澳门外国游客市场空间分布集中，集中在东亚、东南亚等近程市场；珠三角九市外国游客市场处于后发阶段，欧美等远程新兴市场发展潜力较大，三地分处不同发展阶段，在客源市场格局上有较大差异，存在较好的合作契机。随着大湾区建设的进一步推进，区域旅游格局将可能被重构，区域内的交互旅游流将加速流动，以大湾区为统一品牌进行市场开拓的区域入境旅游迎来新的发展机遇。

关键词： 粤港澳大湾区　入境旅游　客源市场

粤港澳大湾区是包括广州、深圳、珠海、东莞、佛山、惠州、江门、中山、肇庆在内的珠三角九市以及香港、澳门两个特别行政区组成的世界级城市群（下文简称九市二区）。2015年国家发改委、外交部和商务部联合发布的《推动共建丝绸之路经济带和21世纪海上丝绸之路的愿景与行动》中首次明确提出打造粤港澳大湾区的设想。2017年3月，李克强总理在政府工作报告中提出研究制定粤港澳大湾区的发展规划，将粤港澳大湾区的建设提升到国家战略层面。2017年7月，在习近平总书记的见证下，国家发改委与粤港澳三地代表共同签署了《深化粤港澳合作　推进大湾区建设框架协议》，这标志着粤港澳大湾区正式成立，三地将在中央部门的支持下进入全新的合作阶段，在国家经济发展与对外开放中承担新一轮的国际职能。

粤港澳大湾区一直是我国入境旅游发展最成熟、发展环境最优越的区域，港澳两地作为国际性门户城市与知名的国际旅游目的地，吸引着大规模的国际游客及中国内地游客，旅游业一直是两地的支柱产业和重要经济发展动力。而珠三角作为我国改革开放的先驱，在我国入境旅游市场中一直占据着举足轻重的地位，2016年珠三角九市接待入境过夜游客高达3300万人次，占据全国入境旅游市场的 55.7%[①]，对我国入境旅游发展具有重要的带动作用。随着粤港澳大湾区的进一步建设与开放，入境旅游作为带动区域经济发展的重要产业，作为粤港澳大湾区向世界推介形象的重要渠道，将成为三地合作的重点之一。

以往研究多将广东、香港、澳门作为独立的研究对象，较少从区域层面将其作为一个整体进行剖析。近年来看，粤港澳三地入境旅游市场正处于调整期，多个客源市场表现乏力，回升趋势较不明朗。从区域入境旅游客源市场的角度进行分析，三地的市场格局分处不同阶段，有较好的合作契机。在粤港澳大湾区建设背景下，一体化发展的加快将为大湾区的入境旅游市场带来新的机遇。

一 粤港澳大湾区入境旅游整体格局分析

（一）区域入境旅游发展不平衡，呈现明显的多级格局

基尼系数是国际上通用的度量区域内收入不平等状况的指标，介于 0 ~ 1 之间，基尼系数越大，表示不平等程度越高。联合国开发计划署规定基尼系数超过 0.4 的区域存在严重的"贫富差距"。本报告以各市接待入境过夜游客数代替地区国民收入，采用平均值法计算基尼系数[②]，以此来度量粤港澳大湾区入境旅游发展的不平衡程度。如图 1 所示，粤港澳大湾区入境游客基尼系数自 2000 年起长期维持在 0.5 以上，2004 年一度接近 0.65，之后虽有波动下降的趋势，但仍高于联合国划定的 0.4，可以发现大湾区内九市二区入境旅游发展不平衡，存在极化分布情况（见图 1）。

---

① 本报告所有入境过夜游客数据主要来源于《香港统计年刊》（2000 ~ 2016 年）、《澳门统计年鉴》（2000 ~ 2016 年）、《中国旅游统计年鉴》（2010 ~ 2017 年）、珠三角各市统计年鉴（2010 ~ 2017 年）、《广东统计年鉴》（2000 ~ 2017 年），部分数据由广东省旅游局及各城市旅游局提供。

② 何帮强、洪兴建：《基尼系数计算与分解方法研究综述》，《统计与决策》2016 年第 14 期。

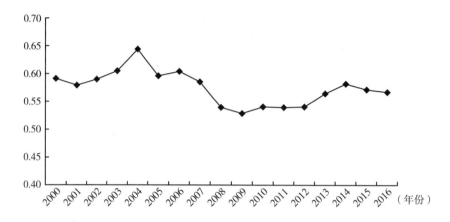

图1　2000～2016年粤港澳大湾区入境旅游基尼系数

从入境游客的分布数据来看，2000～2016年间粤港澳大湾区九市二区的入境旅游市场一直呈现明显的多级格局。香港、澳门两区的旅游组织和集散功能远强于珠三角九市，长期占据大湾区入境旅游市场份额的50%以上，位于第一层级。其中香港接待入境过夜游客总数从2009年的1692.6万人增加到2016年的2665.3万，占大湾区总数的比重历年均在35%左右，体量接近珠三角九市总数的80%。澳门的入境旅游规模虽小于香港，但仍以21%的年均市场份额遥遥领先于珠三角九市。而珠三角九市内入境游客同样集中于城市功能更为综合、旅游资源更为丰富的广州、深圳，其中深圳因为毗邻香港而吸引到绝大部分的香港游客，入境过夜游客总数在大湾区的占比保持在14%～17%，其入境过夜游客在2010年首次超过1000万人次；广州的市场份额则呈波动下降趋势，入境过夜游客总数在大湾区的占比从2000年的16%下降为2016年的11%，逐步落后于深圳。

其余七市的比例虽有波动上升，但和值至今没有超过20%，位于第三层级。其中珠海凭借作为入境口岸的区位优势分流了大量的入境游客，以4%的年均市场份额位于深圳、广州之后。大湾区中部的东莞、惠州、佛山等市不仅是岭南文化的富集地，还因工业立市而形成了多个产业集聚区和工业专业镇，吸引了大批的商务、购物和美食旅游者，但发展较为分散，入境过夜游客总数分别占大湾区入境旅游市场的 3.25%、2.08%、1.89%。江门作为著名侨乡吸引了不少来自美洲地区的侨民回乡探亲。相较之下，中山、肇庆则因知名度较低、竞争力较弱而处于边缘位置，近年来占比均不到1%（见图2）。

总体来看，目前粤港澳大湾区的入境旅游呈现明显的多级格局，国际化程度较高且入境旅游发展成熟的港澳两区位于第一层级，深圳、广州位于第二层级，其余七市位于第三层级，旅游组织和集散功能均有待提升。

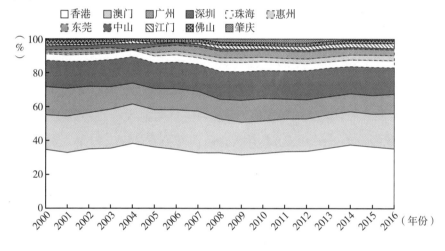

图2 粤港澳大湾区九市二区入境游客历年分布比例

（二）入境旅游经过多阶段发展，旅游地理格局稳定

根据大湾区入境旅游的发展情况和重大事件的影响力，本报告将2000年以来入境旅游发展划分为三个阶段：培育阶段（2000~2003年）、入境旅游快速发展阶段（2004~2008年）、增长减缓阶段（2008~2016年）（见图3）。

在入境旅游培育阶段，粤港澳大湾区的入境旅游一直保持着平稳增长，除2003年受"非典"影响，大湾区入境旅游出现高达10%的降幅以外，区域整体发展趋势良好，多个市场未经全面开拓，发展潜力较大。2003年7月后，以广东为首的多个省市放开港澳个人自由行，这项重要政策刺激了香

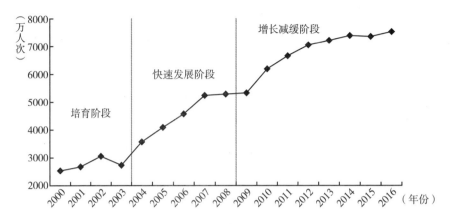

图3　2000～2016年粤港澳地区入境旅游发展阶段划分

港、澳门两区的旅游业发展。2004年两地接待入境过夜游客相比2002年分别增长了28%、27%，中国内地逐步成为港澳两地入境旅游的支撑市场。在港澳两地的带动下，大湾区整体入境旅游规模在这一阶段中一直以10%以上的增速快速发展。

而后随着2008年全球金融危机爆发，国际经济不景气使得近年来国际旅游市场增长缓慢且竞争持续加剧，粤港澳大湾区的入境旅游市场也受到影响呈现低迷发展的态势，进入增长减缓阶段。这一阶段中，粤港澳大湾区接待入境过夜游客总量呈稳定上升趋势，从2009年的5360万人增加到了2016年的7532万。但从年增长率来看，8年间大湾区入境旅游市场增速整体呈现波动下降的趋势，增长明显放缓，2015年甚至出现负增长的情况。2014年发生的一些事件影响了内地游客的热情，导致2015年港澳两地接待入境过夜游客总人数分别出现4%和1%的下跌，到访珠三角九市的港澳游客数量也有所回退，整体市场出现萎缩。无论是从区域还是各地域单元看，这一阶段粤港澳大湾区的入境旅游发展态势低迷。

在上述三个发展阶段中，粤港澳大湾区入境旅游一直维持着多级格局，高度国际化的港澳两地长期处在第一层级，珠三角九市与港澳的差距不见减小。深圳、广州作为珠三角的双核心，旅游组织和集散功能较强，位于第二层级。其中深圳近年来入境旅游规模不断扩大，2010年超过1000万人次，有望进入第一层级。其余七市因旅游吸引力较低、旅游组织和集散功能较弱而始终处于第三层级。总体来说，旅游吸引物的不可移动性、空间不平衡性和旅游者的可选择性之间的矛盾使得旅游发展水平的差异和极化长期存在（见表1）。

表1　粤港澳大湾区九市二区接待入境过夜游客数

	2000年		2009年		2016年	
	入境游客数（万人次）	所占比例（%）	入境游客数（万人次）	所占比例（%）	入境游客数（万人次）	所占比例（%）
广　州	420.72	16.57	689.4	12.86	862.54	11.45
深　圳	397.62	15.66	896.37	16.72	1171.19	15.55
珠　海	97.43	3.84	297.84	5.56	317.23	4.21
惠　州	23.00	0.91	144.25	2.69	227.52	3.02
东　莞	31.42	1.24	225.96	4.22	253.44	3.36
中　山	61.85	2.44	47.59	0.89	62.17	0.83
江　门	26.76	1.05	115.89	2.16	222.70	2.96
佛　山	63.72	2.51	98.35	1.83	139.76	1.86
肇　庆	15.88	0.63	112.32	2.10	51.51	0.68
香　港	881.35	34.71	1692.61	31.57	2655.27	35.25
澳　门	519.67	20.46	1040.20	19.40	1570.36	20.84

二　粤港澳大湾区入境旅游客源市场分析

（一）整体客源市场空间分布格局分析

1. 整体客源市场空间分布集中化程度

地理集中指数 G 是衡量空间分布集中程度的重要指标，本报告采用入境过夜游客表征客源地游客数，测度粤港澳大湾区入境旅游客源市场的空间分布集中化程度①。与全国其他区域相比，珠三角、香港、澳门三地的地理

---

① 保继刚、郑海燕、戴光全：《桂林国内客源市场的空间结构演变》，《地理学报》2002年第1期。

集中指数相对较高，入境旅游客源市场空间分布高度集中，旅游经营抗风险能力较弱，一旦主体客源市场出现内外部危机，旅游业可能会出现较大波动。从发展趋势来看，珠三角九市的客源市场空间集中化程度变化相对稳定，各大客源地市场份额变化不大，而港澳两地的市场集中化程度则明显呈上升趋势，2014年后G值虽有所下降，但仍保持较高水平（见图4）。

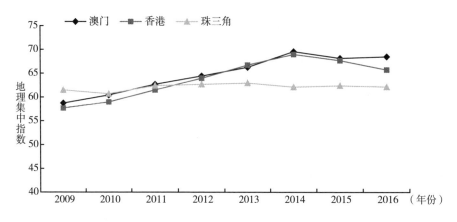

图4　2009～2016年粤港澳大湾区入境旅游主要客源市场地理集中指数

同样计算出2009～2016年间珠三角九市主要客源市场的地理集中指数，结果如图5所示。根据各市近8年来G值均值大小排序为：深圳、肇庆、惠州、广州、佛山、中山、江门、珠海、东莞。大部分城市客源市场空间分布仍然集中，主要客源市场占据了较大份额。

2. 整体客源市场空间分布格局

从历年各市域主要客源市场所占份额来看，地缘因素在三地的入境旅游市场中表现明显。港澳台一直是珠三角九市的主要客源市场，构成了60%～85%不等的市场份额，外国游客占比均相对较低，受各市区位、产业、历史发展等因素影响，各市域客源市场在空间分布特征上仍有所差异。

作为珠三角入境旅游规模最大的城市，深圳的入境旅游市场中有80%的客源来自毗邻的香港，近年来这一比例还在不断增长。同样高度依赖香港市场的还有入境旅游规模最小的肇庆市，但其2016年接待入境过夜游客数

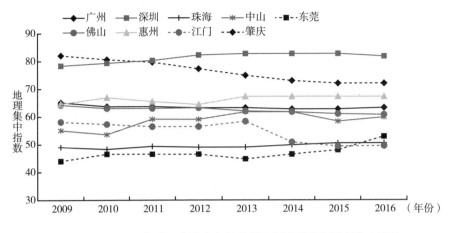

图5 2009~2016年珠三角九市入境旅游主要客源市场地理集中指数

仅为深圳的2%。香港游客同样占据了惠州入境旅游市场近65%的份额。近年来随着香港游客的进一步增加,客源空间分布也趋于集中,深圳、肇庆、惠州三市的外国游客市场尚待开拓。相比之下,作为国际贸易都会的广州入境游客中有近40%为外国游客,远高于珠三角的平均水平。2016年广州入境过夜外国游客数为深圳的1.96倍,其入境旅游业发展比深圳更加稳定。佛山的客源分布集中程度稍低于广州,且随着近年来佛山对外推广力度的加强,访佛的外国游客增速明显远高于港澳台游客,表示佛山的旅游市场结构正呈良性发展。

东莞、江门、珠海、中山的入境游客空间分布相对分散,这些城市的入境旅游虽仍以香港为主体市场,但香港份额相对较低,澳门游客和台湾游客也占据了相当比例的市场份额。其中,江门自2011年以来客源空间分布明显趋于分散,到访江门的外国(尤其是侨民比较集中的北美和东南亚)游客均有明显增长,客源市场结构更加多元化。珠海作为澳门游客和台湾游客的主要通关口岸,拥有较为稳定的市场结构。东莞通过大量引入外资而吸引了稳定的商务游客,访莞的台湾游客和外国游客构成了入境旅游市场57%的份额,使得东莞成为客源市场最为分散的城市。中山的入境游客数量增长情况近八年来相对低迷,主要由传统客源港澳台市场支撑,外国游客占比少

且规模小。

中国内地对港澳两地的旅游业起到重要的支撑作用，分别占据港澳两地入境旅游市场高达 63% 和 61% 的年均份额。此外，访澳游客中，还有近两成的香港游客。对于国际化程度较高、入境旅游发展较为成熟的港澳两地来说，客源地空间分布集中程度如此高是入境旅游业经营较不平衡的表现，中国内地市场虽为港澳两地的入境旅游带来短时间内的繁荣，但过于依赖这一单一市场也容易使两地的旅游业陷入经营危机。2000 年来中国内地市场的变动通常都会使港澳两地整体入境旅游产生较大变动。

结合前文对珠三角九市客源市场空间结构的分析，可发现三地的入境旅游市场彼此高度依赖，一方面说明三地联系紧密，交流频繁；另一方面也说明了三地入境旅游发展较不稳定，潜在风险较大。为了避免各地域单元对主体客源市场的高度依赖，构建更为合理的市场结构，粤港澳大湾区需要扩大其外国游客市场。因此，有必要对九市二区的外国游客市场结构进行单独分析，了解各地域单元的优势细分市场，从而开拓目标市场以及建立有效的合作机制。

（二）外国游客市场格局

为了更准确地反应外国游客市场中各细分市场的竞争力及发展趋势，下文以九市两区 2009～2016 年接待各国入境过夜游客数为材料，利用旅游市场竞争态模型对粤港澳大湾区外国游客市场空间格局进行分析①，以 2013 年为界，分 2010～2012 年和 2013～2016 年两个阶段进行比较。

1. 珠三角九市外国游客市场格局

①区域外国游客市场格局

根据图 6 及图 7，可以看出珠三角九市多个外国市场增速放缓，两个阶段中市场竞争态格局有明显改变，传统主体市场日本、美国、韩国、新加坡、马来西亚五国表现不一。受中韩两国近年来在入境旅游方面利好政策的促进以及地缘优势等因素的影响，韩国市场对珠三角九市的入境旅游发展贡

---

① 孙根年：《新世纪中国入境旅游市场竞争态分析》，《经济地理》2005 年第 1 期。

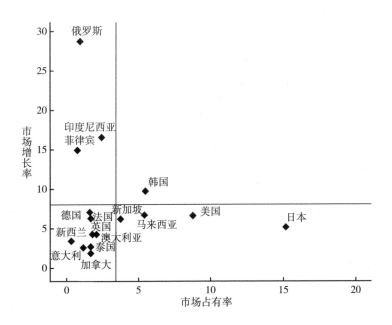

图6 2010～2012年珠三角九市入境旅游外国游客市场竞争态

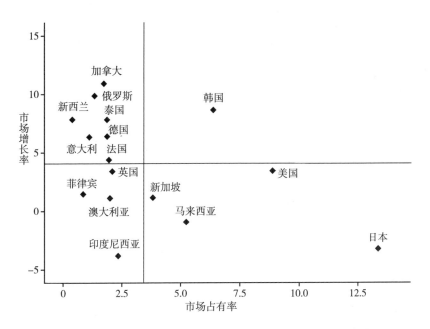

图7 2013～2016年珠三角九市入境旅游外国游客市场竞争态

献相对较大，2016年到访珠三角的韩国游客同比增长18.3%。相反，日本市场则呈现不断下滑的趋势，其他三国市场也相继出现增长瓶颈。其次，以加拿大、俄罗斯等欧美国家为代表的新兴市场竞争力增强，市场份额不断扩大，开发潜力突出，而菲律宾、印尼等东南亚市场则出现较大的波动，市场稳定性较弱。

②珠三角九市外国游客市场格局

珠三角九市的外国游客市场竞争格局基本与区域整体一致，各市发展趋势有所差异，主要客源国一般为日本、美国、韩国、新加坡和马来西亚五国。美韩两国市场增速较快，部分欧美远程新兴市场近年发展潜力较大，菲律宾等东南亚市场稳定性和竞争力较弱。

广州的入境旅游市场最为成熟，各客源市场均保持稳定增长，市场结构趋于多元化。主要客源国中韩国、美国市场一直保持高速增长的稳定状态，发展潜力突出；日本市场也在2013年后逐步恢复增长。新兴市场中，以俄罗斯为代表的多个欧美远程国家延续高速增长态势，开发潜力较大；法国、澳大利亚等个别市场则增长缓慢。

深圳的外国游客市场竞争格局与广州相似，传统客源国除美国和韩国外均有下滑趋势，欧美等新兴市场表现良好，但整体市场规模与广州的差距较大，在各个客源市场的竞争力也明显弱于广州，发展态势较为低迷。

珠海市外国游客市场规模及竞争态格局都已经进入相对稳定的阶段，两个阶段的市场结构变化相对较小，主要客源市场日本、美国、马来西亚和新加坡均有不同程度的萎缩，韩国市场近年来也延续了下滑趋势，菲律宾和法国、意大利等欧洲远程国家则保持稳定增长。

东莞的入境旅游国际市场近年来有所回落，市场结构也发生了变动，以日本、美国为首的传统主体市场出现不同程度的萎缩，在除英法外的多个远程客源国竞争力明显增强，澳大利亚、俄罗斯、加拿大、德国、新西兰、意大利等市场发展加快。

惠州的外国游客市场发展前景较好，竞争力较强，在多个客源市场增长稳定。与其他市域不同的是，惠州的第一客源国一直是韩国而非日本或美国。

得益于毗邻广州的优势与近年来多元化的旅游推广措施，佛山在客源地分散化程度方面上得到了很大的提升，对美国、德国、澳大利亚等远程发达国家的吸引力大大增强。相反，作为第一客源国的日本访禅游客数近年来有所下降，在其他市域快速增长的韩国市场发展趋势也较为低迷，佛山应该利用地缘优势努力开拓韩国市场。

江门近年来接待的入境过夜外国游客数虽呈现出稳步上升的良好态势，但仅在侨民分布较多的北美市场和传统客源国日本市场表现出较强的竞争力，对其他市场的吸引力则明显不足。

中山和肇庆两市的入境旅游发展基础较为薄弱，近八年来各客源市场未有较大幅度的增长且市场结构稳定。中山的主要客源市场为日本、美国、马来西亚和新加坡；肇庆的主要客源市场除这四国外，还有澳大利亚。

2. 澳门外国游客市场格局

剥离中国内地游客及港台游客后，访澳的外国游客市场呈现波动下降趋势，各客源市场的稳定性较差，变动明显。

从2009～2016年的数据来看，澳门的市场结构变化不大，主要客源市场一直是近程国家，包括日韩及菲律宾等东南亚5国，入境旅游发展受空间距离影响明显，且近年来各主要市场增速有所放缓。其中，东亚韩国和南亚印度两个明星市场一直维持稳定的增长，市场活力较强，韩国已于2012年超过日本成为澳门的第一客源国，继续开发空间较大；而日本、菲律宾、印度尼西亚、泰国、新加坡五个主要客源市场则存在不同程度的萎缩，尤其是传统主要客源国日本近年来年际变动较多，在多个年份出现较大幅度的负增长，短期内实现再次快速增长的可能性较小。

相比之下，欧美等远距离客源国边缘化明显，受近年来旅华成本升高以及经济不景气影响，原本体量有限的远程客源市场一直处于低速增长或下降趋势。其中澳大利亚市场一直相对低迷，而与澳门有着深厚历史渊源的葡萄牙及俄罗斯市场虽然体量较小，但近年来随着贸易等联系增强而出现较为稳定的增长，未来可以利用葡语文化优势，吸引更多的葡语国家游客访澳（见图8、图9）。

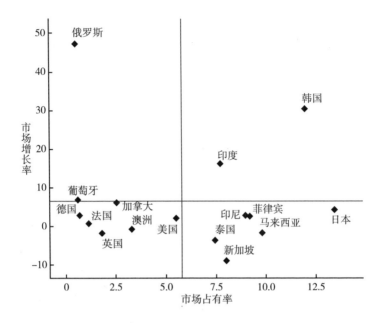

图8　2010～2012 年澳门入境旅游外国游客市场竞争态

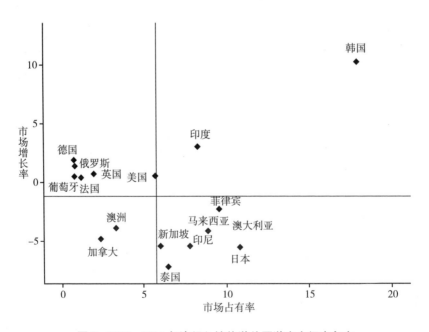

图9　2013～2016 年澳门入境旅游外国游客市场竞争态

3. 香港外国游客市场格局

不同于珠三角与澳门，香港的主要客源国以美国等发达国家居多，受距离影响较小，但在 2009～2016 年，访港的外国游客市场逐渐趋于饱和，多数客源市场出现增速放缓或下滑的趋势，但体量仍远高于珠三角九市和澳门，市场结构也与珠三角、澳门存在较大差别。除美国、日本、韩国、新加坡、马来西亚、菲律宾、泰国外，在珠三角和澳门入境旅游市场中相对弱势的英国和澳大利亚市场也是香港的传统主体客源国，其中，韩国、菲律宾和泰国三个市场则一直以较快的增速不断增长，香港在韩国市场的竞争力尤为显著。受客源国经济发达程度及人口数量等影响，菲律宾和泰国游客体量与韩国相比较小，市场开拓潜力较大，而以美国、日本为首的其余 6 个传统市场近年来则均出现不同程度的萎缩。而规模较小的市场中，德国、意大利、加拿大、法国等远程发达国家和中东的访港游客数年际变动不大，市场发展相对稳定，以香港为单一目的地再进行市场开拓的难度较大（见图 10、图 11）。

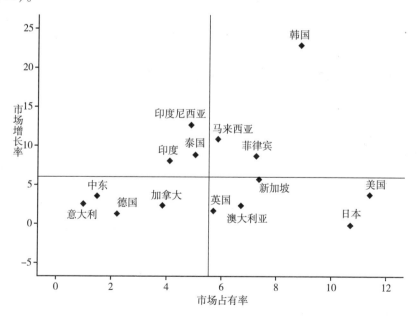

图 10　2010～2012 年香港入境旅游外国游客市场竞争态

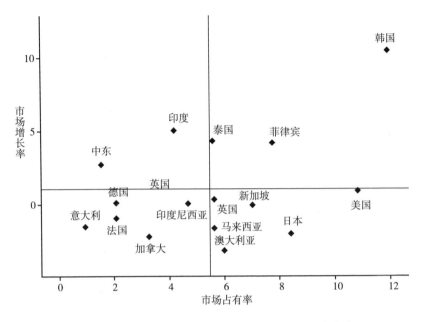

图11　2013～2016年香港入境旅游外国游客市场竞争态

　　总而言之，相比于港澳两地，珠三角九市在入境旅游发展上处于后发阶段，以广州为代表的部分城市发展潜力较大，现阶段外国游客入境旅游增长情况良好，但中山等市的旅游吸引力和组织集散能力仍有待提升。各市虽仍以日韩美及新加坡等东南亚近程国家为主要客源市场，但随着开放程度逐渐加大，国际化进程加快，在以欧美远程国家为代表的新兴市场竞争力明显增强，其外国游客市场将继续处于稳步扩张阶段，市场结构趋向多元化发展。相较于珠三角九市，港澳地区国际化程度较高，入境旅游规模较大且发展完善，从2009～2016年的数据来看，两个地区的市场结构均趋于稳定，各主要市场均有不同程度的萎缩，边缘市场也较为低迷。香港的市场结构较为多元化，主要客源市场涵盖了日韩、东南亚近程国家以及欧美远程发达国家，但其市场较为稳定，多个客源市场几近停止增长或呈现萎缩趋势。澳门的外国游客市场则集中在东亚及东南亚近程国家，市场结构相对单一且外国客源市场发展低迷。九市二区在发展阶段和市场格局上存在的差异实际上是三地入境旅游的合作契机，但目前受制度和行政边界的限制，三地的旅游流难以快速交互流动。

（三）基于城市功能定位的差异分析

从城市旅游供给的角度来看，影响城市旅游发展的因素可以划分为城市功能和地位、城市主题与特色、城市旅游核心要素三个层次[①]。大湾区内九市二区在入境旅游上的发展差异主要与各市域在城市功能及定位这一层次的差异有关，除了江门的"侨乡文化"特色为其带来大量的返乡探亲游客外，城市特色和旅游核心要素对于粤港澳大湾区的影响程度较小，尤其是珠三角九市目前尚缺少桂林漓江之类的核心要素，很难通过发展单一的观光旅游带动整体入境旅游市场的发展。

1. 城市地位及功能差异对入境旅游规模的影响

城市功能及地位首先决定了九市二区入境旅游的市场规模。粤港澳大湾区目前入境旅游的整体架构呈现出多级格局。高度国际化的港澳两地入境旅游发展相对成熟，与珠三角九市拉开了较大差距，其中城市功能更为综合的香港在入境旅游上的竞争力同样远胜于澳门。而珠三角九市中，广州、深圳两市作为珠三角的双核心，是旅华游客在华南地区的重要集散地。深圳因毗邻香港而分流到大量香港游客，从而在体量上超越广州，但广州作为省会城市和传统对外贸易中心城市在国际市场上的竞争力更强，相比之下其他市域的旅游组织和集散功能相对较弱。

2. 城市地位及功能差异对客源市场格局演变的影响

在入境旅游客源市场的市场格局演变上，九市二区存在三组差异。一是港澳两地与珠三角之间存在发展阶段的差异，这主要受三地体制差异以及城市发展历程的影响。港澳两地的入境旅游发展相对停滞，市场结构稳定；而珠三角九市入境旅游则处于后发阶段，发展空间较大，欧美等新兴市场的发

---

① 保继刚、梁增贤：《基于层次与等级的城市旅游供给分析框架》，《人文地理》2011年第6期。

展潜力明显。

二是港澳两地在客源市场结构上的差异。澳门的主要客源市场集中在东亚及东南亚的近程国家，受距离影响明显。游客类型也相对单一，主要以观光度假型游客为主。根据澳门 2016 年旅游抽样统计结果，出于商务公干、会展与博彩目的到访澳门的游客仅为 6%、0.7% 和 6.6%，接近六成的游客访澳目的为度假和购物。澳门的旅游观光资源主要为殖民历史文化、博彩业、高端休闲等，针对这一特色，欧洲游客可选择的替代性目的地较多，因此该类市场的开拓相对较难。相比之下香港入境旅游外国游客则不局限在近程市场，欧美远程国家也是香港主要的客源市场，且游客类型更为多元。在香港入境旅游的欧美等远程市场中，2016 年单纯因度假观光目的访港的游客则为 49.8%，出于商务公干目的的游客则接近 26.6%。香港除了丰富的城市旅游资源，其发达的金融业服务、成熟的对外贸易行业等使其在全球价值链中处于关键位置，综合的城市功能使得香港与世界多个地区联系紧密，源源不断地吸引到来自不同国家的不同类型游客，达到珠三角九市的体量。但随着全球经济发展进入转型时期，香港在全球的地位也发生了转变，入境旅游的国际客源市场也开始进入稳定停滞的阶段，以香港为单一旅游目的地进行市场开拓难度增大。

三是珠三角九市之间在客源市场结构上的差异。广州在珠三角九市中入境旅游发展最为成熟，客源分布相对分散，整体发展潜力较足，这一点得益于其作为我国重要对外商贸中心城市的悠久历史。发达的交通集散功能和丰富的城市旅游资源也助推其成为华南地区重要的入境旅游组织集散中心。

深圳和珠海的客源市场空间结构则完全体现了口岸城市的特点。毗邻香港的优势使得深圳分流了绝大部分的香港游客，这 80% 的香港游客使深圳入境旅游的规模超过了广州。新兴区域性金融中心和创新中心的地位使深圳在其他市场的吸引力不弱于除广州外的多个城市，但市场结构单一化、集中化的特点相当突出。位于珠三角西岸的珠海毗邻澳门，拥有多个入境口岸，除了吸纳到绝大多数的澳门游客外，近一半的台湾游客也会选择在珠海拱北口岸入境，这促使其形成了港澳台市场三足鼎立的稳定结构。丰富的滨海旅游资源和城市旅游资源同样为珠海带来了不少观光度假游客，但远离穗深港的地理位置和较弱的交通组织功能使其在国际市场上的竞争力稍显不足。

珠三角作为外商投资集中地的特点对该区域的入境旅游同样影响深远，不仅助推香港成为大湾区入境游客的第一客源地，还使东莞、惠州的入境旅游客源市场格局呈现差异化特色。其中，访莞的台湾游客数仅次于珠海，占比达20%，远高于珠三角的总体水平。这与东莞密集的台资企业密切相关。2014年后东莞的入境旅游出现较大幅度的波动主要也是受台湾市场的影响。受成本上升、战略转移以及外资在莞被边缘化等因素的影响，东莞的台企关停、迁移、倒闭等现象集中出现在2014年后，台企数量一度从巅峰时期的5000多家跌至2016年的3000多家。随着台资企业的大批关停和撤离，2014年、2016年台湾游客相较于上一年也随之减少了20%和26%。同样地，访惠的韩国游客数远高于佛山、江门、珠海等市主要也得益于惠州在引进韩资方面的一系列举措。2016年惠州的韩资企业多达186家，而日本企业仅有56家，目前在惠居住的韩国人口也相对较多，为惠州带来了大量的韩国商务游客和探亲访友游客。

江门入境旅游客源市场格局则明显体现了"第一侨乡"的城市特色。五邑地区的侨民集中分布在港澳两地以及北美地区，根据1998年侨民普查结果显示①，江门在美洲地区的华侨多达1551426人，占江门在外华侨总数的70%，江门2016年外国游客总数为505856人，在外华侨对江门入境旅游的影响可见一斑。随着珠三角地区的进一步对外开放，旅居港澳、北美的返乡华侨也成为江门入境旅游增长的主要动力。相比之下，城市功能较为单一、地位相对边缘化的中山和肇庆入境旅游规模则相对较小，且在市场拓展上效果甚微，肇庆虽承担了"西南地区门户城市"的功能，但实际上并非通往西南地区旅游客源的集散地，难以留住客流，入境旅游规模的发展主要依靠本市的旅游核心要素。

---

① 江门市人民政府网站：http：//www.jiangmen.gov.cn/hq/default.html，2018年12月6日。

三 粤港澳大湾区入境旅游发展机遇

现阶段的大湾区入境旅游制约因素明显，受经济大环境影响，大湾区的入境过夜旅游市场在短期内难以实现快速增长。尤其是港澳两地的入境旅游经过多年发展，市场已相对稳定，以港澳为单一旅游目的地进行新市场开拓的难度较大，而珠三角的入境旅游虽具备后发潜力，但除广州、深圳外的多个城市对外吸引力和旅游组织集散能力明显不足，市场增长动力较弱。大湾区内的九市二区在地缘上联系紧密，却存在体制、制度和发展历程等方面的巨大差异，这一点在粤港澳大湾区的建设初期还难以实现突破。粤港澳三地入境旅游各自的发展瓶颈实际上是大湾区一体化的发展机遇，如果能打破行政边界，对三地旅游市场进行相互引流，大湾区的入境旅游将有机会迎来新一轮增长。

随着粤港澳大湾区建设的推进，出台的利好政策、规划纲要、基础设施的建设和营销一体化等措施都将持续推进三地包括入境旅游在内的多方面合作。这些举措都将直接或间接地为大湾区旅游带来新的发展机遇。

首先，在已出台的政策和已公布的规划纲要中关于基础设施的建设、现代产业体系的构建、贸易自由化的推进等规划重点对旅游发展的影响是全方位的，港珠澳大桥等基础设施的建设将有力地促进珠江东西两岸交互旅游流快速增长，大湾区原有的区域旅游格局可能被重构，区域交通网络的形成也将有利于九市二区的旅游流呈现网络型流动，实现三地入境旅游发展的优势互补。

其次，贸易自由化、现代服务业和创新科技的发展将为大湾区带来更多且更高质量的客流。作为一个旅游目的地的大湾区也将在旅游格局和市场结构上发生转变，商务旅游和休闲旅游市场需求将大大增强。而一体化营销的举措也可将大湾区作为一个统一的品牌面向全球推广，打破港澳原有的增长瓶颈，为三地的市场拓展带来新的动力。

参考文献

香港特区政府统计处网站：《香港统计年刊 2016》，https：//www. censtatd. gov. hk/home. html。

澳门特区统计暨普查局网站：《澳门统计年刊 2016》，http：//www. dsec. gov. mo/home_ zhmo. aspx。

珠三角各市统计年鉴（2010~2017）。

广东省统计局：《广东统计年鉴（2000~2017 年)》。

国家旅游局：《中国旅游统计年鉴（2000~2017 年)》。

何帮强、洪兴建：《基尼系数计算与分解方法研究综述》，《统计与决策》2016 年第 14 期。

保继刚、郑海燕、戴光全：《桂林国内客源市场的空间结构演变》，《地理学报》2002 年第 1 期。

孙根年：《新世纪中国入境旅游市场竞争态分析》，《经济地理》2005 年第 1 期。

保继刚、梁增贤：《基于层次与等级的城市旅游供给分析框架》，《人文地理》2011 年第 6 期。

江门市人民政府网站：http：//www. jiangmen. gov. cn/hq/default. html。

G.14
海南建设国际旅游消费中心的
现实与未来

甘露 郭文芹*

摘 要： 习近平总书记"4.13"讲话中提出，"推动海南建设具有世界影响力的国际旅游消费中心，是高质量发展要求在海南的具体体现。"2018年9月24日，国务院印发的《完善促进消费体制机制实施方案（2018～2020年)》明确提出，制定出台海南建设国际旅游消费中心实施方案。这是进一步激发我国居民消费潜力的重大举措，是做实海南以服务业为主导的产业基础、打造国际旅游岛升级版的重要举措，是高标准高质量建设自贸试验区的重要突破。当前，国内不断上涨的服务型消费需求与海南国际化产品和服务供给不足的矛盾突出。对此建议，以国际化为目标，把扩大国际化旅游产品与旅游服务供给作为建设国际旅游消费中心的重点任务。

关键词： 旅游 消费 国际 海南

---

* 甘露，中国（海南）改革发展研究院研究中心副主任，主要研究方向为海南旅游服务经济、岛屿经济体、海南改革；郭文芹，中国（海南）改革发展研究院研究中心助理研究员，重点主要研究方向为海洋经济方面的研究。

一 海南旅游业发展的重要机遇

（一）"一带一路"建设带来的重要机遇

1. 提升海南战略地位

21 世纪海上丝绸之路建设重点在南海。海南管辖西沙、南沙、中沙 200 万平方公里的海域面积，地处 21 世纪海上丝绸之路的关键节点，是中国与东盟、南亚、中东沿海各国海上交往的最前沿。建设国际旅游消费中心是新时期中央赋予海南的新使命和新定位。加强海南与海上丝绸之路沿线国家在旅游这个低敏感领域的合作，对务实推动"一带一路"的经贸合作，化解南海争端，维护海洋权益，建设海洋强国具有重要的战略意义。

2. 拓展海南发展空间

海南的最大后发优势来自海洋。海南需要以海洋经济拓展提升陆域经济，实现由海洋大省向海洋强省的转型升级。我国与海上丝绸之路沿线国家的旅游资源十分丰富，在旅游产品开发、市场对接、线路推广等方面开展了卓有成效的交流与合作。未来以旅游业带动相关产业合作发展潜力巨大。"一带一路"建设的深度实施将为推动海南经济发展重心由陆地逐步转向海洋，推动滨海旅游向海洋旅游转型升级提供重要机遇。

（二）我国消费结构升级和消费需求释放带来的重要机遇

1. 免税购物消费需求潜力巨大

2017 年中国公民出境旅游突破 1.3 亿人次，境外花费达 1152.9 亿美元。预计到 2020 年，中国消费者境外奢侈品消费将达到 1 万亿元人民币。中国强劲的购买力反映出国人对国际化产品的巨大需求。当前，受免税品种类、免税限额、次数、免税店布局等政策限制，海南离岛免税购物政策效应远未发挥。若实行更加开放的免税购物政策，预计到 2020 年，如果人均购物额达到 6000 元（达到香港一半的水平），购物人次达到 3800 万次（50%

的游客进店消费），那么免税品销售额将达到 2280 亿元。

2. 医疗健康服务需求潜力巨大

《中国高净值人群跨境医疗健康白皮书》显示，目前全国约 2.74% 的人口成为家庭年收入逾百万的高净值人群。高净值人群普遍希望得到高端医疗健康服务，包括高端体检、健康管理等。预计到 2020 年，跨境医疗市场将有高达 531 亿元的市场机遇与巨大潜力。国际化的医疗健康服务水平成为吸引国人境外消费的主要因素。目前，每年冬季由全国各省市来海南休闲、养生、养老的"候鸟人群"已达 110 万人。据抽样统计调查，90% 的游客希望在海南获得多样化、高水准的健康养老服务。

3. 邮轮旅游消费需求潜力巨大

《中国邮轮产业发展报告（2017）》显示，2016 年中国邮轮出境游客总量达 210 万人次，成为继美国之后的全球第二大邮轮市场。根据中国交通运输协会邮轮游艇分会（CCYIA）数据，2016 年我国母港出入境游客量同比增长 93%。海南作为"一带一路"倡议的支点，与泛南海国家和地区的旅游交往将进一步加强，凭借其在三亚凤凰岛拥有亚洲最大邮轮母港的优势，未来邮轮旅游发展潜力巨大。

4. 国内游客对国际化产品与服务的需求不断提升

第一，国内游客对"吃住行游购娱"等旅游要素的国际化标准提出新要求；第二，国人对不出国门就能在海南岛享受到国际化的产品和服务提出新要求；第三，国人对国际化的基础设施硬环境以及人文发展的软环境提出新要求。

（三）海南自由贸易试验区和自由贸易港建设带来的历史性机遇

中央支持海南建设自由贸易试验区和中国特色自由贸易港，给海南发展带来了良好预期，为海南在更大范围内配置资金、人才、技术、信息等资源，用好用足国内国际两个市场提供新机遇。一方面，通过旅游及相关服务业的合作，学习和借鉴国际知名旅游目的地的发展经验，有利于海南建立与国际接轨的产品、管理与服务体系，形成旅游服务贸易的突出优势。另一方面，以自贸试验区和自贸港为重要开放平台加强合作，促进人流、物流、资金流、信息流区内无障碍流通，基础设施区内无障碍互联互通，由此形成海南全方位开放新格局。

二 海南旅游业发展现状

（一）海南旅游业发展取得的成绩

1. 旅游产业规模快速扩大

2009～2017年，海南全省旅游总人数从2250万人次增长到6745万人次，年均增长14.7%；旅游总收入从211.72亿元提高到811.99亿元，年均增长18.3%（见图1）。

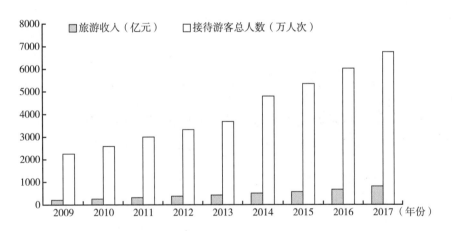

图1 2009～2017年海南旅游业发展情况

资料来源：《海南统计年鉴2018》。

2. 旅游消费水平不断提升

近年来，随着旅游产品的明显增加、旅游服务的明显提升，以及旅游市场监管的愈加完善，海南人均旅游消费和逗留意愿显著增强。据《缤纷华南：中国省域自由行大数据系列报告之华南地区》报告显示，2017年海南

旅游热度同比增长 144%，在华南地区位于第三；游客在海南平均游玩 6.1
天，在华南五省区中，海南是最让游客流连忘返的目的地；海南自由行游客
的人均花费达到 4764 元，在华南地区仅次于香港。

3. 旅游业对经济的带动能力明显增强

2009 ~ 2017 年，海南省旅游业增加值占 GDP 的比重从 6.3% 提高到
7.8%；2017 年，旅游总收入相当于海南 GDP 的 18.2%，比全国平均水平
高 11.7 个百分点（见图 2）；2017 年，旅游业对海南全省国民经济的直接和
综合贡献度分别达到 12% 和 28%。

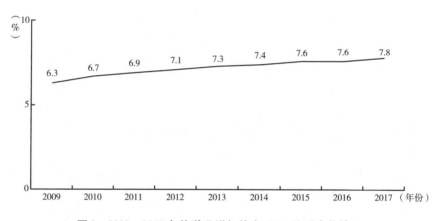

图 2　2009 ~ 2017 年旅游业增加值占 GDP 比重变化情况

资料来源：历年《海南统计年鉴》。

4. 旅游基础设施日益完善

从住宿接待能力看，截至 2017 年底，海南共有住宿饭店 4094 家、旅游
饭店 946 个、客房 13.9 万间、床位 22.3 万张，其中星级酒店 126 家、五星
级酒店 26 家，25 家国际知名酒店管理集团进驻海南。海南平均客房入住率
为 63.76%。

从交通便利程度看，海南"田"字形公路正加速建设，建成了全长 653
公里、全球第一条环岛快速铁路通道。"环岛 3 小时交通圈"让整个海南岛
真正实现了"同城效应"。2017 年，民用航空航线达到 507 条。截至目前，
海南共有境外航线 69 条，覆盖俄罗斯、韩国、东南亚、港澳台等地区，以

国际航线为重点的海南旅游大交通网络进一步完善。海口、三亚两个4E级标准的大型机场旅客吞吐量达3000多万人次（见表1）。此外，2018年5月1日，海南省开始实施59国人员入境免签政策，不仅扩大了免签国家范围、延长了免签停留时间，也放开了人数限制。截至2018年10月18日，全省入境免签游客达到15万余人。

表1　2017年海南客运量与结构

单位：万人次

客运方式	客运量	客运方式	客运量
客运总量	18155	水运	1879
其中:铁路	2706	航运	3463
公路	10107		

资料来源：《海南统计年鉴2018》。

5. 旅游产品供给提质升级

形成一批特色旅游景区。2010~2017年，海南全省A级景区由35家增加至54家，其中5A级景区由2家增加到6家，4A级景区由13家增加到17家，3A级景区由20家增加至24家。

文化娱乐产品供给改善。海南有丰富的民间文化，衍生了换花节、军坡节、黎苗"三月三"、海南欢乐节等许多独特的民间节庆活动，形成了海口冯小刚电影公社、三亚宋城千古情、三亚·亚特兰蒂斯梦幻海洋王国等特色文化娱乐项目。以三亚·亚特兰蒂斯度假酒店为例，这是一个世界级高品质集"吃、住、游、购、娱"于一体的一站式综合性休闲旅游度假目的地，预计每年将接待游客200万人次，每年带来18亿~25亿元的直接消费。

免税购物旅游成为新亮点。自2011年4月20日海南离岛免税政策实施以来，截至2018年1月底，三亚、海口两家免税店累计实现销售额314.8亿元，购物4027.2万件，购物人数1000.7万人次。人均购物金额由2011年的1992元增加到目前的3669元。2017年1月15日，海南离岛免税政策迎来第四次调整，在前三次对购物金额、数量、品种调整的基础上，离岛免

税购物对象扩展至铁路旅客。

健康医疗旅游逐步兴起。海南是全国生态环境最优的省，在发展健康医疗旅游方面拥有其他省份无可比拟的优势。以博鳌乐城国际医疗旅游先行区为例，自 2013 年 2 月 28 日国务院正式批复海南设立博鳌乐城国际医疗旅游先行区至今，不仅建成博鳌超级医院，还有 5 家医院投入试运营。习总书记宣布"党中央决定支持海南全岛建设自由贸易试验区，支持海南逐步探索、稳步推进中国特色自由贸易港建设"后，博鳌乐城的国际知名度显著提升，前来咨询的国外游客直线上升。每周大概有 40 名来自俄罗斯、泰国、柬埔寨和乌克兰的游客来参观博鳌乐城内的养护中心，体验针灸、推拿等特色中医治疗项目。

邮轮旅游快速发展。目前三亚凤凰岛国际邮轮港已建成 8 万吨级码头泊位 1 个、15 万吨级码头泊位 2 个、22.5 万吨级码头泊位 1 个，待二期工程竣工后，三亚凤凰岛国际邮轮港可停泊 5 ~ 7 艘世界级豪华邮轮，年接待游客能力可达 200 万人次，将成为亚洲最大的邮轮母港之一。三亚已开通母港航线三亚 – 菲律宾 – 三亚航线、三亚 – 越南 – 三亚航线，以及国际航线环球游航线、东南亚航线、香港 – 三亚 – 越南航线、越南 – 三亚 – 香港航线等。稳步推进三沙旅游，推动长乐公主、南海之梦两艘邮轮投入运营。2017 年 1 ~ 11 月，西沙邮轮旅游共执行 67 个航次，同比增长 43%，接待游客 15600 人，同比增长 43%（见表 2、表 3）。

表 2　2006 ~ 2017 年三亚凤凰岛国际邮轮港总收入

单位：元

年份	邮轮收入	其他收入	合计
2006	370418	0	370418
2007	1521887	0	1521887
2008	4762523	0	4762523
2009	1150925	0	1150925
2010	1355287	0	1355287
2011	3430413	0	3430413
2012	4775025	917475	5692500

年份	邮轮收入	其他收入	合计
2013	7392483	6307277	13699760
2014	7086682	2754156	9840838
2015	5117147	2541833	7658980
2016	9978927	9590650	19569577
2017	3604813	12414474	16019287
合计			85072395

资料来源：三亚凤凰岛。

表3　2009～2017年海南省邮轮出入境情况

年份	邮轮（艘次）	同比增速（％）	旅客（人次）	同比增速（％）
2009	34		33188	
2010	38	11.8	39491	19
2011	84	121	64650	63.7
2012	165	96.4	100942	56.1
2013	274	66.1	145524	44.2
2014	229	－16.4	192309	32.1
2015	106	－53.7	134400	－30.1
2016	107	0.9	130144	－2.6
2017	—	—	64000	－52
合计	1037		904648	

资料来源：海南省旅游发展委员会。

游艇旅游形成规模。截至2017年7月，海南全省已建成游艇码头14个、泊位1658个，尚有在建泊位1900个；成立游艇制造企业8家，游艇销售、服务企业271家，游艇会（俱乐部）39家，游艇相关专业培训机构3家；全省共有游艇约800艘，游艇拥有量和境外游艇出入境艘次位居全国前列。

乡村旅游颇具特色。自2016年提出"百镇千村"战略以来，美丽乡村建设已成为海南推进全域旅游建设和实施乡村振兴战略的重要支撑和重要载体。截至目前，海南全省已经分两批建成520个美丽乡村。2017年全省乡村旅游接待游客951.43万人次，实现乡村旅游收入28.57亿元。

森林生态旅游形成品牌。依托独特的热带雨林资源，海南省开发了呀诺达雨林文化旅游区、亚龙湾热带天堂森林公园、霸王岭等一批高品质的热带森林旅游区。

特色专项旅游日益受欢迎。在婚庆旅游方面，2017年来海南拍摄婚纱照的客人达41万对，度蜜月客人达28万对，举办婚礼达3000多场，产业营收达115亿元；在低空飞行方面，低空飞行旅游产品形态日益丰富，三亚已经成为低空飞行试点基地；在自驾车房车露营地方面，一批房车营地已经开发建设。

（二）海南旅游业发展面临的主要问题

1. 国际游客仍然较少

2011～2016年，海南国内游客由2919.88万人次增加至5948.7万人次，占游客总人数的比重由97.3%提高至98.3%；国外游客（不包括港澳台地区）由56.17万人次下降至46.98万人次，占游客总人数的比重由1.9%下降至1.2%（见表4）。

表4　2011～2017年海南省游客结构变化情况

单位：万人次

	2011年	2012年	2013年	2014年	2015年	2016年	2017年
游客总人数	3001.34	3320.37	3672.71	4789.13	5335.66	6023.59	6745.01
国内游客人数	2919.88	3238.8	3597.07	4722.99	5274.86	5948.7	6633.07
外国游客人数	56.17	51.97	50.05	42.16	35.59	46.98	78.69

资料来源：《海南统计年鉴2018》。

2. 旅游消费结构不合理

2016年，国内过夜游客人均天花费是809.63元人民币。从旅游消费结构看，交通、住宿、餐饮三项消费占到海南人均天花费的74.08%，而游览、购物、娱乐及其他服务消费占比较低（见表5、表6）。

表5   2016年海南省接待国内过夜游客分群体花费总额

单位：元

项目类别	国内游客花费总额	省外游客花费总额	省内游客花费总额
人均天花费	809.63	891.63	579.55
参团人均天花费	844.20	843.87	464.51
未参团人均天花费	799.40	885.90	582.67

资料来源：海南省旅游发展委员会。

表6   2016年海南省接待国内过夜游客分项目花费构成

项目类别	国内游客		省外游客		省内游客	
	金额(元)	比重(%)	金额(元)	比重(%)	金额(元)	比重(%)
交通	215.93	26.67	281.67	31.59	21.91	3.78
其中:机票	192.85	23.82	251.80	28.24	0.00	0.00
住宿	212.37	26.23	228.61	25.64	190.15	32.81
餐饮	171.48	21.18	183.05	20.53	158.33	27.32
游览	39.59	4.89	27.46	3.08	42.48	7.33
购物	123.23	15.22	122.78	13.77	109.25	18.85
娱乐	22.43	2.77	18.37	2.06	39.47	6.81
专项服务	14.65	1.81	15.07	1.69	14.03	2.42
租赁服务	9.96	1.23	14.62	1.64	3.94	0.68

资料来源：海南省旅游发展委员会。

3. 旅游产品供给结构不够合理

旅游产品要素供给不合理，在"住"上，海南大多数星级酒店休闲娱乐配套服务缺位，酒店住宿体验性弱，民宿客栈活跃发展但特色不鲜明；在"吃"上，海南餐饮结构失衡，文化特色不足，缺乏餐饮美食街区，服务水平和经营效益较低；在"娱"上，以大型旅游演绎为主，文化创意不足，休闲业态不够丰富。

旅游空间布局不合理，主要集中在三亚、海口，海南岛中西部旅游产品开发不足。

特色旅游产品供给不足。海南作为岛屿型旅游目的地，与夏威夷、巴厘岛、普吉岛、大溪地等世界著名岛屿在滨海旅游资源开发上存在一定的同质

性，而在美食旅游、民俗文化旅游、环海南岛旅游等地方特色旅游产品开发上相对不足，尚未形成自身的核心产品优势。

4. 国际化旅游服务供给不足

尚未形成与国际接轨的旅游服务体系。优质服务是现代旅游产业的灵魂。海南的旅游服务标准虽已建立，并与全国逐步接轨，但与国际化水平还有相当大的差距，使国际游客对旅游服务的满意度不高。以旅游车服务为例，在多数游客的意识当中，司机师傅把行李装在旅游车行李柜中是必须做的工作之一，而绝大部分海南旅游车司机没有提供此类服务。

旅游专业化、国际化服务人才短缺。在海南全岛建设自由贸易试验区，逐步探索、稳步推进中国特色自由贸易港建设的背景下，高端专业人才、国际化人才短缺的矛盾更加凸显。目前，海南共有执业导游5000多人。据了解，旅游饭店业作为旅游业的一大支撑，人才需求量大，其中具有基本英语会话能力的人才仅占32%，远不能满足海南旅游国际化发展需要。此外，具有资源整合能力、能够开发特色产品或者主题性产品的定制师等专业人才紧缺。

5. 国家赋予的部分优惠政策利用不够充分

部分政策效应没有充分释放。一是国人离岛免税政策，受制于额度、品种、数量等限制，消费潜力远未释放；二是受制于有限的国际航线数量，59国人员入境旅游免签政策对入境旅游的促进效益未得到充分释放；三是虽然竞猜型体育彩票及大型国际赛事即开型彩票政策落地，但产品种类较少，其娱乐性和游客参与度有待提高。

部分政策缺乏配套细则。海南鼓励邮轮、游艇、西沙、低空旅游开发开放政策都已实施，但政策效应还不显著，游客量和旅游收入都不高，未达到预期效果。其中，重要原因是缺乏具体、透明的行业管理细则，多头管理、无人负责等问题较为普遍。很多管理权限涉及中央部门和军队，海南省无力解决，又缺乏相应协商机制。比如，邮轮游艇旅游开发开放发展面临航线、水域开放程序手续等复杂问题，需国家层面进一步协调和放宽。低空空域开放和通用航空发展前景广阔，但面临净空区域较多、空中管制严格、报批手续复杂等问题。

三　建设海南国际旅游消费中心的对策建议

（一）以免税购物政策更大突破为重点建设国际购物中心

1. 实现全岛免税政策的突破，所有符合条件的企业都可以经营免税业务

争取中央下放免税特许经营权给海南：一是海南可以根据实际需求，自主布局和设立免税店，将免税区域由现有的三亚、海口两家免税店扩展到全岛；二是扩大市场准入，所有符合条件的企业都可以成为免税购物的经营主体，促进市场竞争，例如引入国际知名免税集团 DFS 等，一定星级以上的酒店可以在大堂区域开设免税柜台，供入住海内外游客选购。

2. 大幅提高免税购物限额，实行离岛免税商品负面清单管理

目前单价 8000 元以上离岛免税品缴纳行邮税后与有税市场相比不具有价格优势，导致手表、珠宝、皮包等高端商品销售受到影响。建议取消外来游客在岛内免税消费额限制，提高离岛免税限额。目前免税进口商品品种仅为 38 种，游客普遍反映吸引力不足。建议借鉴香港经验，除特殊商品外，全面放开免税品品种限制，将离岛免税商品正面清单改为负面清单管理。考虑国内名优产品在海南销售享受出口退税待遇。

3. 岛内居民分享免税政策红利，营造良好社会环境

海南建设自由贸易试验区和中国特色自由贸易港要妥善处理好岛外游客与本岛居民的关系，尤其要妥善解决好本岛居民关切的物价等民生问题。目前海南居民只有离岛时才能享受每年 1 次的 8000 元免税购物待遇。建议借鉴香港国际旅游消费中心建设经验，在确保自用的前提下，全面放开对本岛居民购买免税产品的限制，让海南居民不出岛也可以购买物美价廉的免税进口商品，由此破解海南城乡居民收入低、物价高的突出矛盾，真正让开放政策惠及当地老百姓，为自由贸易港建设营造一个良好的社会环境。

（二）以健康医疗市场全面开放为重点培育旅游消费新热点

1. 尽快把博鳌乐城医疗旅游先行区打造成为我国高端医疗服务产业集聚区

以博鳌乐城先行区为重点带动全省健康医疗产业快速发展。一是争取在进口药品市场开放上得到国家支持。我国自5月1日起，实际进口的全部抗癌药实现零关税，对进口抗癌药品减按3%征收进口环节增值税。适应全国对进口药品市场开放的大趋势，海南应争取国家将先行区内医疗机构使用在欧盟、美国、日本已批准上市但在国内尚未获准注册的药品的审批权下放到海南省，按需进口；先行区内进口药品免征关税和增值税。二是实行更加优惠的政策来吸引境外医疗健康机构。例如，针对国际一流健康医疗项目实行零地价等。

2. 将博鳌乐城国际医疗旅游先行区的某些优惠政策扩大到全省

此建议的提出主要基于三点考虑。第一，随着国内其他地区开始建设健康旅游示范基地，博鳌乐城的优势将逐步减弱。2018年5月，国家卫生计生委批复包括天津、浙江舟山群岛、福建平潭综合实验区、广东广州南沙新区、三亚和博鳌乐城在内的国内13家单位开展首批健康旅游示范基地创建工作。因此，海南只有实行更大范围、更高水平的医疗健康市场开放，才能保持自身的竞争优势。第二，海南全省放开医疗健康市场，有利于进一步释放岛内外不断增长的医疗健康消费需求。第三，博鳌乐城医疗先行区建设进展顺利，为全岛放开打下重要基础，更容易得到中央各部委的积极支持。对此，可以考虑将境外医师在先行区内执业时间放宽至3年，允许境外资本在先行区设立医疗机构等政策全省推广。

3. 鼓励发展与国际接轨的各类商业医疗健康保险

为进一步刺激境内外健康医疗旅游消费，放宽国外保险业准入条件，允许设立外资专业健康保险机构；对引进的国外保险企业，取消寿险保险公司外资比率限制；加强与日本医疗健康服务机构的合作，学习借鉴日本介护保险制度的经验，在海南建立长期护理保险；探索推进各类健康商业保险与主要客源国家和地区医疗保险支付系统对接，解决境外人员医疗保险结算问题。

4. 以加强专业技能型人才培养为重点着力提升健康医疗服务水平

当前，海南专业型、职能型健康服务人才严重短缺。因此，要扩大职业教育的对内对外开放程度，加快培养适应健康服务业发展需求的人才。鼓励支持有条件的高校、科研机构与社会力量合作举办健康服务类职业教育机构；率先在职业教育领域开展中外合作办学试点，引进国外优质教育资源，鼓励并支持国内外知名高校、教育培训机构落户海南；扩大健康服务民办职业教育机构在招生、专业设置、收费等方面的办学自主权。

（三）以文化体育娱乐旅游为重点扩展旅游发展空间

1. 用足用好竞猜型体育彩票和大型国际赛事即开型彩票政策

积极创造条件，争取一些国际大型或知名赛事的年度举办权或永久性举办权；允许划定特定区域开放体育竞技型博彩；争取财政部支持，扩大体育彩票销售范围，提高海南彩票返奖率，增强彩票产品吸引力；争取国家支持海南体育彩票业向港澳开放；在 CEPA 等框架协议下，探索港澳博彩业大型企业参与海南博彩管理、运营与职业培训。

2. 进一步放开文化娱乐市场

允许外商在海南设立独资的娱乐场所，允许设立外商独资演出经纪机构；争取国家赋予海南中外文化交流活动的审批权；放宽国际知名的娱乐演艺频道落地海南的数量限制；对具有自主知识产权的动漫、网络游戏产品，给予一次性的开发经费；对符合条件的动漫企业，给予企业增值税、所得税减免优惠；鼓励大型文化企业通过参股、控股或兼并等方式进入动漫游戏产业；支持符合条件的动漫游戏企业境内外上市融资。

（四）以邮轮旅游为重点促进泛南海旅游合作

1. 加快三亚凤凰岛邮轮母港建设

海南邮轮母港建设起步早，但与上海等地相比，海南邮轮旅游发展相对滞后，主要原因在于三亚凤凰岛国际邮轮母港功能尚未完善。目前，三亚凤

旅游绿皮书

凰岛共接待邮轮12艘次，其中母港邮轮2艘次，而上海吴淞口共接待邮轮466艘次，其中母港邮轮458艘次。要提升三亚凤凰岛国际游轮母港的发展水平，当务之急是落实习近平总书记提出的"加快三亚凤凰岛邮轮母港建设"的指示精神，按照国际邮轮母港标准加快邮轮港码头建设，加快邮轮港交通基础设施建设，争取1~2年内建成邮轮港立体式交通疏散通道。

2.加快开辟泛南海邮轮旅游精品航线

目前，三亚凤凰岛邮轮港仅有母港航线2条，即三亚-菲律宾-三亚航线、三亚-越南-三亚航线，且都是航程时间在7天以内的中短途产品。未来，要加快开辟泛南海邮轮旅游精品航线，从以中短途产品为主向中长途产品拓展。例如，争取国家支持，赋予海南泛南海区域邮轮航线特殊审批政策，开发更有吸引力和竞争力的国际邮轮旅游精品航线。

3.争取国家给予多方面的政策支持

第一，放宽外籍邮轮多点挂靠审批条件，可采取一次申报、二次备案的方式；第二，探索建设邮轮金融服务平台，鼓励邮轮产业链中的相关企业与银行、保险机构、证券公司等结对合作，为邮轮旅游产业发展提供邮轮融资、保险、证券等相关金融服务；第三，放宽邮轮进口限制，减轻邮轮购置税负，在购置外国邮轮政策方面实现突破，例如将购买外籍邮轮加入中国籍的船龄限制延长至15年；第四，争取亚投行、丝路基金支持三亚凤凰岛邮轮母港建设。

（五）下大力气提升旅游服务国际化水平

1.制定与国际接轨的旅游产品、服务、管理标准

探索开展服务标准准入制试点，加强对导游、交通、酒店等旅游从业人员的标准化、专业化培训，开展健康、教育、体育、金融、电商等领域服务认证。

2.以区块链技术、大数据应用来提升旅游消费便利性安全性

加强区块链技术在商贸物流领域的研发应用，为消费者提供公开透明、安全可靠、快速便捷的消费环境；完善"互联网＋"消费生态体系，鼓励

226

建设"智慧商店""智慧商圈",完善跨境消费服务功能。

3. 探索建立旅游银行、旅游基金、旅游保险等金融产品

完善支持旅游业发展、刺激旅游消费的金融服务体系。

4. 以提升国际通达度为重点进一步吸引境外消费

及时总结 59 国外国人海南入境旅游免签政策实施效果,加强出入境安全措施建设,为进一步扩大免签范围创造条件;加密和新增境外空中航线和海上邮轮航线;放开中外合资旅行社从事出境旅游业务范围,推进旅游消费国际化。

(六)与香港合作建设国际旅游消费中心

充分学习借鉴香港免税购物的先进经验,和香港联手打造免税购物的产业链、消费链;以建设琼港服务贸易合作园区为载体,推动琼港服务管理标准、规范及市场监管执法标准的全面对接;将香港资本视为内资;全面实现"港人港税"政策,避免高层次人才重复征税问题;实行香港人员"一签多行"政策;尽快落实和完善专业资格互认,允许在香港地区取得专业资格的人员到海南提供专业服务。

参考文献

迟福林:《高标准高质量建设海南自贸试验区(4点建议)》,《经济参考报》2018年10月31日。

甘露:《让健康医疗旅游成海南靓丽名片》,《中国旅游报》2018年11月5日。

中国(海南)改革发展研究院课题组:《加快建设邮轮母港——海南邮轮旅游发展的突出矛盾与行动建议》,2017。

自由行大数据联合实验室:《缤纷华南:中国省域自由行大数据系列报告之华南地区》,2018。

汪泓主编《中国邮轮产业发展报告(2017)》,社会科学文献出版社,2017。

InterBridge Group:《中国高净值人群跨境医疗健康白皮书》,2016。

G.15
创新旅游业推动区域绿色发展机制

——以浙江大花园建设为例

王 莹 黄惠娉*

摘　要： 在转变经济增长方式、全面推动绿色发展背景下，旅游业在
区域绿色发展中的作用也发生着根本性的变化。浙江大花园
建设中旅游的角色定位以及其在促进生产要素重置、拓展产
业发展路径、优化区域空间结构、改变生产生活方式方面产
生的积极影响，为创新旅游发展、认识旅游业对区域影响提
供典型案例，引发对旅游业推动区域绿色发展作用机制的深
入思考，指出建立旅游业科学评价机制、创新共建共享机制、
健全政策执行评估机制是未来需要不断突破的主要方向。

关键词： 浙江省　旅游　绿色发展　大花园建设

一　旅游业推动区域绿色发展的现实需求

"十三五"期间是我国产业转型、绿色发展、建立生态文明社会的关键
期。十九大报告明确强调，我国要实现人与自然和谐共生的现代化，要着力
解决环境问题，建设美丽中国，要解决好人民日益增长的美好生活需要和不
平衡不充分的发展之间的矛盾。绿色发展的本质是通过减少对资源的过度消

---

　　* 王莹，浙江工商大学旅游与城乡规划学院教授，主要研究方向为区域旅游开发与规划、旅游
目的地管理；黄惠娉，浙江工商大学旅游与城乡规划学院硕士研究生。

耗，加强环境保护和生态治理，追求经济、社会、生态全面协调可持续发展，从根本上解决经济增长与资源环境之间的矛盾。绿色发展理念对未来我国经济发展模式选择、产业体系构建产生深刻影响。

旅游业对生态环境高度依赖且又对其产生重大影响，与区域经济社会发展、生态环境保护关联度高，是支撑建设美丽中国的重要载体。特别是全域旅游的全面推进，进一步增强了旅游对区域公共资源配置、产业融合发展的渗透力，成为生态资源优越的欠发达地区经济社会发展的重要动力。原国家旅游局调查显示，2017 年全国旅游业对 GDP 的综合贡献为 9.13 万亿元，占GDP 总量的 11.04%；旅游直接就业人数 2825 万人，旅游直接和间接就业7990 万人，占全国就业总人口的 10.28%，旅游业战略性支柱产业地位更加突出。

在创新、协调、绿色、开放、共享五大发展理念引领下，旅游业发展面临的机遇与挑战并存，作为绿色发展的优势产业，旅游业如何创新发展理念、构建旅游业促进区域经济结构调整和转型升级的有效机制、发挥旅游业在区域绿色发展中的引擎作用，是亟待研究的科学问题，更是迫切需要探索的现实问题。

二　旅游业推动区域绿色发展的作用机理
——浙江大花园建设实践

早期浙江经济的快速发展给生态环境带来巨大的压力，随着"八八战略""两山理论"的提出，浙江经济发展模式逐渐发生转变，优化经济结构、转换增长动力成为浙江推动经济持续发展必须面临的深层次变革。2017年 6 月浙江郑重提出要谋划实施大花园建设行动纲要，把生态经济培育成新的发展引擎，2018 年 5 月正式发布《浙江省大花园建设行动计划》。大花园建设不仅涉及自然生态，还全面渗透至经济、文化、政治、社会、生活等众多领域，是自然生态与人文环境的集合体、现代都市与田园乡村的融合体、历史文化与现代文明的交汇体，是浙江省统筹保护与开发、推进绿色发展的

新载体。大花园建设的战略目标是到 2022 年建成浙江全域大美格局现代版富春山居图，到 2035 年建成绿色美丽和谐幸福的现代大花园，并将衢州、丽水作为建设的核心区块。

浙江提出大花园建设，就是要全面探索生态产品价值转化的现实路径，打通"两山"转化通道。旅游产业的绿色性、渗透性以及发展中所积累的丰富经验，既为旅游创新绿色发展打开空间，成为大花园建设的核心内容，也是大花园建设的重要引擎。核心内容即要建设"国际有影响力的旅游目的地"，对此浙江将全力实施全域旅游推进工程，加快唐诗之路黄金旅游带、浙西南生态旅游带、大运河（浙江）文化带、浙闽皖赣国家生态旅游协作区等"七带一区"建设，打造更多以"诗画浙江"为主题的国际知名旅游品牌。引擎作用体现在"全国领先的绿色发展高地""全球知名的健康养生福地"建设上。针对前者，旅游业将围绕浙江 8 大战略性产业发展，在控制和淘汰落后产能、延伸产业链、增加产品附加值方面全力助推产业绿色发展。针对后者，旅游业将全面融合医疗康复、运动健身、乐龄养老、修身养性、有机农业等业态，成为大健康产业发展的重要引擎。

浙江大花园建设实践清晰地反映出旅游业对其的作用机理，主要体现在以下 4 个方面（见图 1）。

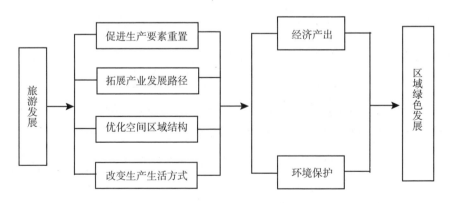

图 1 旅游推动区域绿色发展机理

（一）促进生产要素重置

在增长极理论影响下，生产要素向区域中心城市集中，这无疑给欠发达地区的发展带来负面效应。浙江同样面临这一困惑，在原有经济模式下，浙江东部地区与西部地区、平原与山区、城市与乡村经济发展差距扩大。大花园建设唤醒了偏远地区生态资源的经济社会价值，发展旅游业成为区域发展的共同选择，并进而带动资本、人才、技术等生产要素的快速流入。大花园建设中诸多的旅游项目，如"十大名山工程"就直接将资金引向偏远山区。与旅游相关的基础配套设施建设成为投资重点，特别是核心地区衢州，将重点投资建设现代综合立体交通体系，实现与杭州1小时通勤圈，形成串联重要景区、古村古镇等的旅游交通网络。区位条件的改善、区域价值的挖掘与重塑，在为欠发达地区带来更多资本的同时，也带来人才与技术要素，为承接面向长三角乃至全国先进产能辐射提供机遇。浙江省推出坡地村镇建设、宅基地流转试点工作，激活土地要素潜能。

（二）拓展产业发展路径

旅游业的融入有助于打破产业发展的传统思维和行业壁垒，抛开原有路径依赖，激发新的产业发展动能。大花园建设与全域旅游建设相互成就，以旅游业为重要引擎促进产业之间相互融合，拓展发展路径，延伸产业链，加快产业转型升级。通过浙江特色小镇创建、A级景区村庄创建、旅游风情小镇创建等平台，旅游全面渗透到城郊与乡村地区的经济社会发展之中，在浙江战略性新兴产业发展、传统产业的转型升级中发挥重要作用。万村景区化为美丽乡村注入了美丽经济，通过发展乡村旅游，使农业产业得到升级、农民获得新的生计、农村经济获得持续发展的动力。核心区丽水通过"丽水山居"及"丽水山耕"品牌建设，大力发展民宿与休闲农业，直接促进山区乡村、传统古村落的振兴，促进传统农业向现代农业的转型升级。

（三）优化区域空间结构

在《浙江省旅游业发展"十三五"规划》中，浙江明确提出"一心两

翼"的旅游发展空间格局，西翼即为浙江经济相对落后地区。这一思路在大花园建设中得到强化，通过发展旅游等绿色产业，以丽水、衢州为代表的浙西不再仅是浙江的绿色屏障，还将成为浙西的门户，是浙江向闽赣辐射的重要节点，是皖闽赣国家生态旅游协作区的重要枢纽，进一步突出了浙江在长三角中的地位，起到我国东部地区向中部地区延伸发展的桥梁作用。浙江西部地区通过强化旅游及相关绿色产业的发展，充分利用地方资源禀赋，优化产业空间布局，在全省范围形成更为合理的功能分区。在乡村旅游带动下，城乡空间壁垒逐渐被打破，农村居民从参与旅游经营活动中获得更多的收益，和城市居民一样能够享受到现代公共服务和生活便利。

（四）改变生产生活方式

大花园建设以绿色生态为发展基底、发展模式和发展目标。作为绿色产业的旅游，既是绿色理念的践行者，也是绿色理念的传播与推广者，有助于改变人们对生态环境的认知，影响浙江经济发展方式的转变。将优质生态环境转换为优质的旅游吸引物，可以让人们充分意识到绿色生活的美好，如环杭州湾、环南太湖、沿钱塘江、沿瓯江、沿海防护林带等"两环三横四纵"骑行绿道网的建设，把散落在各地的景点串珠成链，引导人们绿色出行。通过旅游流带来的面对面信息交流，改变了人的思维模式、影响了人的行为选择。特别是在偏远封闭的山区，旅游者的到来让村民获得更多对自己生活环境的自信，他们在与旅游者的交流中获得了更多的先进理念与有价值的信息，改变了对环境的态度，选择与生态环境协调的生产生活模式，不乱丢垃圾、进行垃圾分类、妥善处理生产生活污水等逐渐变成自觉行为。

三 创新旅游业推动区域绿色发展的机制和效果评估

（一）创新机制

创新机制是旅游推动区域绿色发展的重要保障，大花园建设中的浙江经验，为探索创新机制提供了借鉴。

1. 强化合作机制

为打破旅游发展中的区域壁垒、行政壁垒、行业壁垒，大花园建设在合作机制上敢于突破与创新。第一，以旅游为重要内容深化山海协作。山海协作是浙江省政府于 2002 年正式实施的为实现全省区域协调发展而采取的一项重大战略举措，大花园建设强化了这一战略目标。各地在新出台的合作框架中，把旅游作为重要内容，不仅在输送游客、借鉴发展经验、共同营销上创新出更好的协作方式，还在跨区域旅游产业孵化、项目协作开发上打开全新局面。一些地方政府将山海协作列为重要工作内容，成立包括旅游部门在内的专门领导小组与工作机构，建立相应考核制度。第二，以全域旅游推动"多规合一"。浙江省是全国 7 个"全域旅游示范省创建单位"之一，有 19 个全国全域旅游示范区创建单位、60 个浙江省全域旅游示范县（市、区）创建单位。各创建单位在全域旅游规划编制与实施过程中，以旅游产业为主导，积极探索"多规合一"的方式与路径，统筹协调区域各领域的发展，确保保护性空间、开发边界、发展规模等重要空间参数一致。

2. 完善工作机制

工作机制能确保工作程序与规则的有效运转，浙江旅游业在推进全域景区化发展的过程中一直秉承这一准则。第一，以行业规范服务各项创建工作。浙江省各类创建活动以规划、行业标准、指导意见等为依据，有序将旅游业渗透于区域绿色发展之中。为配合大花园建设，浙江省制定《浙江省万村景区化五年行动计划（2017～2021 年）》，明确思路与目标，落实工作任务。在推动浙江特色小镇创建中，专门出台《浙江省特色小镇建成旅游景区的指导意见》，在自愿申报、分批审核、年度考核与验收命名 4 个环节中强化旅游部门的职能。为引导 A 级景区村庄的创建，创新性地制定了《浙江省 A 级景区村庄服务与管理指南》，精准引导乡村景区化建设。第二，构建多元工作机制。大花园建设涉及各地区、多领域，项目建设具有跨区域性，因此需要引导社会力量参

与、调动各非政府组织的积极性，以多元化的形式创新工作机制，如为探讨协同推进唐诗之路文化带建设，浙江省社科联建立了联席会议制度和沟通机制。

3. 健全保障机制

旅游业的创新性发展以及发挥旅游在推动区域绿色发展中的积极作用都离不开保障机制的保驾护航。第一，考核机制突破。考核机制是政府行为的方向标，近几年浙江省欠发达地区之所以旅游业发展取得显著成效，与考核机制转变有着直接的关系。2013 年浙江省政府对丽水做出不考核 GDP 和工业总产值的决定，2015 年取消原 26 个欠发达县的 GDP 总量考核，转为重点考核生态保护等，这极大地激发了地方政府对发展旅游等绿色产业的思考，旅游成为撬动地方经济发展的最主要引擎。第二，创新完善保障机制。针对旅游绿色信贷的特征与要求，金融机构精准设计、量身定制信贷产品；针对偏远地区旅游开发风险较大且经营主体承担风险能力较弱的特点，各地创新旅游保险险种；为缓解山区旅游开发用地供需矛盾，浙江省提出"坡地村镇"建设政策，盘活闲散土地资源，保障一大批乡村度假、养生养老项目的落地。温州瑞安率先启动农村宅基地"三权分置"改革试点，成立市级农村产权服务中心，制定配套政策，解放农村土地要素，打通资本下乡渠道，助推乡村民宿经济发展。

4. 创新激励机制

在经济发展新常态下，原有的激励方式表现出一定的不足，发展规模的快速扩大与生态承载力及公共服务配套不足的矛盾显现。在绿色发展框架下，创新激励机制成为破解矛盾的必然选择。第一，激励与约束机制相结合。开发建设以对资源、生态的保护为前提，强调合理利用，在制定激励政策的同时必须明确约束准则。国家级乡村旅游创客示范基地浦江县新光村在引入乡村创客时，设置了诸多的约束条件，包括保护古村落与古建筑等前置条件。创客群体要符合个人学历、才艺、是否做公益等 15 条标准，项目要满足原创性、手工制作和有文化底蕴等要求。第二，直接激励与公共配套相结合。以资金扶持为主导的直接激励容易让受益者在获得利益的同时忽视对市场风险的认识，且资金扶持具有短时性特征，甚至会滋生被扶持者的惰性。随着欠发达地区乡村旅游综合体、农家乐民宿集聚区的出现，公共服务配套需求不断增加，对于原本就基础薄弱的乡村公共服务体系构成巨大挑战。因此，要将重心转移到公共配套设施建设与公共服务改善上，通过营造良好的发展环境来激励旅游开发。

（二）效果评估

浙江大花园建设理念由来已久，浙江旅游业在促进区域绿色发展中成果显著，具体体现在以下几个方面。

1. 促进欠发达地区经济加速发展

大花园战略为浙江欠发达地区发展提振信心、凝聚力量，就衢州、丽水2013～2017年旅游总收入数据分析，两地基本实现了年均增长速度20%以上的目标，远超浙江全省平均水平（见表1）。

表1 2013～2017年浙江省、衢州市、丽水市旅游总收入及增长率

年份	浙江省		衢州		丽水	
	总收入（亿元）	增长率（%）	总收入（亿元）	增长率（%）	总收入（亿元）	增长率（%）
2013	5536	15.3	197.26	31.8	266.29	29.4
2014	6301	13.8	240.38	21.9	339.58	27.5
2015	7139	13	287.42	19.6	426.02	25.5
2016	8093	13.4	361.46	25.6	535.83	25.8
2017	9323	15.1	449.40	25.5	644.37	20.3

资料来源：浙江省、衢州市、丽水市2013～2017年统计年报。

城乡统筹效果明显，乡村旅游发展优化了乡村空间环境、产业环境和文化环境，成为农村整体面貌改善和群众生活品质提升的有力支撑。2013～2017年浙江省农村常住居民人均可支配收入增速始终高于城镇居民（见表2），且2017年达24956元，位居全国各省（区）第一。

表2 2013～2017年浙江省城镇、农村常住居民人均可支配收入及增长率

年份	城镇常住居民		农村常住居民	
	可支配收入(元)	增长率(%)	可支配收入(元)	增长率(%)
2013	37080	7.3	17494	20.3
2014	40393	8.9	19373	10.7
2015	43714	8.2	21125	9.0
2016	47237	8.1	22866	8.2
2017	51261	8.5	24956	9.1

资料来源：2013～2017年《浙江省统计年鉴》，增长率为作者计算。

2. 生态环境质量持续改善

浙江利用旅游的倒逼机制，有效助推传统产业的转型升级、促进区域环境改善与绿色发展，原来高污染的小作坊、矿山通过转型升级，成为创客基地、旅游小镇；绿色农产品、传统手工艺品因旅游得到创新性开发；农村良好的生态环境转化成旅游资源，农家乐休闲旅游业态得到不断丰富。有"世界矾都"之称的温州苍南矾山镇曾经是矿业污染重地，通过开发旅游，保护、挖掘和展示工业文化遗产，吸引青年人创业，让游客体验国家矿山公园的独特魅力，矾山镇的福德湾村因此获得联合国教科文组织2016年度"亚太地区文化遗产保护奖"。生态环境质量的巨大改善让浙江获得诸多荣誉，提升了在全国乃至全球的知名度。

3. 传统文化获得更好传承

浙江省历史悠久，文化底蕴深厚，优秀传统文化已全面融入时代语境，为经济社会的繁荣昌盛提供了强大的精神支柱。旅游与文化的融合发展，既有力推进了传统优秀文化的保护、传承与弘扬，也催生出一批新业态、培育出一批新产业，大幅度提升了传统经典产业的活力。拥有71个中国传统古村落、古村落总量位居全国第二的丽水松阳县，是全国唯一的"拯救老屋"整县推进试点县。松阳县始终秉承老屋修复与民宿开发、文创基地建设等旅游文化产业共同推进的宗旨，激活老屋的活力。在"拯救老屋"行动中，松阳县培养了30多支素质和技能过硬的工匠队伍，涉及从业人员700余人，传统建筑工艺得到传承与发扬光大。

四 旅游业推动区域绿色发展的机制突破

旅游对区域绿色发展的影响是多元、交叉与复杂的，既不能简单地从经济、社会、环境角度做出单一的考量，也不能仅用数据加以概括评价，要多维度探讨旅游对区域绿色发展的综合影响，要从旅游与其他产业融合且助推其绿色发展、旅游促进区域生产要素重置且优化资源配置、旅游流带来信息交流且改变人们的思维模式等维度进行更为深入思考。旅游对区域的影响也不再局限于单向的正面或负面影响，而是要将其放在共享发展的总体框架下进行重新认知。在这一思路下，旅游经营者、旅游地原住居民、旅游者是利益共同体，他们之间相互影响并产生积极作用；各区域、各行业也是利益共同体，它们以旅游为纽带实现跨区域跨行业发展，共享智慧与成果，共同促进区域绿色发展。根据以上变化，为了科学引导旅游业的创新发展，更好地发挥旅游在推动区域绿色发展的积极作用，需要不断创新机制，并在以下 3 个方面进行重点突破。

（一）建立旅游业科学评价机制

科学的评价体系有助于行业把握发展方向与自我约束管理，在绿色发展的理念下，迫切需要通过建立绿色评价体系来规范与引导旅游业的绿色发展。

第一是旅游业绿色测评。国内外针对绿色发展的衡量体系正在不断完善，绿色经济、绿色城市、绿色制造、绿色建筑评价指标体系等各种绿色指标开始覆盖更多的领域。旅游业虽然已在绿色旅游饭店、绿色旅游景区等方面进行探索，但还没有形成针对整个产业的绿色发展测评指标体系，因此要在充分认识旅游业绿色发展内涵与特征的基础上，构建旅游业绿色发展指数，为认识旅游业绿色发展的阶段性、诊断绿色发展的问题提供测度框架。

第二是旅游业促进区域绿色发展的评价体系。要在区域绿色发展总体框架下，创新旅游业对区域影响的评价指标体系，将绿色指标全面融入经济、社会、环境影响的测度之中，不仅考虑旅游对区域绿色发展物质形态的影响，也要考量对意识形态的影响。绿色发展是一个长期的过程，要尊重区域

发展的客观规律，构建促进绿色发展的长效机制与动态机制，在测度指标中充分反映绿色影响的滞后性、持续性等特点，通过延长测度时间、选择不同测评时间点等加以纠偏，这有助于客观判断旅游对区域绿色发展的影响方向、影响程度、影响水平。

第三是纳入绿色GDP核算体系。要将旅游纳入地方绿色考核体系之中、纳入国民经济核算体系之中，以旅游碳排放、旅游生态效率等研究为基础，科学测算旅游发展的环境资源成本和对环境资源的保护服务费用，精确反映旅游对区域GDP的贡献率。

（二）创新共建共享机制

共建共享发展能优化资源配置、提升资源利用效率，是绿色发展的重要特征。要进一步明确我国旅游共享经济发展的内在逻辑关系，梳理各类共享模式，探明不同模式的形成原因，创新共享机制。

第一是探索跨区域、跨行业的合作机制。长期以来我国旅游业发展由政府主导，行政区域划分的刚性约束和行政管理纵向树状权力体系，使得在横向同级行政区域之间及各级行政权力之间协调困难，旅游管理存在行政壁垒。要充分利用旅游资源的跨区域性与跨行业性，以服务平台创新、项目建设为突破口寻求共建共享路径，减少区域壁垒、突破产业边界，强化旅游对区域发展的无障碍渗透；不断消除区域非均衡发展，欠发达地区要在旅游这一绿色优势产业引领下，通过加强区域合作与产业整合，实现经济发展弯道超车，并促进区域经济平衡发展。

第二是利益主体的共建共享机制。从利益群体角度，寻求旅游服务供应商、当地居民、旅游者等各利益群体之间的共建共享模式，以及各群体内部之间的共享模式。政府要充分考虑自然资源与文化遗产保护要求、生态环境承载能力，以及各利益群体在旅游发展中的参与能力与参与程度、对成果共享的诉求等因素，制定指导性的共建共享发展策略与规则，鼓励建立与各类生态环境、资源保护相关的发展基金，促进协调发展；建设旅游住宿共享、信息共享等旅游服务平台，实现资源的集约化利用，增加群体之间的互动交流。

（三）健全政策执行评估机制

客观分析，各级政府与旅游相关的政策层出不穷，但并不是所有的政策都发挥其应有的效果，因此迫切需要建立政策执行评估机制，实现政策执行情况的自我监督。

第一是对政策做预估性分析。政策出台前期要进行广泛的调查并征求相关部门的意见，特别是要对激励对象进行深入调研，掌握他们的需求，使激励者与被激励者形成共识，这样才能更好地实现激励目标。

第二是政策执行后的绩效评估。通过目标评估指标体系、被激励者意见反馈等多种形式，对实施后的政策进行定期评估，及时掌握政策效用，对于低效的政策要查找原因、及时修正。对于已脱离客观发展需求的政策内容，必须进行快速调整，如在绿色发展理念下，以扩张发展规模为目标的激励政策需要进行调整；对于没有配套的工作机制带来的政策难以落地问题，则要设置政策执行的组织架构、工作程序与评价考核，并在工作中强化服务意识。

第三是由第三方机构进行评估。从评估工作的科学与规范性出发，邀请第三方机构进行评估，确保评估的客观公正。要明确评估的目的、评估的内容、评估的要求，要选择对行业熟悉的机构参与评估。选择第三方机构的工作程序要规范、透明。

参考文献

钟林生、曾瑜皙：《绿色发展理念给我国旅游业带来的新论题》，《旅游学刊》2016年第 10 期。

王永昌：《增强全社会共识参与大花园建设》，《浙江经济》2018 年第 13 期。

浙江省发展和改革委员会：《浙江大花园建设行动计划》，2018 年 5 月 28 日。

郭寻、吴忠军：《区域旅游发展中政府合作的制度障碍及对策思考》，《人文地理》2006 年第 1 期。

G.16
旅游度假区的创新实践

——以上海国际旅游度假区为例

吴文智　戴玉习*

摘　要：　国际旅游度假区作为一种面向海内外游客提供国际化旅游
　　　　　度假产品和服务的产业集聚区或主体功能区，遍布世界各
　　　　　大旅游城市或地区，具有不同的发展类型与模式。我国旅
　　　　　游度假区在历经超前式发展、适应式发展和创新式发展阶
　　　　　段之后，逐步走向成熟。上海国际旅游度假区作为新生代
　　　　　的代表，历经8年的建设与运营，初步形成了符合上海特色
　　　　　的规划、建设与管理经验，特别是在对外合作模式、园区规
　　　　　划、管理体制、经营模式、综合配套建设、产业推动、公共
　　　　　服务、政策配套等方面都有一定的创新之处，值得其他旅
　　　　　游度假区借鉴。

关键词：　旅游度假区　上海国际旅游度假区　上海迪士尼

一　引言

随着人民群众对美好生活的不断追求，旅游度假已经成为当前美好生活

---

* 吴文智，华东师范大学工商管理学院旅游与会展系副教授、旅游规划与发展研究中心副主任，
主要研究方向为旅游规划与产业政策、乡村旅游；戴玉习，华东师范大学硕士研究生，主要
研究方向为旅游资源开发与规划。

的重要特征和必需产品，并在不断的升级、创新之中，引领旅游业纵深发展、优质发展。旅游度假区作为旅游休闲度假的主体功能区，是旅游产业集约集聚发展、综合融合发展的必然产物，它不仅是一个地方旅游资源的密集区、旅游度假设施的集聚区、旅游商业服务的中心区，也是地方旅游产业发展的核心区、示范区、引领区。

国外对旅游度假区的认识相对较早。1972年日本一家咨询公司在为印度尼西亚巴厘省杜阿岛旅游度假区做规划时，首次指出旅游度假区是一个拥有完备商业设备的海湾综合体，其服务对象是高消费游客，因为他们期待找到高质量的度假环境。之后学者们对旅游度假区的研究涉及规划设计、开发建设、环境保护、可持续发展等多个方面[1]。而国内对于旅游度假区的相关理论与实践研究在20世纪90年代才逐步开始。综合之前学者对于旅游度假区的研究，一般认为，旅游度假区具有以下四个特征：一是以休闲度假为主要内容，二是环境质量较高，三是能提供高档次服务设施和高水平服务，四是具备良好的区位条件[2]。而国家旅游局在对旅游度假区等级进行划分时，明确旅游度假区是具有良好的资源和环境优势，能够满足游客休憩、娱乐、运动等多样需求的相对完整的度假设施聚集地[3]。

国际旅游度假区是旅游度假区的重要类型与先进代表，它更多地强调具有国际水准的旅游设施与设备、更好地面向国际游客提供与国际接轨的服务与产品，旨在打造世界级的旅游度假目的地，所以一般建有具有地方特色的世界级大型主题乐园或娱乐设施，有精美的舞台秀和庞大的高端度假酒店群[4]。根据依托的主体资源或核心吸引物，目前海内外代表性的国际旅游度假区的类型主要有海滨海岛型、乡村田园型、主题公园型、湖泊度假型、温泉度假型和山地度假型，具体案例代表如表1所示。

---

① 钱晓慧、刘薇：《旅游度假区高端市场开发研究》，《北方经贸》2008年第3期；廖慧娟：《中外旅游度假区经营模式创新研究》，《创新》2008年第2期。
② 景政彬：《大数据让度假区插上智慧的翅膀》，《旅游学刊》2017年第10期。
③ 国家旅游局：《旅游度假区等级划分（GBT26358-2010）》，2010。
④ 郭建华：《万达长白山国际旅游度假区全域旅游建设问题研究》，吉林财经大学硕士学位论文，2017。

表1　国际旅游度假区主要类型

类型	依托资源	主要特点	典型案例
海滨海岛型	高品级的海滨海岛资源	(1)海水质量优(2)海洋动植物的种类丰富(3)全年至少有6个月适宜开展海滩及海上活动(4)沙滩长度适宜(5)海水温度适宜	印尼巴厘岛、澳大利亚黄金海岸
乡村田园型	优美的田园风光与特色产品	(1)突出的田园风光与小镇(2)著名的特色产品或历史文化(3)建有可供休闲、娱乐、度假的设施集群(4)生态环境优美、整洁	法国普罗旺斯、意大利托斯卡纳
主题公园型	大型主题公园,部分依托国际化大都市	(1)位于国际大都市或者都市周边(2)一般有大型主题公园或主题娱乐、度假设施集群(3)交通发达、基础设施完善(4)客源较为稳定	上海迪士尼、美国奥兰多迪士尼
湖泊度假型	优美的水域风光与适宜的气候	(1)大多以湖区为中心沿湖滨而建(2)湖面宽广,视野开阔(3)具备水上运动及滨水娱乐、旅游功能(4)水质非常好(5)气候适宜	韩国庆州波门湖、意大利科莫湖
温泉度假型	品质良好的温泉资源	(1)泉水资源占优,泉水品质好(2)有资源互补型景区(3)度假区配套设施先进、齐全	德国巴登巴登、英国巴斯
山地度假型	适宜开展各种户外活动的山地与植被资源	(1)滑雪场是主要配套产品(2)森林植被覆盖率高(3)配套各类户外运动项目(4)因地制宜构建灵活多样的交通设施和交通工具	瑞士阿尔卑斯度假区、吉林长白山国际旅游度假区

资料来源：根据相关资料整理。

综合来看，国际旅游度假区一般是具有较高档次旅游资源，配套国际化旅游服务设施，能够为海内外游客提供具有国际水准的旅游产品或服务的度假区。具有以下几个特点：（1）旅游度假资源品级较高，具有世界级的吸引力，能够吸引来自全世界的游客；（2）一般配备具有国际水准的服务设施，能够提供国际一流服务；（3）交通方便快捷，游客能够迅速到达；（4）开放程度较高，客源基础相对稳定，内部消费较高。随着我国旅游业进入优质发展阶段，旅游者的度假需求也在不断提升，传统的旅游度假区供给也亟须升级与创新。国际旅游度假区作为更能适应国际需求、更具国际水准的先进代表，将成为旅游度假区供给侧改革的先行者与示范员，将越来越受到游客的青睐。

二 国内旅游度假区的发展及存在的主要问题

（一）发展阶段

由于经济发展等原因，我国旅游度假区起步较晚，到目前为止历经了以下几个阶段。一是超前式发展阶段，早在 1992 年，为了更好地促进旅游业的发展，依托主要客源地，围绕核心度假资源，国务院批准成立广州南湖、上海佘山等 12 个国家级旅游度假区，以更好地集中旅游投资力量、集聚旅游产业要素、提升旅游产业发展水平，从而打造了我国第一批旅游度假主体功能区和旅游度假产品集群，但至今建设效果不一。二是适应式发展阶段，随着经济的快速增长和人均收入的提高，旅游度假需求快速增长、旅游度假区建设加快，各省（区、市）结合自身的诉求又陆续推出、打造了一批省级旅游度假区，以更好地满足地方旅游产业发展的需要，从而推动了以各类度假区为核心的度假旅游的快速发展，不仅缓解了传统观光旅游带来的诸多压力，而且对地方经济的贡献也比较明显[1]。三是创新式发展阶段，伴随城市化的快速推进，一批大型地产商、旅游集团也介入旅游综合体投资，打造了大小不一、主题不同的特色旅游度假区，进一步丰富了旅游度假区的产品系列。

历经 20 多年的发展与摸索，从一开始的超前式发展，到中间的适应式发展，再到当前的创新式发展，我国旅游度假区开发、管理、运营逐步成熟，形成了涵盖各类旅游度假资源、集聚多样化旅游度假产品、拥有各种发展特征与模式的旅游度假区体系。2015 年，国家旅游局时隔 23 年公布了 17 家国家级旅游度假区名单，预示着旅游度假区发展进入了新阶段。

---

[1] 张树民、邹东璠：《中国旅游度假区发展现状与趋势探讨》，《中国人口·资源与环境》2013 年第 1 期。

（二）存在问题

我国众多的旅游度假区发展水平差异性较大，发展效益也好坏不一，主要存在以下几个方面的问题。

其一，市场定位不清晰，大而全偏多，存在供给错位与浪费问题。一些旅游度假区在建设之始就缺少对市场的精准判断，还是按观光旅游的思路、以大众旅游的方式去规划建设，供给规模、供给结构与市场需求脱节比较严重，或者偏向大而全、同质性高，或者过于高大上、产品过剩，给度假区的未来经营与产品升级都带来压力。

其二，收益模式不明确，地产化倾向强，缺乏在地生活的环境。因为对度假旅游的理解不够深刻，发展过程中受到城市化的影响比较大，我国一些旅游度假区倾向于地产化的模式，追求短期效应和快速回报，对收益期较长、收益一开始不明显的项目缺乏耐心，造成我国许多旅游度假区变成了高闲置率的高档居住区、别墅区，缺乏在地生活的商业配套、游乐项目与度假环境，降低了游客的度假质量，使得旅游度假区名不副实，影响了旅游度假区的持续经营。

其三，选址盲目，遍地开花，旅游度假区亟须规范建设。一般来说，旅游度假区需要依托优美的环境、适宜的区位和较好的度假资源，规模上要与潜在的市场需求相匹配。但是我国大部分风景优美、资源丰富的地方都已经发展成为风景名胜区，可以发展旅游度假区的地方相对较少，需要谨慎选址与规范建设。许多地方为了搭上度假区这辆快车，不惜降低标准或者盲目选址，在不符合要求的地方兴建度假区，这种急于求成、遍地开花、盲目投资的做法往往会造成更多的失败与资源浪费。

其四，特色不明显，淡旺季失衡，旅游度假区经营维艰。一些旅游度假区急于求成，忽略自身的条件和地方特色，盲目模仿、生搬硬套其他地方的经验，造成了度假区主题特色不鲜明、产品同质化严重等问题。这些度假区大多采取传统的酒店管理模式，没有深入地研究与提供度假游客们所需要的贴心服务，度假体验性较差。此外，大多旅游度假区依托的核心资源有明显的季节性，容易出现明显的淡旺季失衡，在经营旺季的时候门庭若市、一票难求，但是一旦到了淡季，很多旅游度假区只能够采用暂时关门歇业的做法来减小损失，这给旅游度假区经营发展带来了极大的问题。

三　上海国际旅游度假区发展路径与主要创新

上海国际旅游度假区作为我国旅游度假区的新生代代表，依托上海国际大都市的各项便利条件，围绕上海迪士尼乐园这一世界级的旅游吸引物进行谋划与建设，市场定位明确、发展模式清晰、选址建设科学、产业特色明显，具有一定的创新性。上海国际旅游度假区位于浦东新区川沙一带，距浦东国际机场约 12 公里，距陆家嘴金融中心约 18 公里，距市中心人民广场约 21 公里，距虹桥交通枢纽约 30 公里。整个度假区规划总面积约 24.7 平方公里，核心区为上海迪士尼项目，一期规划面积为 3.9 平方公里，包括上海迪士尼乐园、两家主题酒店、一个零售餐饮娱乐区，以及人工湖、停车场和公共交通枢纽等设施。核心区周边，在发展功能区内形成五个片区，包括南一片区的综合商业娱乐区、北片区的城市自然生态公园、西片区的生态保育旅游区、东片区的综合开发区（远期）和南二片区的低密度开发区（远期），重点培育和发展主题游乐、旅游度假、文化创意、会议展览、商业零售、体育休闲等产业。度假区项目采取合资投建并合作管理模式，管理体制上采取管委会与申迪集团并行管理与运营模式。

（一）发展路径

上海国际旅游度假区是伴随上海迪士尼项目谈判、签约、规划、建设、运营而同步发展的旅游度假区，它与迪士尼项目一起历经了三个发展阶段。

一是筹建阶段，早在 1992 年，上海市就已经与迪士尼公司进行了接触，经过十多年的谈判，双方在 2009 年签署合作协议，同年 10 月国家发展改革委核准上海迪士尼主题乐园项目。2010 年 11 月 5 日，上海市人民政府举行上海国际旅游度假区管理委员会、上海申迪（集团）有限公司揭牌仪式，

同日申迪集团与华特·迪士尼公司正式签署上海迪士尼项目合作协议，以迪士尼为核心的上海国际旅游度假区正式宣告成立。

二是建设阶段，2011年4月8日，上海迪士尼项目正式开工建设，2012年主题乐园配套游客停车场基础设施工程、后勤区行政楼、配套酒店项目分别开工。2013年启动轨道交通11号线在内的各种交通网络建设。截至2015年12月，园区内零售餐饮娱乐区、迪士尼酒店等各项工程基本竣工验收，政府配套项目外围8条9段道路全部建成，轨交和电力工程已完成。

三是前期运营阶段。2016年4月26日上海国际旅游度假区核心区公共区域对外开放，星愿公园、生态园、香草园等景点设施及公交接驳巴士等启动测试，地铁11号线迪士尼站载客试运营。5月7日上海迪士尼乐园启动运营测试，6月16日迪士尼乐园盛大开园。截至至2017年4月26日，度假区累计接待游客突破1700万人次，截至2018年4月26日度假区累计接待游客3400万人次，基本达到预期目标。

（二）主要创新

上海国际旅游度假区的开发建设是上海市打造全球卓越城市、现代化国际大都市、世界著名旅游城市的重要一步，从规划建设到开园运营以及后续的园区开发、产业发展，一直都备受瞩目，在对外合作模式、园区规划、设施建设、管理体制、经营模式、信息化服务等方面都有一定的创新经验。

一是在对外合作模式上，作为国际旅游度假区核心项目的迪士尼乐园属于地方政府对外深度合作与共同运营项目，采取合资投建并合作管理模式，管委会与迪士尼各自负责其中部分。项目业主合资公司和合资管理公司里面，国资分别占57%和30%，土地使用权并无出让转移行为，只是由合资项目公司向国家付租赁费，向迪士尼母公司支付品牌使用费[①]。

二是在园区规划方面，国际旅游度假区在规划之时，就明确指出应该充分放大迪士尼项目效应，以核心区3.9平方公里带动全区24.7平方公里，

---

① 陈亮：《上海迪士尼运营百日或退烧前景喜忧参半》，《中国经营报》2016年09月12日。

在核心区周边规划综合商业娱乐区、城市自然生态公园、生态保育旅游区和低密度开发区等延伸或配套发展功能区,以核心度假区带动大旅游度假区的模式,构筑起上海城市休闲旅游核心功能区。另外,园区在规划过程中着重提出了绿色、低碳、生态的可持续发展理念,最大限度地减少旅游对环境的负面影响,打造全球知名、全国最佳的低碳旅游目的地。

三是在综合配套建设上,上海市政府早在乐园建设之初,就已经开始计划着手周边公路、高架、轨交等交通以及排水、排污等其他相关配套设施的建设。截至 2014 年迪士尼乐园开园之前,周边基础设施基本完工,保证了迪士尼乐园的顺利开园。

四是在配套产业发展上,整个度假区在主题游乐、旅游度假的基础上,强调文化创意、会议展览、商业零售、体育休闲等衍生价值的发展,规划构建"1+7+6"的产业发展体系,即 1 大核心产业、7 大延伸产业和 6 大配套产业,其中 1 大核心产业是旅游娱乐产业,7 大延伸产业包括现代商贸、住宿餐饮、文化创意、会展服务、体育服务、教育培训、医疗服务,6 大配套产业包括商务服务、金融服务、信息服务、房地产、现代物流、专业服务。

五是在园区管理体制上,上海市政府专门成立了上海国际旅游度假区管理委员会,作为市政府派出机构,参与度假区规划,接受有关管理行政部门的委托负责度假区内相关行政审批工作,负责度假区内部分道路、绿化等基础设施综合养护、公安消防、突发事件应急管理等日常事务,配合做好国际旅游度假区的相关工作[①]。而作为度假区核心区部分的迪士尼项目采取的是合作管理模式,由美国迪士尼公司和上海申迪集团共同管理,双方共同成立管理公司——上海国际主题乐园和度假区管理有限公司,管理股份占比为7:3,核心区外围部分的日常管理事务则由上海国际旅游度假区管委会来负责。

---

① 上海市人民政府:《上海国际旅游度假区管理办法》,2011 年 5 月 26 日上海市人民政府令第 65 号公布。

六是在园区经营模式上，为了更好地促进国际旅游度假区的发展，上海市政府特别设立上海申迪（集团）有限公司来承担国际旅游度假区的土地开发、基础设施建设和相关产业发展任务，负责与美方合资合作，共同建设、管理和运营上海迪士尼项目。与其他迪士尼海外项目相比，上海迪士尼创造了独特的合资经营模式，除合作主体和治理架构有所创新之外，投资方式和利益分配方式也有所不同，其中中美双方均以现金入股，土地使用权和知识产权均不作价入股，获得项目投资收益的是业主公司而非管理公司。申迪集团和迪士尼公司在业主公司中按照股权比例分享利润，分担风险和亏损①。

七是在园区公共服务上，为了应对度假区开园以后可能会遇到的人流爆满现象，早在规划一开始，管委会就建立了上海国际旅游度假区运营管理综合信息平台。这个平台是一个将管理资源整合运行的综合信息体系，能够汇聚、共享、展示度假区内游客服务和运营管理的相关信息，为度假区内各运营保障单位提供客流管理、综合监控、事件告警等功能②。它的建立为园区内各管理部门及广大游客提供了优质服务，提供了全空间全生命周期工程管理模式的度假区三维空间基础信息平台，实现区域内绿化、水务、环保、市容信息监测与业务信息管理的环保景观信息系统，为道路系统的全面监控提供技术支持的全寿命周期监控信息系统，为世界各地迪士尼园区树立当地政府高效管理水平的标杆。

另外，度假区管委会对管理方法也进行了诸多创新：开展基于 BIM 技术的一站式设计并联审批模式探索，优化工程质量安全监管流程，创新施工期环境监理制度，为迪士尼项目量身定制竣工验收办法；建立政府管理机制创新的度假区运营管理综合信息平台，建设作为上海第一批社会管理和公共服务标准化试点项目的度假区公共信息导向系统、独具特色的上海国际旅游度假区旅游公共服务体系、以区域安全有序和游客愉悦体验为总体目标的度假区综合执法体系等。

---

① 李远：《关于上海迪士尼乐园经营模式的探讨》，《市场周刊（理论研究）》2017 年第 3 期。
② 吴金友：《游客服务信息管理在上海市国际旅游度假区中的应用设计》，《城市建设理论研究》（电子版）2017 年第 6 期。

四 建议与展望

上海国际旅游度假区历经八年的规划与建设，在开放一周年之际就实现盈利，开放营业两年已经接待游客超过 3400 万，游客接待量稳中有升，未来发展前景看好，其创新之处也给其他旅游度假区提供了许多可借鉴之处。

第一，以迪士尼乐园为发展中心，促进度假区全面发展。众所周知，上海旅游度假区最吸引人眼球的就是迪士尼乐园，但是上海在发展迪士尼乐园的，还利用其名气大力开发度假区其他区域，使其不至于"瘸腿"。2017 年 5 月至 6 月，上海在国际旅游度假区举办了上海市首届薰衣草节，四十余天的活动吸引了 41 万余名游客，在有效为迪士尼乐园分流的同时，也丰富了旅游度假区的休闲度假产品①。

第二，调整门票价格，应对淡旺季。据了解，迪士尼乐园在旅游淡季期间，会对上海高校大学生推出打折票来缓解客流的减少，这一做法有效地缓解了淡季乐园的损失。

第三，在打造度假区主题时要与本地相适宜。我国现在的旅游度假区存在的一个较大问题就是度假区主题不鲜明。作为度假区起步较晚的国家，在发展旅游度假区的时候可以借鉴国外成功的案例，但是更重要的是与本地文化相适应，不能够照搬照抄、生搬硬套。

第四，产品创新。上海迪士尼乐园想要对人们产生吸引力，产品创新是一条重要途径。上海迪士尼乐园的创新包括全球最高的"奇幻童话城堡"、唯——座可以进入的迪士尼城堡，此外还有全球首发的以《加勒比海盗》电影为背景的"宝藏湾""创极速光轮""探险岛""晶彩奇航"以及全球首演的中文版百老汇音乐剧《狮子王》等②。

---

① 周坤、李怡雯：《上海国际旅游度假区香草园及薰衣草节运营模式初探》，《园林》2017 年第 8 期。

② 丁宁：《上海迪士尼为业界带来哪些启示?》，《中国旅游报》2016 年 07 月 11 日。

　　当然，与国外其他国际旅游度假区比较，上海国际旅游度假区还有一些有待提升或创新之处，包括两个方面。

　　一是移动互联网下的智能化服务与营销创新，早在 2013 年奥兰多迪士尼乐园就使用了魔法腕带来为入园游客提供智能服务，上海迪士尼乐园及度假区可以借用更发达的智能手机终端，立足微信等入口平台，提供更加方便的智能化服务，打造适应未来发展的智慧旅游度假区。二是自由贸易试验区背景下的国际化接轨创新。上海国际旅游度假区建立的目标就是进一步扩大上海的影响力，进一步将上海建设成为国际化大都市，因此在后期发展过程中，需要进一步与国际接轨，利用自由贸易试验区的政策。建议在度假区内创新性地研究设立类似机场免税店的自由贸易购物区，以及针对邮轮母港、两大枢纽港等落地直送通道、限时免签等举措，增加度假区国际化服务标签与吸引力。

　　总之，上海国际旅游度假区作为依托国际大都市、由世界著名大型主题公园驱动、面向全球游客、承担复合功能的旅游度假产业集聚区，在前期规划、对外合作模式、园区管理与运营模式等方面都有所创新。在后期建设与未来运营中，还有进一步创新提升的空间。特别是围绕度假区的产业发展，充分利用上海自由贸易试验区的政策机遇，进一步提高旅游度假区的国际化服务能力与水平，将是未来研究与创新的重要命题。

参考文献

钱晓慧、刘薇：《旅游度假区高端市场开发研究》，《北方经贸》2008 年第 3 期。

廖慧娟：《中外旅游度假区经营模式创新研究》，《创新》2008 年第 2 期。

景政彬：《大数据让度假区插上智慧的翅膀》，《旅游学刊》2017 年第 10 期。

国家旅游局：《旅游度假区等级划分（GBT26358－2010）》，2010。

郭建华：《万达长白山国际旅游度假区全域旅游建设问题研究》吉林财经大学硕士学位论文，2017。

张树民、邹东璠：《中国旅游度假区发展现状与趋势探讨》，《中国人口·资源与环境》2013 年第 1 期。

陈亮：《上海迪士尼运营百日或退烧前景喜忧参半》，《中国经营报》2016 年 09 月 12 日。

上海市人民政府：《上海国际旅游度假区管理办法》，2011 年 5 月 26 日上海市人民政府令第 65 号公布。

李远：《关于上海迪士尼乐园经营模式的探讨》，《市场周刊（理论研究）》2017 年第 3 期。

吴金友：《游客服务信息管理在上海市国际旅游度假区中的应用设计》，《城市建设理论研究》（电子版）2017 年第 6 期。

周坤、李怡雯：《上海国际旅游度假区香草园及薰衣草节运营模式初探》，《园林》2017 年第 8 期。

丁宁：《上海迪士尼为业界带来哪些启示?》，《中国旅游报》2016 年 07 月 11 日。

旅游经营与管理创新

Innovation of Business Operation and Management

G.17

创意营销推动旅游目的地
营销转型：分析与展望

胡方丽　沈　涵*

摘　要：　旅游目的地营销是当前旅游发展的热点话题之一，如何采取
有效的营销策略、构建完善的旅游目的地营销体系对于旅游
目的地来说是一个值得深思的问题。本报告通过对近年来与
全球旅游目的地营销发展密切相关的六大创意营销手段进行
分析，探究其营销特点、在旅游业中的应用，以及对全球旅
游目的地营销发展的影响，从而对策略创新推动下的全球旅
游目的地营销发展趋势进行剖析，旨在为我国旅游目的地营
销的创新转型提供借鉴。

---

* 胡方丽，复旦大学旅游学系硕士研究生，主要研究方向为城市品牌；沈涵，复旦大学旅游学
系副教授，中国社会科学院旅游研究中心特邀研究员，主要研究方向为消费者行为、旅游市
场营销、城市品牌。

关键词：　旅游　创意营销　全球旅游目的地　营销转型

在旅游消费需求转变与旅游目的地市场竞争加剧的双重背景下，旅游目的地营销迎合时代转型升级的紧迫性愈加显现。近几年来，旅游目的地营销策略的创新不仅带来了新效率、新体验、新格局和新挑战，也深刻而广泛地改变了全球旅游目的地营销发展趋势，加速其创新转型。其中虚拟技术、全产业链合作、影视营销、视频和内容营销、精准营销、体验营销等六大旅游目的地营销创新策略的影响最为关键。

一　虚拟技术提升旅游目的地营销体验

（一）超越传统信息形式，连接用户感知和旅游决策

第一，VR、AR 等信息技术突破了文字、图片、视频等传统信息形式，丰富了空间维度的信息，突破了时空限制，使游客不仅能看到景区的各个细节，还能看到不对外开放或不定期开放的旅游资源，提供了更加深入的景点讲解和多方位展示，虚实结合，增加了临场感，实现了"购买前先体验"这一功能，有效地优化了用户的行前旅游决策。

第二，VR、AR 等虚拟技术实现了高精度的生动性、互动性，极大地提升了消费者感知的幅度、深度，增强了其对旅游目的地城市的积极态度和情感，唤醒了兴奋点，促使游客为超出预期值的体验买单。

（二）创造鲜活互动体验，开启沉浸式营销模式

第一，VR、AR 等虚拟技术对用户持续进行成像即时化、体感动态化、体验私密化的内容输出，引导用户自发地挖掘形象感知，增强景点记忆，从而把数字营销带入"沉浸式"营销的时代，帮助目的地品牌构建前所未有的"沉浸式"体验平台。"身临其境"的互动体验把"描述

解释"变为"实时体验",使用户可以和虚拟场景中的内容发生实时交互。虚拟场景中的内容可以对用户进行视觉、触觉、听觉和其他感官上的回馈。

第二,技术创新为旅游业及其上下游产业赋能,通过VR、AR、全息投影等科技满足不同人群的体验,最大化地挖掘潜在消费欲望,提升旅游目的地形象感知,深化旅游目的地在旅游者心目中的旅游形象,强化营销效果。通过技术、服务和环境,使游客在商业活动过程中感受美好,获得长期逗留在脑海中的体验价值(见图1)。

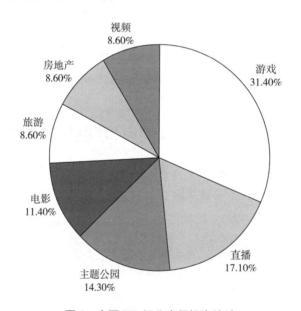

图1 中国 VR 行业应用投资统计

资料来源:Analysys 易观,2016。

(三)政府与机构合作,连接科技推动目的地建设

未来几年VR行业将出现爆发式增长(见图2),旅游目的地应该抓住这一机会,与专业的技术公司或机构合作,协力打造精美的VR广告作品。技术公司或机构拥有专业的技术研发与内容创新能力,可以为目的地营销提

供技术支持。不过，VR 技术投资成本高，回报周期长，需要政府部门提供必要的资金支持与政策福利。双方合作打造兼备科技感与高质量的旅游营销宣传片，塑造旅游目的地品牌营销。

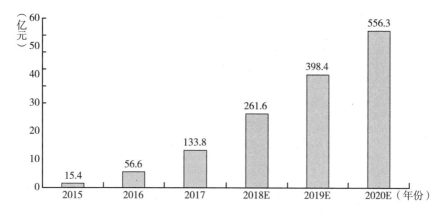

图 2　2015～2020 年中国虚拟现实（VR）行业市场规模分析及预测

资料来源：三胜咨询。

此外，通过新技术可以升级旅游目的地的设施。未来的旅游目的地建设，新技术将多方位渗透到设施设计中，产生真实场景和虚拟场景的重叠，提供古迹复原和数字化文化遗产保护技术，使旅游目的地建设的模式和方法发生重大改变。许多场景通过 VR 技术呈现出来，提升了现场效果。游客戴上 VR 设备，就可以跟虚拟世界的用户通过语音进行交流和互动。

二　全产业链合作，打造目的地联合营销模式

（一）产业链内外连接，实现营销效果最大化

全产业链合作营销、目的地联合营销，是指多个利益主体通力协作，共同开展目的地营销和促销。联合营销实施的主体，并不限于不同的旅游目的地，还可以包括同一旅游目的地的不同部门、旅游目的地的上下游供应链环

节、线上媒体和线下现场活动等。旅游目的地可以根据实际需要同产业链甚至产业链以外的多家企业建立合作营销关系，涉及不同的行业、地域和平台，范围相当广泛。

（二）线上线下连接整合，推动旅游目的地粉丝流量转化

单一地依靠某个媒体传播已经不能满足当下社会信息交流的速度与广度，多渠道立体营销是大势所趋。线上电视、电台、报纸、网络等媒体连接线下现场活动、终端促销等进行互动整合，完成线下与线上的无缝对接，既有效利用在线旅游天然的流量、渠道和大数据优势，又使受众化被动为主动，从而形成粉丝经济，完成消费转化。例如，为了塑造城市神秘的形象，拉斯维加斯开展线上线下的主题性活动"神秘盒"活动，活动分为三个阶段——戏弄、揭秘、连续，历时六个月。拉斯维加斯还与世界知名的大空间多人互动 VR 体验开发商 Zero Latency VR 合作，在米高梅大酒店建设 VR 线下体验中心，增加城市旅游的记忆点。

（三）建立目的地营销组织，提升形象与抗风险能力

联合营销有助于构建旅游目的地的整体形象，提高旅游目的地抗风险能力。采用全产业链的旅游目的地可以保证其经营方式的多元化、专业化，有效地规避风险。另外，旅游业具有季节性与波动性的特点，易受各种事件的影响，因此，旅游目的地可以通过延伸产业链与扩大经营范围减轻旅游淡季或某些突发事件的影响，有效提升整个旅游产业的抗风险能力。全产业链型旅游目的地还能打造影响力较大的品牌，使建立在全产业链模式上的旅游目的地的各种旅游产品便于销售。

因此，旅游目的地需要激发全社会的积极性，促进旅游局及其他公共部门（大学、研究机构等）、民间组织（非营利的基金会等）、社区、商业企业和个人等的合作，建立一个良好的目的地营销组织，将旅游产业和利益相关者联系在一起，共同打造和实践旅游目的地营销战略（见图3）。

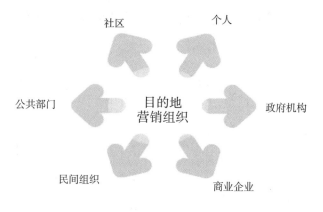

图3　旅游目的地联合营销网络模型

三　影视营销提高目的地感知和情感记忆

（一）挖掘影视剧标志，实现目的地与剧情高度连接

旅游目的地影视营销是旅游目的地利用电影电视的制作地点、环境、过程、节事活动，经过营销策划宣传，将旅游目的地推向市场，以实现旅游需求满足和旅游目的地利益共赢的一种新的营销类型。

影星、外景地或能够表达电影元素的主题，都能够诱惑一定的观众。而一些不显眼或没有吸引力的场景也可能产生意想不到的效果。在影视营销中，合理选择和运用各种植入方式提高旅游目的地和剧情的融合度是极为重要的，融合度越高，对游客的影响越大，营销效果越好。目前影视营销的植入方式主要包括对白植入、故事情节植入、场景植入三种，其中以故事情节植入难度最高、效果最为显著。因此，旅游目的地应与制片方精心策划，针对目的地的特点和剧情的需要，选择合适的植入方式，进行深度植入。灵活运用多种植入方式，将旅游目的地的特性融入整个剧情中，成为情节开展的主线，从而推动整个故事情节发展，实现有效营销。

（二）借助情感移入，连接旅游者行为和目的地消费

首先，影视营销能增强目的地临场感，通过影视剧的播放将旅游目的地及其产品生动地展现在观众面前。影视作品借助影星、人文和自然景观、感人的情节等使游客移入情感，参与影视作品的体验，拉近游客与旅游目的地之间的距离，使其更加富有主体性，如同亲历其间，这种身临其境的感觉能强烈地刺激旅游者产生去影视剧拍摄地旅游的欲望。此外，借助影视剧营销可以使旅游目的地被展现的时间更长，从而有利于增强潜在旅游消费者对旅游目的地的记忆程度。

其次，影视营销能引领目的地消费，旅游目的地借助于影视营销更能满足消费者追求流行时尚的需求。通过电影电视的播放来向旅游者传达旅游地信息，可激发潜在旅游者的旅游动机，树立旅游目的地形象，刺激旅游者的消费行为。根据马蜂窝发布的《全球旅游目的地分析报告》，有24.5%的游客会种草影视剧或综艺中的取景地，会想要亲自去取景地，走相同的路线。

（三）连接剧情与观众共鸣点，开发相关旅游商品

随着"70后""80后""90后"群体成为旅游市场的主角，旅游群体正呈现年轻化趋势，催生了一个年轻化的旅游新时代。旅游目的地作为影视剧的外景地，会产生独特的艺术价值。成功影视作品的艺术魅力长盛不衰，当地旅游局应抓住影视剧的热潮，紧扣影视剧中能够引起观众共鸣的关键点，开发相应的产品，推动旅游商品的发展，带动当地经济发展。例如，澳大利亚旅游局与电影《鳄鱼邓迪》合作拍摄宣传片，创造"核心回忆点"，通过设计一系列与影片内容相关的活动和旅游纪念品，勾起美国中青年人群的"集体回忆"。

四 视频和内容营销提升目的地情感形象

（一）借助优质内容和大数据，连接旅游细分市场

内容营销是指创建一个与消费者相关的、有价值的、有吸引力的内容，

并把这些内容分享给目标受众，通过内容吸引顾客购买。

内容营销通俗地理解就是"讲故事"。优质故事的设计与开发是做好旅游内容营销的核心。当前大众文化兴起，互联网飞速发展，新媒体平台生命力顽强，小说、漫画、游戏等IP资源具有庞大的粉丝群体，且作为文化产业的一种形式，引入旅游行业后，其内涵和外延可得到无限延展，能够进行多元价值开发，因此成为旅游目的地内容营销的重要模式之一。营销人员可以借助大数据对粉丝进行准确分析，了解用户行为和喜好，按照其消费行为、地域、兴趣爱好等将旅游目的地与IP进行有效结合，利用"旅游＋"细分市场新模式，包括体育、美食、节庆、文化等，挖掘目的地旅游新潜力，挑选最匹配的营销信息，集合粉丝群体，主攻新媒体平台，适时制造事件，宣传造势，捕获旅游目的地消费人群，助力旅游目的地精准营销，推动全域旅游新发展。

（二）短视频与原创内容相连接，实现自传播式"病毒式"营销

在多样化、碎片化和视听化的网络时代，短视频开辟了旅游产品营销的新模式。兼具内容入口与社交基因的短视频，年轻用户十分愿意买账。抖音、快手等短视频平台，也成为在线旅游平台上出现频率最高的词汇之一。在原创内容的带动下，一边旅游一边分享短视频成为旅游新方式，竞相模仿或二度创作的短视频在消费者的自主参与下形成口碑传播，进而逐渐转化为"病毒式"传播，借势热点话题和平台，通过精准营销获得易感人群，找到他们的关注点，增强游客情感共鸣和忠诚度，实现营销价值。根据马蜂窝发布的《全球旅游目的地分析报告》，有28.1%的游客会根据亲朋好友的推荐来选择出游的目的地，由此可见口碑传播巨大的影响力（见图4）。例如，2017年，土耳其明星大厨Nusret Gke将自己切牛扒的视频上传到Instagram，很快就"病毒式"传播起来，成为网络红人SaltBae。视频里他怪异又流畅的撒盐动作吸引了所有人的眼球，甚至不少人慕名去土耳其的这家餐厅欣赏他的撒盐风姿。

（三）旅游直播营销，造就网红旅游目的地

内容很难甚至无法直接刺激旅游类的冲动型消费。根据艾瑞用户调研的

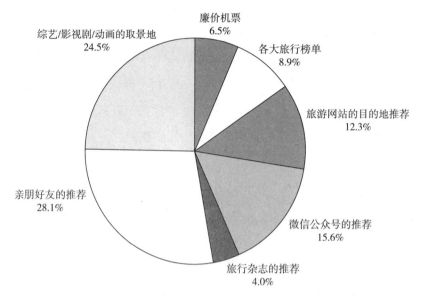

图4　2017年中国游客目的地选择动机来源及其所占比例

资料来源：马蜂窝数据研究中心，2017。

结果，观看直播的用户中有高达97.2%的人对此持正面态度，会观看或参与直播，甚至有64%的用户有一定的消费倾向，愿意为主播推荐的产品买单，可见其市场潜力巨大（见图5）。旅游直播营销能够充分发挥"旅游+"的作用，将旅游业与互联网融合发展，把旅游目的地的风景、游览体验活动、民族风情等通过网络直播的方式展示给观众；或向观众推荐精美的旅游路线、多样的旅游产品等；打破时空限制，及时收集用户反馈，全方位实时互动；利用名人效应实现二次营销，根据用户特点细分市场进行精准营销，击中游客心理，从而增强用户体验欲望。直播营销以低成本、高曝光率的特点获得越来越多的关注，市场规模和收入都逐年增长。

　　快手、抖音、美拍、微吼直播在用户需求大数据分析的基础上推出了多款针对不同年龄和行业领域的产品，并且不断拓展功能，满足旅游、休闲、都市生活等产品的直播需求。通过不同平台，旅游目的地可以进行精准信息推送，并且进行C2B反向定制服务，针对单身、情侣、亲子等不同主题类型进行创意定制营销。

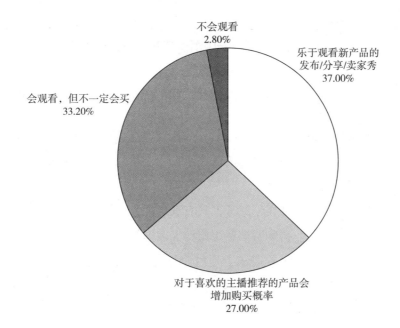

图5　2017年网络直播用户对直播营销态度分布

资料来源：艾瑞收集的直播营销调查问卷，2017

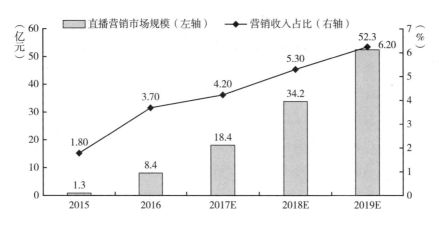

图6　2015～2019年中国直播营销市场规模及收入占比

资料来源：综合企业财报与专家访谈，根据艾瑞统计模型计算。

五 精准营销提升目的地营销效果和转化率

（一）精准定位和沟通相连接，促进目的地产品和服务创新

精准营销是在精准定位的基础上，依托现代信息技术手段建立个性化的顾客沟通服务体系，实现可度量的低成本扩张之路，是有态度的网络营销理念中的核心观点之一。

市场定位精准的基础在于细分，只有准确区分市场，才能保证有效的市场、产品和品牌定位。精准营销利用旅游大数据精准定位、精准沟通找到并"唤醒"大量的、差异化的需求，通过个性化设计、制造、提供产品和服务，最大限度满足目标客户的有效需求，提高了旅游目的地的客户服务水平，获得了理想的经济效益。

（二）定制个性化旅游产品，提高游客让渡价值

只有与精准的定位和沟通相适应，利用大数据针对不同的消费者和消费需求，设计、制造、提供个性化的产品和服务，对游客进行个性传播，才能低投入、高效率地满足旅游者需求。个性化的产品和服务在某种程度上就是定制。通过提供给游客个性化的产品和服务，节约游客在购买过程中的时间、精力和体力等，提高游客满意度，从而提高其让渡价值。

例如，日本 Mokumoku 亲子农场以"自然、农业、猪"为主题，以亲子客户为核心群体，分为四大区域，集观光游览、亲子科普教育、产品展览、餐饮美食、休闲体验、商品购买、度假住宿等服务功能于一体，巧妙地将生产、加工、销售与观光体验结合起来，形成一个循环的商业模式，极大地增强了农场的吸引力。

（三）依托现代信息技术，改善游客与目的地连接质量

全方位的互动式传播沟通体系采用的不是大众传播，它要求的是精准，

有以下几种形式：DM、EDM 营销，直返式广告，电话、短信、网络推广，微博营销，微信营销等。精准营销利用大数据，通过各种现代化信息传播工具与旅游者进行直接沟通，绕过复杂的中间环节，从而避免了信息失真，可以比较准确地了解和掌握他们的需求和欲望。通过行业领先的精准数据挖掘和分析技术，层层过滤找出真正的消费者，引导他们的信息寻找行为，使其在产生消费行为之前，浏览旅游目的地信息，并主动与旅游目的地沟通。例如，佛罗里达州的可可海滩在其网站的所有关键界面安装了 Facebook 像素，利用其收集数据、自定义受众并寻找类似的人群，定位对海滩度假旅游感兴趣的目标客户，精准投放轮播广告和视频广告，引导旅游者的消费行为。

六　体验营销深化目的地要素构成和产业组合

（一）关注个性化需求，赋予目的地营销情感色彩

旅游体验营销是指旅游目的地根据游客情感需求的特点，结合旅游产品、服务的属性，策划有特定氛围的营销活动，让游客参与并获得美好而深刻的体验，满足其情感需求，从而扩大旅游产品和服务销售的新型营销活动方式。其包括感官式营销、情感式营销、思考式营销、行动式营销、关联式营销。

实现个性化需要摆脱思维定式，承认需求的多样化与个体的差异性，并采用差异化的服务满足不同游客的需要。实现人性化则需要通过无微不至的服务，满足游客内心被关爱的需要，建立彼此间的情感联系与牢固的顾客忠诚度，也就是"将心比心"。因此，旅游目的地应该采用灵活多样的营销方式，及时回应旅游者的情感诉求，打造具有仪式感的活动拉近目的地与游客之间的距离，使旅游产品在游客所经历的众多产品中脱颖而出，成为游客主动分享和口头传播的焦点。

（二）特色内容连接主题形象，打造目的地深层互动体验

首先，体验式营销，内容才是最重要的产品，需以内容为王，只有把内

容做好，才能带来效益。只有构建完整的特色产品构架，才能真正实现游客的口碑传播。

其次，体验营销强调旅游目的地必须有明确的主题。主题就如同一篇文章的中心思想，主题明确，体验设计才会给顾客留下深刻印象。因此将旅游场景主题化，将特色内容与主题相连接，让游客融入整个营销环节，与旅游产品、目的地进行深层次的互动沟通，充分发挥体验营销高度参与性、互动性、趣味性、协同性等特点，是游客深入了解目的地的最佳方式。

（三）设计虚拟旅游项目，促进目的地信息化建设

在以游客体验为基础的虚拟运营中，虚拟旅游是体验营销最直接的体现方式，也是游客在旅游前的"预体验"。在营销平台中，利用现代计算机模拟软件的虚拟旅游占有一定的比重，它带给游客的是对旅游目的地最直观的感受。虚拟旅游单元的设计是目的地营销最有效的手段之一，也是旅游目的地信息化建设的重点之一。例如，2018年2月，日本秋田县大官市与谷歌公司合作，在谷歌街景中推出秋田犬视角的大官市全景观光地图，著名的忠犬八公铜像及秋田犬会馆等观光景点利用秋田犬名气来宣传当地的魅力，为游客提供了观赏秋田之乡的全新视角。

七 创意营销推动的全球旅游目的地营销转型趋势预测

（一）创意营销创造全球旅游目的地营销新效率、新体验、新格局

虚拟技术、全产业链合作、影视营销、视频和内容营销、精准营销、体验营销等策略创新将极大地提升全球旅游目的地营销效率，全面改善旅游者的旅游体验。传播的方式和途径发生了变化，传统的旅游目的地营销已经很难抓住人心，而借助新技术和新媒体的创意营销投入小、见效快，常常能够给旅游目的地带来意想不到的收获。创意营销能够制造适合网络传播的舆论

话题，准确地抓住公众的眼球，从而促进旅游目的地营销的传播速度和效率，丰富旅游目的地营销渠道和方式，使其呈现多元化发展的新格局。

（二）创意营销打造旅游目的地营销爆点，引领消费潮流

为了适应旅游市场的变化，创意营销在精准定位的基础上，充分了解受众的心理特点和消费需求，借助新媒体作为传播的媒介，用良好的创意和幽默、智慧、人性化的表达方式吸引公众，使其产生情感共鸣，并自觉地给予复制和传播，从而打造旅游营销的爆点，造就众多的网红旅游目的地，成为旅游目的地快速扩大品牌影响、宣传品牌形象的有力助手。此外，目前旅游市场上，营销存在的最大的问题就是过度迎合消费者，而创意营销则是化被动为主动，从迎合消费者转化为引导消费者，培养忠实的用户，告诉消费者应该怎么玩，触发他们的消费冲动，使旅游目的地获得可持续竞争的优势。

（三）创意营销推动全渠道资源整合和跨界合作

过去的旅游目的地营销通常都是单一部门、单一行业的行动，但是现在这一方式已经不适应旅游目的地的全方位发展需求，逐渐被旅游市场所淘汰。创意营销充分发挥资源优势，整合线上线下多渠道以及各个部门的资源，包括景区、旅行社、航空公司、政府部门、媒体等，将营销和销售产品结合一体形成联合营销，甚至建立目的地营销组织，推动全产业链合作，实现营销效果的最大化。此外，创意营销推动越来越多的跨界合作，打破以往"打包＋促销"的旅游营销方式。众多 OTA 推出"酒店＋""景区＋"等融合产品组合营销，提高了曝光度，扩大了现有的客户群体，实现了目标客户的精准定位。

（四）创意营销全面升级内容营销，改善旅游体验和情感互动

创意营销改变了内容营销的故事和讲故事的方式，更加注重优质内容的设计和开发。优质内容的标配是高颜值和真情感，能够与产品、品牌的调性保持一致。以旅游短视频和 IP 为主的内容营销不仅仅能够吸引眼球，获得

一定的关注和流量，而且更具有真实感和立体感，互动性强，能够用"润物细无声"的方式将旅游目的地信息植入受众的内心，将产品营销成功转化为情感营销，增加与旅游者的情感互动，从而提升旅游者的旅游体验和对旅游目的地的情感认知。

参考文献

蔡凤琳、王诗理：《环境可持续与旅游竞争力的提升——新西兰的旅游发展经验与启示》，《四川烹饪高等专科学校学报》2013 年第 5 期。

李玲：《"霍比特人"推动新西兰旅游》，《中国旅游报》2015 年 1 月 23 日。

刘丽娟、李天元：《国外旅游目的地品牌化研究现状与分析》，《人文地理》2012 年第 27 卷第 2 期。

金丽：《国际旅游城市的理论与实践》，南开大学出版社，2014 年 11 月。

李玲：《从"向游客推荐景点景区"到"与游客建立情感共鸣"－新加坡旅游局启用全新旅游品牌》，《中国旅游报》2017 年 10 月 5 日。

袁新华：《旅游目的地营销应注重发挥好三个"效应"》，《旅游学刊》2006 年第 21 卷第 7 期。

李庆雷、廖春花、梁彩霞：《旅游创意营销：消费社会旅游营销理论的创新与发展》，《湖北经济学院学报》2011 年第 9 卷第 5 期。

孙莹：《微时代旅游营销的新模式——旅游微博营销》，《新闻知识》2013 年第 1 期。

杨俊博：《电子商务环境下旅游营销模式的创新》，《价格月刊》2014 年第 4 期。

梅楠、杨鹏鹏：《旅游目的地联合营销网络的构建》，《人文地理》2010 年第 25 卷第 4 期。

Claudia-Bell：100% PURE New Zealand：Branding for back-packers. *Journal Of Vacation Marketing*，October 2008.

Estela Marine-Roig, Salvador AntonClavé：Tourism analytics with massive user-generated content：A case study of Barcelona. *Journal of Destination Marketing & Management*. 4 (2015).

G.18

消费升级背景下的度假创新：
复星旅文的经验与启示

钱建农*

摘　要： 伴随着中国消费升级的发展，旅游业成为国民经济发展的重
要力量，而旅游行业近年来的强劲增长也催生了一批新的行
业领导企业。复星旅游文化集团从投资全球领先的旅游品牌
到"产业运营＋战略投资"双轮驱动，短短几年间建立了一
个聚焦家庭休闲度假的 FOLIDAY 度假生态系统，并成为全球
领先的综合性旅游集团之一。复星旅文的发展和成长折射了
消费升级的产业变革，也显示出创新和全球化战略的重要性。

关键词： 休闲度假　全球化　全产业链　差异化创新　新的生活方式

一　休闲度假的现状与前景

（一）休闲度假行业现状、痛点及趋势展望

1. 全球和中国休闲度假行业现状

（1）全球和中国经济及旅游业现状

过去数年，全球旅游业持续发展，已成为全球规模最大及发展最快的经济

---

* 钱建农，复星旅游文化集团董事长兼首席执行官，在旅游及零售行业拥有逾 20 年经验。

板块之一。2017年其体量占全球GDP比重达到10.4%。全球旅游市场收入由2013年的45165亿美元增长到2017年的54639亿美元，年复合增长率为4.9%，并预期于2022年增长到80000亿美元，自2017年起的年复合增长率为7.9%。

全球人均旅游支出在全球人均家庭支出中的占比不断提高，已从2013年的10.3%提高到2017年的11.9%。未来，受益于可支配收入的持续增加、休闲时间的增多、交通服务的改善和全球签证政策的放宽等因素，预计2022年的全球人均旅游支出在全球人均家庭支出中的占比将达到13.3%。

图1　2013~2022年全球人均家庭支出及旅游支出

资料来源：世界银行、世界旅行及旅游理事会及弗若斯特沙利文。

说明：2018~2022年为预测数据。

2013~2017年，中国经济稳步增长。中国人均可支配收入和人均家庭支出分别由2013年的18311元及13220元增长到2017年的25974元及18322元，年复合增长率分别为9.1%及8.5%。中国旅游市场的增长速度显著高于全球。中国旅游市场收入由2013年的32157亿元增长到2017年的54040亿元，年复合增长率为13.9%，并预期于2022年增长到92753亿元，自2017年起的年复合增长率为11.4%。中国已成为世界最大的旅游市场之一和很多国家的主要旅游客源国，中国的国内旅游、出境旅游人次和境外旅游消费均列世界第一。

而受益于经济稳定增长、文化和娱乐商品及服务消费增加、旅行频率增加等因素，中国人均旅游支出由 2013 年的 2363.2 元增长到 2017 年的 3887.6 元，年复合增长率为 13.3%。尽管如此，中国的人均旅游支出仍远低于全球平均水平 740.8 美元（约 5007 元），显示出中国旅游市场巨大的增长潜力。

（2）全球和中国休闲度假行业现状

弗若斯特沙利文的报告显示，全球旅游市场按照旅游目的可分为休闲度假、商务、探访亲友、健康及其他旅游。其中，休闲度假旅游已成为最大的细分市场，占 2017 年全球旅游市场总收入的 58.5%，并预期于 2022 年提升至 60.8%。全球休闲度假旅游市场仍然高度分散，以 2017 年收入计，十大市场参与者合计仅占 4.9% 的市场份额。

随着消费升级趋势的出现，传统的观光游已经越来越不能满足消费者日益增长的文化和体验需求，休闲度假已成为趋势。中国的休闲度假旅游市场取得显著增长，收入由 2013 年的 13828 亿元增长到 2017 年的 24859 亿元，年复合增长率为 15.8%，并预计于 2022 年达到 45490 亿元，自 2017 年起的年复合增长率为 12.8%。我们相信随着生活水平的逐步提高和闲暇时间的增加，游客的旅游消费需求趋于多元化，且更注重体验类的休闲度假旅游活动，高品质的休闲度假旅游将迎来增长机遇。

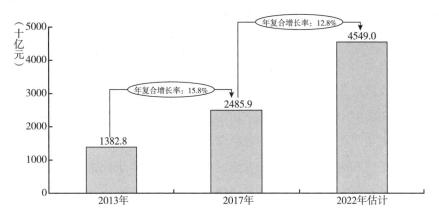

图 2 2013 年、2017 年及 2022 年中国休闲度假旅游市场收入

资料来源：中国文化和旅游部、国家旅游局及弗若斯特沙利文。

说明：2017 年后为预测数据。

2. 中国休闲度假行业所面临的痛点及挑战

在中国的休闲度假行业面临高速增长的发展机遇的同时，我们也看到中国市场跟世界成熟旅游市场的差距，以下列举的痛点和挑战未必全面，但也希望能与旅游从业者共同思考。

（1）供给不足，产业链不完整，业态有待丰富

长期以来旅游业的粗放发展，导致目前市场上大部分的旅游产品同质化严重，只能依靠价格竞争获取客源，缺乏核心产品力，淡旺季明显，且盈利性总体不好。旅游基础设施也大部分是以满足观光游为主，休闲度假设施缺乏，度假内容和业态不够丰富，消费频次低，没能形成整合的旅游产业链，跟不上旅游发展需要。

（2）缺少有代表性、有产品力的标杆产品

近年来文旅项目投资火热，国家旅游局数据显示，截至 2017 年底，全国已有 144 只旅游产业投资基金①，总规模超过 8000 亿元，已形成了民营为主、国有企业和政府投资共同参与的多元主体投资格局。但中国的旅游产品缺乏品牌化，没有能够称得上世界级的旅游 IP 和核心产品力。大部分的文旅项目缺乏创新、文化特色以及科技含量，缺少一站式的文旅综合体，还有很大的提升空间。未来，不具备竞争力的同质化项目将逐步遭到市场的淘汰。

（3）旅游服务软实力有待加强

旅游业是服务业的一种，游客在预订和出游的过程中所享受到的服务质量会极大地影响用户体验。中国的旅游业从业者的服务水平与国际对比，还有很大的进步空间。中国的旅游业急需高水准的管理人才和高素质的服务人员。不论是政府还是企业，都需要通过内部培养和外部引进，建设创新型、国际型、复合型人才队伍，做好多层级人才储备和管理。

---

① 李金早：《2018 年全国旅游工作报告》，http：//travel. china. com. cn/txt/2018 - 01/09/content_50205965. htm，2018 年 11 月 22 日。

（4）需要具有全球整合能力的企业来引领行业发展

目前（2018年11月6日）全球最大的旅游企业Booking Holdings Inc.的市值约为900亿美元，而中国最大的旅游企业市值还不到其1/4，中国缺少真正具有全球影响力和知名度的旅游企业来打造具有全球竞争力的旅游产品和提供世界级品质的一流服务。中国旅游市场的变化需要相应的产品和服务，中国旅游企业更应该走出去寻找上游优质的旅游目的地资源和下游覆盖全球客户的渠道。未来要比拼的，是企业有没有形成自己的生态系统，有没有影响世界的力量。要"走出去"更要"引进来"，让海外更高品质的旅游度假产品来丰富国内旅游产品的业态；要学习成熟市场先进的管理制度和经验，向国际一流标准看齐，从而提高企业竞争实力。

3. 休闲度假行业的发展趋势及展望

（1）重品质、重体验

收入的增加和消费结构的改变，使得人们更加注重产品和服务的品质，也更愿意为高品质的旅游服务付出更高的价格，定位在中高端市场的企业将受益。游客更加注重出游体验，产生包括住宿需求逐步升级、更注重对当地旅游民俗文化的体验等需求。温泉、滑雪、主题乐园等带来深度体验的产品将继续受到游客欢迎，文化和娱乐活动将是休闲度假旅游的重要组成部分。

（2）多元化、一站式

消费者偏好多种产品和服务的组合，希望选择更便利的一站式体验。休闲旅游时代的旅游消费将不限于旅游景区的观光花费，而是更加多元化。无论是水上运动、冰雪运动、演艺娱乐、传统文化体验，还是美食、购物、水疗等，消费者希望能以最便捷的方式在一个旅游目的地尽可能多地选择其所偏好的产品和体验，而能够提供这样一站式服务的企业将在全球休闲度假行业中占据越来越大的市场份额。

（3）定制化、个性化

不同的消费群体有不同的旅游需求。根据Booking发布的报告，中国的旅行者将变得更加自主，基于自己的经济条件和兴趣爱好，做出适合的旅行选择。调查显示，72%的中国旅行者将在各类APP和新科技的帮助下，获

得舒适且个性化的自由行体验。而作为目前主要消费群体的千禧一代则更加追求与众不同的旅游体验，这种独特体验将使他们在社交媒体分享时更受关注。网络分享的日益普及也将影响旅行者对旅游产品和服务的选择。

（4）新科技、数字化

四大类技术（VR/AR/MR，人工智能，区块链，IoT/可穿戴设备）将引领旅游业未来科技进步，为旅游产品和模式创新带来契机，也正在改变消费者对旅游目的地了解、预订和体验的方式。根据 Booking 发布的报告，80%的中国旅行者希望在购买旅行产品前，可以通过 VR 抢先体验一把。科技的发展缩短了全球各地的距离，全球休闲度假市场将更加高效及自动化，这也加大了全球旅游行业整合的可能性。

（二）全球领先休闲度假企业的成功经验——以途易（TUI）为例

综观全球，海外的休闲度假产业比中国成熟，一些领先的休闲度假企业的成功经验可以为中国企业的发展提供借鉴。这里我们选取了全球领先的综合性旅游集团之一途易（TUI）作为参考案例。

1. 业务模式

TUI 成立于 1968 年，是一家总部位于德国的世界领先的大型旅游集团，其业务板块包括旅行社、酒店及度假村、邮轮、航空、目的地服务等。市值（2018 年 11 月 6 日）约为 87 亿欧元，是 5 年前市值的 4 倍多。

根据 TUI 的年报，TUI 的业务范围覆盖全球 180 多个目的地，在 2017 财年为约 2000 万的游客提供了服务。其在全球拥有约 67000 名雇员、约 1600 家旅行社网点，运营超过 380 家酒店、6 条航线及约 150 架飞机、16 艘邮轮、超过 1000 辆车。其中，2017 年酒店及度假村总体入住率为 79%（主要品牌 RIU 的入住率达到 90%）。2017 财年，TUI 的营业收入为 185.4 亿欧元，EBITDA 为 14.9 亿欧元，归母净利润为 6.4 亿欧元。

TUI 自 2014 年起启动垂直整合战略，这种商业模式的核心在于为客人提供自身运营的酒店及度假村、邮轮等服务，服务范围涵盖度假产品的咨询和预订，自有航空公司的航班预订，自有或运营的酒店及度假村、邮轮预订等。因此，TUI 通过全产业链覆盖的垂直整合战略提高了公司综合竞争力，能在遭遇不利外部环境因素时，快速地做出反应和调整。TUI 通过持续强化服务品质及品牌战略，不断提高市场准入壁垒。在数字化方面，TUI 于 2017 年年中宣布已经将其所有合约都转移到了私人区块链上，并准备将所有库存信息也移至区块链上。据报道，目前该区块链项目已经实现酒店各销售点之间的需求整合，并结合生产销售系统调整了酒店库存和销售利润。下一步，其还会将物业管理系统纳入进来，以实现更大范围的资源调配和整合。最终，TUI 将实现客户数据和区块链平台的对接，并结合营销系统，让公司与客户之间形成一对一的个性化营销服务关系。

2. 借鉴经验

TUI 的成功经验对于我国文旅企业极具借鉴意义。其通过垂直整合战略，聚焦核心利益板块，巩固了市场地位。TUI 对资源端和渠道加强掌控，提升目的地服务水平，并利用强大的线上和线下渠道为目的地资源导流。其在数字化和标准化方面的率先变革，以及发展旅游技术端等的做法，都对我国文旅企业具有启示性。

二　复星旅文的成长之路与战略逻辑

复星于 2010 年投资地中海俱乐部（Club Med），从而进入旅游文化产业。近年来，通过投资并购、产品孵化和产业整合，复星旅文业已成为聚焦家庭休闲度假市场的龙头企业。根据弗若斯特沙利文的报告，复星旅文是聚焦休闲度假的全球领先的综合性旅游集团之一，是 2017 年全球最大的休闲旅游度假村集团。

回顾复星旅文近十年来的发展历程，不难发现，其运作模式从早期的战略投资转变为目前的"双轮驱动"，即"战略投资＋产业运营"。而这样转变的背后，折射出复星旅文因势而生、顺势而为的商业逻辑，以及"中国动力嫁接全球资源"的全球化战略布局。

　　复星成立于 1992 年。基于在投资领域积累的优势，于 2009 年成立商业事业部（即复星旅文的前身），专注于旅游和商业领域的投资。中国居民可支配收入的节节攀升提升了消费能力，提高了大众对于旅游（特别是休闲度假旅游）的需求度。面对已然来临的旅游业风口，复星判断，未来旅游业的趋势将逐步从低附加值的观光型旅游转向高附加值的休闲度假旅游，而中国休闲度假市场上优质产品的稀缺，对于复星而言是个难得的机遇。2010 年，复星正式开启国际化进程，将投资的目光瞄向了海外优质项目，就这样，Club Med 进入了复星的视线。

　　1950 年 Club Med 成立于法国。它不仅是一价全包度假村概念的创始者与先锋，更是全球最大的休闲旅游度假村集团。2008 年国际金融危机爆发，为其贡献绝大部分收入的欧美业务遭遇重创，使得 Club Med 在 2009 年出现了大额亏损。中国的旅游业却呈现出"风景这边独好"的景象。当时国内的旅游业较之以往有了很大不同，随着消费能力的提升，出国旅游成为越来越多人的选择。除了出境游人次明显增多外，单一的景点游已经不能满足游客日益增长的需求，国内亟缺优质的休闲度假旅游产品，复星看到了其中的机会。2010 年 6 月，复星与 Club Med 发布公告称，复星收购 Club Med 小部分股权，成为该企业最大的战略投资者之一。此后，复星一方面帮助 Club Med 吸引国内游客，另一方面则帮助他们在中国国内开办度假村。

　　引入复星后，Club Med 进入中国开展度假村业务。首个度假村即位于黑龙江省的亚布力度假村于 2010 年开业，第二家桂林度假村于 2013 年开业。2013 年复星联合基金公司向 Club Med 发起了全面要约收购。Club Med 要约收购项目是法国证券史上时间最长最复杂的要约收购案例，经历了小股东诉讼、8 轮对手竞价和交易结构变化，历经 22 个月，最终于 2015 年顺利完成。复星对 Club Med 几乎实现了完全控股，Club Med 随后于巴黎退市。Club Med 要约收购项目不仅引发了欧洲的关注，各大媒体争相报道，更体现了复星在全球空前的影响力，使复星进入了全球视野。截至 2017 年 12 月 31 日，中国已成为 Club Med 度假村继法国后的第二大客户来源市场（按访客数量计）。

投资 Club Med 是复星全球化的开端，在全球化战略的引导下，复星提出了"中国动力嫁接全球资源"的战略思路。收购全球最大休闲旅游度假村集团，极大地丰富了复星在全球旅游行业的产品端资源，而如何利用手中的优质产品打通销售渠道就成了复星急需解决的问题。于是，2015 年，复星向世界上历史最久的领先旅游集团之一托马斯·库克（Thomas Cook）做出少数股权投资，并与其成为战略合作伙伴。同年，复星与 Thomas Cook 成立合资旅行社酷怡，提供高品质的旅游产品和服务。自此，得益于复星的全球化战略布局，Club Med 和 Thomas Cook 作为两家世界知名的旅游集团，彼此间深度合作、相互赋能，实现了业务协同。复星的战略随后也逐步进化到"全球动力嫁接全球资源"。

2016 年复星旅文正式注册成立。通过投资，复星旅文不断引入国际领先的休闲度假资源。在旅游业由传统观光型旅游转向休闲度假旅游的大趋势下，复星旅文若想顺势而为，势必加强自身产业运营的能力，深耕休闲度假领域。复星旅文围绕全球家庭的休闲度假需求，进行全产业链布局和全球化资源整合。早在 2014 年，复星投资的三亚·亚特兰蒂斯就开始兴建，该项目于 2018 年正式开业，成为复星旅文旗下高端一站式娱乐休闲及综合旅游度假目的地。除了引进全球旅游行业的领导品牌外，复星旅文近年来也在不断孵化和培养自己的 IP，旗下已拥有旅游目的地专业运营商爱必浓、文化和娱乐活动提供商泛秀、国际亲子玩学俱乐部 Miniversity、在线旅游平台和旅行社复游旅行，以及全球会员俱乐部复游会等。国际品牌和自有品牌的产品互相串联整合，初步形成了一个具有众多优势的强大生态系统。在客户端资源方面，通过对全球化客户的掌控，复星旅文可以为国内业务导入国际客源，平衡淡旺季的游客，也能介入利润较有保障的出境游市场。通过"双轮驱动"和全球化的方式，复星旅文成功地把细分市场领域里面的领先品牌纳入 FOLIDAY 旗下，形成行业竞争壁垒。今日的复星旅文已然成为复星"健康、快乐、富足"三大战略业务之一"快乐"板块的重要组成部分，以及全球家庭休闲度假的引领者。

三 复星旅文的启示与思考

（一）打造 FOLIDAY 生态系统

中国的旅游行业之前处在"工业革命"时期，需要进入"信息革命"时代。"工业革命"时期的特点是简单复制、专业分工和大规模生产，由此产生两个问题，一是产品同质化严重，行业利润非常低；二是服务链条长，客户体验差，因为一个旅游计划里的各个环节的服务可能是由不同供应商提供的。我们从零售行业的发展中可以得到以下启示：沃尔玛、家乐福出现前，人们习惯了在小卖部和街边店购物，但这些零售巨头出现后，迅速成为人为消费购物的核心场所。目前的旅游行业也是处在非常分散的"街边店时代"，而复星旅文打造的正是旅游行业的沃尔玛、家乐福。这就是复星旅文的目标：打造一个有别于目前旅游行业形态的升级版旅游集团，一个全球旅游的生态系统，通过模式、产品等方面的创新，为旅游行业转型升级创造价值。

1. 生态系统里品牌相互协同，产生"1＋1＞2"的效应

复星旅文创建的 FOLIDAY 生态系统，包括投资并购的全球领先品牌，比如 Club Med，也包括大量孵化品牌。聚焦家庭休闲度假，FOLIDAY 生态系统里各个品牌通过迅速整合、相互赋能。Club Med 2017 年的游客量超过135 万人次，其作为生态系统中的一员，在客户层面会有很多的融合，将和三亚·亚特兰蒂斯及其他产品相互导流。再比如复星旅文的丽江项目，凭借背靠雪山，南邻白沙、束河古镇，四邻山体自然森林的地理及自然环境优势，将吸纳复星旅文旗下众多品牌和合作品牌落户，例如 Club Med 等。多优势品牌的汇聚，无疑将让丽江项目成为继三亚·亚特兰蒂斯之后的又一个国际旅游度假目的地。

2. 新加入的品牌受益于生态系统的赋能，能够迅速成长

鉴于现有生态系统的强大能力，新的品牌加入后能够被赋能，实现迅速

成长。比如国际亲子玩学俱乐部 Miniversity 迷你营，由复星旅文和全球领先的促进儿童学习发展公司的领导者 Mattel 联合成立，其第一家门店落址于三亚·亚特兰蒂斯酒店一层。通常一个新的亲子品牌的培养需要大量的前期投入，包括产品设计、市场推广、多点开店等。品牌的成长有一定周期，即使前期投入巨大，也未必能够确保品牌的成功。而亚特兰蒂斯拥有大量客流，可以为刚刚"出生"的 Miniversity 不断导流，使这一品牌在创始之初便迅速建立了品牌影响力，为其今后的发展奠定了坚实的基础。而 Miniversity 亦在城市复制，其相对高频的消费场景也将为 Club Med 这一相对低频的产品带来流量。Miniversity 的合作方之一正是 Club Med，客户将有大量的时机接触 Club Med 的产品，并和 G. O 进行沟通，带来交叉销售的机会。

（二）凸显生态系统的特性

1. 多元化、全球化

复星旅文从最初的投资开始，便吸纳了众多全球旅游行业的领导品牌，如 Club Med、Thomas Cook 等。Club Med 在全球各地建立了多元化的度假村组合，选址在世界风光旖旎的地方，如法国的阿尔卑斯山、墨西哥的坎昆、印尼的巴厘岛及中国的桂林等。截至 2018 年 6 月 30 日，Club Med 在全球 40 多个国家和地区开展业务，并在超过 26 个国家和地区拥有 69 个度假村，可以说 Club Med 已成为全球大部分地区家喻户晓的品牌。总部在英国伦敦的 Thomas Cook 为世界领先的旅游集团之一，也是世界上历史最久的旅行社之一，拥有悠久的品牌历史。根据 Thomas Cook 年报，截至 2017 年 9 月 30 日，Thomas Cook 拥有 190 家自有品牌酒店、约 90 架飞机、22000 名员工和 2000 万名客户，财政年度收入约为 90 亿英镑。复星旅文亦与其他全球领导品牌建立了深度合作，比如 Atlantis、Mattel、太阳马戏团等。

2. 定制化、个性化

为满足消费者对休闲度假的深度需求，复星旅文不断加强产品研发，推出一系列定制化、个性化的产品与服务。而复星旅文与 Thomas Cook 的合资旅行社也推出了一系列球票加酒店的观赛游定制套餐，充分利用 Thomas

Cook 在欧洲的资源优势，把客户连接起来，并且量身打造个性化的线路，提供定制游的高品质服务。作为文化和娱乐演艺的新生力量，泛秀突破了其他旅游演艺"千人一面"的现状，结合每个旅游目的地的特色，打造不同的产品，突出沉浸式或互动性体验，与国外优秀演艺 IP 强强联合，从而让旅游演艺节目真正成为休闲度假的体验式服务项目。

3. C2M 战略的独特性

复星旅文的 C2M（Customer to Maker 客户到智造者）战略以家庭客户为中心，提供高品质的休闲度假产品和服务，智造全球家庭的快乐生态系统。该战略旨在实现客户和休闲度假产品端的无缝链接和赋能循环，精确瞄准家庭客户的需求和痛点，通过人工智能、大数据、云计算、物联网等技术，清晰人群画像、重塑供应链、助力产品的引进与创新，让制造端快速、工业化、规模化、低成本地响应与满足客户个性化需求，为消费者提供快乐的休闲度假解决方案。通过科技引领，全面提升 C2M 快乐生态系统的产品力与竞争力，最大化客户价值。FOLIDAY 平台是复星旅文 C2M 战略的具体落地，将进一步提升复星对于全球家庭客户的有效覆盖，优化 C 端家庭客户与优质的度假产品和服务即 M 端的匹配，持续为全球家庭客户提供极致的消费体验。比如复星旅文重点旅游目的地三亚汇聚了三亚·亚特兰蒂斯、Club Med、爱必浓、泛秀、Miniversity 等众多品牌，各品牌的客户通过 FOLIDAY 线上旅游平台相互导流，在三亚形成 FOLIDAY 的集群化优势，给客户一站式的独特享受。也能够根据客户的需求和反馈迅速调整和优化我们的产品，这是不掌握资源端的 OTA 们所无法做到的。

（三）不断实现产品与服务创新

复星旅文聚焦休闲度假，从产品来讲，围绕家庭用户的度假需求，提供全球最好的产品，也根据中国的市场情况和各旅游目的地的情况因地制宜提供产品，不简单复制。以三亚·亚特兰蒂斯为例，复星旅文在开发及运营管理方面的特色创新举措可概括为以下几方面。

其一，复星旅文在为三亚选择产品定位时就强化创新和追求卓越，并未复制三亚原有产品。海棠湾具有成为国际水准的旅游度假区的潜力，在旅游配套设施方面的投资已经超过千亿元，包括高端酒店、医院、免税城等。落户三亚后，亚特兰蒂斯一方面可以充分利用海棠湾已有的配套设施，提升项目自身的价值，另一方面，也能够丰富和提高海南岛旅游产品的品质和业态，有效推动海南国际旅游岛的建设。

其二，项目规划方面，复星旅文并未复制巴哈马和迪拜的亚特兰蒂斯，而是通过本土团队与全球一流设计师的通力合作，在全球 5 个方案中优中择优，打造了众多"独一无二"。例如，改善了酒店的构造，使客人能够方便快速到达每一间客房；拥有中国最大的天然海水水族馆之一，有约 8.6 万只海洋生物悠游其中；拥有 5 间特色水下套房、约 20 家高品质餐厅，用餐与游弋鱼群相伴；水世界全年营业，配有全天供暖系统，可容纳约 13500 人；中国首个使用天然海水的海豚湾，最大程度模拟海豚生活的自然环境。

其三，三亚·亚特兰蒂斯项目本身就是一个综合性旅游度假目的地，将酒店、水族馆、水世界、海豚湾、演艺、餐饮、娱乐、购物八大产业汇聚一体，汇集复星旅文生态系统下各个品牌，提供消费者一站式解决方案。

其四，亚特兰蒂斯拥有全球唯一可售物业，包括 807 套瞰海公寓以及 197 亲海别墅。

其五，爱必浓海棠湾度假公寓毗邻亚特兰蒂斯酒店，由三亚·亚特兰蒂斯同家知名设计公司顶级团队设计，约 300 间瞰海公寓、亲海别墅拥有 180°~270° 观海视野，浪漫海景以及完善的周边配套成为亚特兰蒂斯酒店忠实客户深度度假体验的不二之选。

此外，Club Med 为满足中国市场特定需求，顺应当下中国快速崛起的短途自驾游、周末游和亲子游市场，在复星旅文的建议下创立了"Club Med Joyview"产品线。度假村仍沿用 Club Med 的一些传统元素，比如 G.O 和丰富多彩的活动，但主要聚焦精致短途游，距离周边大城市约 2~3 小时车程。价格上也更加灵活，除了 Club Med 标志性的"一价全包"套餐外，也可以单独选择客房加早餐，更符合中国人的休闲旅游习惯。

（四）引领新的生活方式

复星旅文的诞生面临人类社会从工业化革命向智能革命转型的历史背景，而人们的休闲度假方式也在发生着深刻的变革。复星旅文创造性地提出"Everyday is Foliday"的理念，即"快乐每一天"，希望借此创造一种新的生活方式。

技术的革新将人们从传统的工作模式中解脱出来。一方面，劳动生产率的提升使消费者的休闲时间越来越多；另一方面，互联网技术的发展使上班族未必一定要在办公室工作，远程办公成为现实。旅游的社交化需求日渐明显，人们希望在出行中有更多的时间与空间用来和拥有共同兴趣爱好的伙伴分享与交流。

复星旅文通过产品创新和服务升级，满足现代人工作与休闲度假的需求，将"FOLIDAY"打造为一个被广泛认可的理念，让其成为高端、量身订制、以家庭为中心的休闲度假旅游体验的代名词。

投资大师罗杰斯曾说过，中国旅游业是未来20年最有前途的行业。从复星旅文的战略发展逻辑来看，未来旅游行业的趋势是更加垂直化、个性化、多元化、体验化和创新化，而拥有自己的旅游生态系统、能够整合全球资源、提供一站式服务的行业龙头将越来越有竞争力。

参考文献

复星旅游文化集团：《申请版本》，http：//www. hkexnews. hk/APP/SEHK/2018/2018090202/SEHKCaseDetails－2018090202_ c. htm，2018年9月3日。

搜狐旅游：《国庆旅游消费升级报告：个性化服务兴起，私家团成"网红"》，https：//www. sohu. com/a/256568499_ 280657，2018年9月27日。

徐维维：《文旅投资缘何增速高效益低？投资商需厘清投资逻辑》，http：//epaper. 21jingji. com/html/2018－09/21/content_ 93908. htm，2018年9月21日。

刘洋：《文旅产业洞察：产业链缺失，场景价值显现，资产价值重估》，http：//

china. 36kr. com/p/5146372？column = BUSINESS，2018 年 8 月 2 日。

搜狐旅游：《"品质旅游 + 多元体验"才能留住更多客》，http：//www. sohu. com/a/231579243_ 99956765，2018 年 5 月 14 日。

搜狐旅游：《2018 - 旅行新趋势：科技、文化、养生主题成新宠儿》，http：//www. sohu. com/a/217351719_ 247689，2018 年 1 月 18 日。

TUI：《Annual Report 2017》，https：//www. tuigroup. com/damfiles/default/tuigroup – 15/en/investors/6 _ Reports – and – presentations/Reports/2017/TUI _ AR _ 2017. pdf – 7661895445c56eebea39a5b74aa9e5b3. pdf，2018 年 6 月 6 日。

李海强：《三——平均营收 172 亿欧，利润率翻倍，49 岁的途易如何迎来"第二春"?》，http：//www. tripvivid. com/articles/10934，2017 年 7 月 31 日。

央广网：《投资大师罗杰斯：中国旅游业是未来 20 - 最有前途行业》，https：//news. china. com/news100/11038989/20170910/31342929. html，2017 年 9 月 10 日。

G.19
数字经济背景下"互联网+旅游"的创新实践

——以腾讯文旅为例

舒 展 黄 翠 韩雪莹*

摘 要： 从"互联网+"到数字中国，数字经济不断发展，逐渐与各行各业深度融合。其中数字文旅产业势如破竹，成为解决当下旅游业转型升级缓慢、缺乏要素整合聚力、新业态培育不足、供需水平落差等问题的重要手段。本报告以腾讯文旅"一部手机游云南"和"赫尔辛基城市行囊"项目为例，探讨如何在数字经济背景下，推进全域数字化旅游体系建设，创新旅游服务、旅游管理、旅游营销和体验，以对数字文旅的未来发展产生借鉴意义。

关键词： 数字经济 腾讯文旅 人工智能 互联网+

一 数字经济背景下旅游行业的巨大变革

2016年10月9日，习近平总书记在中央政治局第36次集体学习中明确

---

* 舒展，华中科技大学传播学博士，腾讯公司文旅业务总经理，云南腾云信息产业有限公司总裁，"一部手机游云南"项目总负责人；黄翠，中国人民大学企业管理硕士，腾讯公司文旅业务总监，"一部手机游云南"项目旅游产业经济方面负责人；韩雪莹，华中科技大学公共管理学院硕士研究生，主要研究方向为智慧旅游。

要求"做大做强数字经济"；2017 年 10 月 18 日，习近平总书记在党的十九大报告中进一步提出"建设科技强国、质量强国、航天强国、网络强国、交通强国、数字中国、智慧社会"，明确了建设数字中国的未来构想；《"十三五"旅游业发展规划》指出，互联网成为基础设施，成为各行各业的基础要素，信息技术推进生产方式、管理模式、营销模式和消费形态的转变。随着中国经济的转型升级，数字经济成为助力旅游全产业链发展的重要突破口，"科技＋文化＋旅游"融合发展的数字文旅也将成为新的发展趋势。

（一）游客体验需求升级，推动旅游业供给侧结构改革

经济发展催生大众旅游时代的到来，特色游、定制游、自驾游等取代跟团游成为新的旅游方式。旅游方式的改变和移动互联网技术的进步，对旅游产品和服务提出个性化的要求。首先，旅游产品需更具智能化，传统旅游多为观光旅游，而文化旅游理念下的全新产品观要求融入文化内涵和升级体验，要求使用 VR、LED、投影等技术以增加旅游景点的视听表现力和文化场景再现力。其次，旅游服务需更便捷，行业整体要从粗放服务业向集约服务业转型，依托位置服务、网络安全、移动支付等服务技术，旅游参与者有实现泛在互联，为自己量身定制出游方案的需求。

（二）行业管理科学精准，促进旅游政务管理流程重构

大数据在旅游管理方面的辅助决策作用越来越明显，正有效集成化和便捷化地重构政务服务流程。相关单位需要通过大数据手段处理旅游突发事件、监管旅游市场秩序、管理旅游服务质量、监测旅游舆情并进行决策分析、动态预警；推动旅游与公安、交通、工商、通信等部门联动，建立数据交换沟通机制，实现各部门信息交流与共享，促进跨部门协同管理，提升旅游管理效能。

（三）数字经济提振加速，驱动多产业融合升级

数字文旅产业以全域旅游为切入点，可以从顶层设计到基础设施建设，

全面更新升级区域经济发展系统，实现提振加速。全域旅游的实现，要求保证信息资源、技术架构和环境规划的顶层设计，协调游客、居民、政府、企业间的关系；要求整合区域多行业资源，引领带动农、林、牧、工、商、金融等相关产业数字化发展，协调调动政、商、学、企、民等资源投入数字文旅发展建设；要求引入互联网、云计算、大数据、人工智能等先进的数字科技，全面应用于文旅相关的产业体系，赋能并驱动各产业经济提质增效，激活产业经济效能；要求注重经济、社会、生态效益的统一，保证旅游经济发展的和谐性和持久性，以全域旅游为抓手，提供多产业融合升级的动力。

二 "互联网＋旅游"的创新实践——以腾讯文旅为例

（一）腾讯文旅发展概况

腾讯作为国内领先的互联网企业，近年来致力于以数字化科技赋能产业，推动中国经济变革升级。在技术方面，腾讯具有全球领先的数字技术能力储备（AI、大数据、云计算等），已有成熟的 6 大产业集群，拥有十亿级流量资源，在文旅产业方面积累丰富。基于数字经济时代的背景，腾讯文旅自 2014 年开始布局"互联网＋旅游"的连接通道，开放连接文旅行业内的产学研资源及海内外机构，全面整合腾讯内部产品矩阵、先进技术、内容产业生态等，聚焦"科技＋文化＋旅游"的融合创新及落地应用，构建了全域智慧旅游服务体系、产业创新生态体系、腾讯文创及 IP 产品孵化体系、海外数字化应用体系四大能力体系。从"一部手机游云南"到"一部手机游武隆"，从传播香港旅游到赫尔辛基推广，从秦始皇帝陵博物院、故宫、长城的合作到数字丝路威尼斯，腾讯文旅在全球范围内积累了上百个"互联网＋旅游"的合作案例和创新应用，在旅游行业中拥有丰富的经验和实践成果。腾讯文旅研发的两个项目"一部手机游云南"（以下简称"一机游"）和赫尔辛基"城市行囊"，是"互联网＋旅游"模式下具有创新意义的实践。

第一，国内实践——"一机游"。"一机游"项目融合了目前互联网及信息领域的大部分先进技术，包括深度智能搜索、多终端融合、异构大数据，以及 VR（虚拟现实）、AR（增强现实）和基于人工智能的智能识物、个性化智能推荐、个人助理等，并采用了微信金融级别的安全性管理策略，实现互联网和旅游公共服务的进一步融合，如旅游交通、旅游景区、旅游公厕等，为全面实现"数字云南"提供技术保障。它是全域数字旅游线上线下深度融合的宏大工程体系，呈现出"三大一无"的情况。一是规模大，项目覆盖云南全域旅游，涉及云南旅游的诸要素：近 3000 个政府机构部门、300 多个景区、1000 多路慢直播、20000 多诚信商家。二是难度大，"一机游"项目对技术能力、安全体系、运营能力、产品资源等方面的要求非常高。三是强度大，一年内建立"一中心两平台"，初步完善了运营体系，探索了线上线下融合的数字化标准。四是无先例，国内外没有可借鉴的项目，无先例可循。团队在不断的探索和尝试中快速迭代，在规范标准、强化服务的同时，探寻与政府、企业深度融合发展的尺度。

第二，海外探索——"城市行囊"。海外智慧"城市行囊"微信小程序通过整合腾讯在媒体宣传、产品服务、科技领先方面的整体优势，提供赫尔辛基旅游线路智能规划、当地全年活动介绍、当地特色美食简介、获取商家优惠券及购物小技巧、获取交通信息概况、浏览城市 360 度全景照片集、智能翻译和一键求救等功能，让用户更方便地获取赫尔辛基旅游景点、当地特色活动和城市交通线路概况。"城市行囊"通过互联网连接目的地旅游产品信息，配合腾讯产品服务，结合科技优势，减轻游客赴外旅游的心理紧张感，让旅行变得更为方便自在，不再受语言交流及文化差异方面的限制。

（二）腾讯文旅的"互联网＋旅游"创新实践

1. 服务创新：搭建最全面服务平台，让游客出行自由自在

与传统的 OTA 不同，腾讯文旅致力于通过平台全程规划游客旅程，提供集游客服务、景区服务、公共服务、信息服务于一体的全方位服务，创新性地采用慢直播、AI、"ETC＋无感支付"等新型服务手段，满足游客游前、

游中、游后的各项需求。旅游过程中的所有问题都可以通过这一平台解决，让游客开心游、省心游、安心游，真正实现一部手机在手，全程无忧。

"一机游"项目将互联网和旅游有机结合，实现网络实时互动和多方信息的整合。其中包含了以下几个服务创新点。

一是慢直播功能。"一机游"APP的慢直播板块建设是旅游直播内容领域的创新探索。游客在出行前，可以身未动、眼先行，通过慢直播选择心仪旅游地，提前了解景区的天气情况。它目前是国内最大的24小时景区直播集群，可充分协调各方，持续产出丰富的数字视频内容。慢直播版块有超过1228路实时直播流接入平台，全面覆盖云南90%的A级景区和16个州市的美景视点。

二是精品线路智能推荐。通过LBS大数据应用平台分析游客出游情况，精准挖掘旅游热点和游客兴趣点，提升服务标准，展现云南民族风情。

三是AI识你所见。AI识物包含识景和识花草两个功能，该APP利用人工智能和图像识别技术，对景点和花草植物进行拍照识别，与数据库信息比对，识别率达99%以上。识花君AI程序识别学习了云南主要的花卉及16个州市各景区的6000多种特色植物，保证游客在滇游玩时快速认识途中所见。识景AI程序目前覆盖了云南省包括所有4A级、5A级景区在内的1100个景点。

四是智能景区与智慧导览。目前，智能闸机已覆盖云南省16个州市所有的5A级、4A级景区。游客通过"一机游"APP购票后，只需上传自己的照片作为通行ID，网上就会实时匹配个人信息，实现1秒入园。地图导览功能新增景区内停车场、卫生间、售票处检索，并可一键发起导航。平台共掌握厕所位置信息22000余个，5A级、4A级、3A级及有条件的非A级景区已建成智慧厕所643个。通过城市地图，游客可一键搜寻景点、美食、酒店、公厕、停车场、无感高速收费站、机场等场所，保证服务的便捷。

五是智慧大交通。云南省交通运输厅和腾讯、腾云公司合作推出了基于车牌识别的"车牌付"，用户无须安装额外设备即可迅速同行。通过"一机游"平台将微信支付账户与车牌绑定，并申请开通微信免密支付，车辆通过支持无感支付的收费站时，即可利用车牌识别实现自动扣费通行。截至2018年9月30日，"车牌付"累计通行5.24万车次，日均通行510车次，累计支付车辆通行费71.92万元。此外，云南高速公路"ETC+无感支付"于2018年10月30日上线运行，系统通过"游云南"APP等平台，将ETC车辆信息与微信等第三方支付账户绑定，实现车辆通过ETC车道缴费时，系统自动从绑定的微信等账户中扣款，实现快速、不停车、无感通过。"游云南智慧停车场"小程序集合了停车场位置信息、智慧与普通停车场分类信息、车位充裕与紧张情况信息、停车场关键属性标签显示、一键导航等功能。

2. 产业创新：打造先进数字平台，推进数字经济与旅游产业深度融合

正如腾讯公司CEO马化腾所言："'互联网+'是手段，数字经济是结果，网络强国是目标，'互联网+'为实体经济创造巨大的创新机会，让各行各业最终能够在云端用人工智能处理大数据。"在消费互联网向产业互联网高速发展的时代，腾讯文旅在云南旅游和赫尔辛基旅游方面的实践，极大地推动了数字经济与文旅产业的创新融合。

在全域智慧旅游体系建设中，腾讯文旅以数字身份体系、数字消费体系、数字诚信体系、全域投诉体系、AI服务体系作为"一中心、多平台"的技术支撑，提供决策分析、综合管理、算法推荐、游客体验、产业经济、安全防护等多方面数据，并以此创建旅游大数据中心。数字身份体系，用于用户行为理解、识别、追溯、精准提升体验和服务保障，如智能旅游线路规划、地方特色文旅产品的推送、多维度数字化内容辅助决策等。数字消费体系，用于支付、营销、服务行为与消费数据的耦合，多维合一。数字诚信体系，用于推动游客、商家、政府三方共赢的诚信体系建设，保障三方权益。全域投诉体系，可简化投诉流程，缩短投诉时限，准确定位投诉事件归属部门，打造以游客为中心的全程可视化投诉体系。

在旅游信息监测方面，通过收集掌握"一机游"政府端的一手资料，可以进行数据分析和总结，实时监测网络旅游舆情走向、比对数据把控旅游热点、调控旅游高峰期交通拥堵情况、总结异地游客消费倾向、分析游客投诉主要对象和投诉反馈满意程度。通过腾讯内部产品技术的优势，可以突破

旅游市场原有运营模式，推动政府、企业、游客三者的互联互通，集合全省各部门信息资源，促进基础设施共享、服务共享、技术经验共享、数据/应用共享、生态共享，加速旅游产业数字经济发展。

3. 管理创新：建设智慧化管理平台，实现政府服务无处不在

（1）组织重构

2017年8月云南省委、省政府与腾讯公司合作打造"一机游"，并以此为抓手，推动旅游发展方式、管理模式、业务流程、组织架构进行新一轮的优化、改造和提升，重整旅游资源和产品，重建市场规则和秩序，重塑旅游品牌和形象，重构诚信和投诉体系，再造一个诚信、智慧、健康、便利的省级旅游生态。目前，"一机游"项目通过重构政府管理模式，建立"1＋16＋129＋X"，（1个省、16个州（市）、129个区（县）指挥中心及X个涉旅企业）综合管理体系，解决各部门信息共享程度低、复杂案件权责不清、责任推诿等问题，实现多方共管、联动执法的综合治理效果。例如，"一键投诉"体系通过互联网将省、市（州）、区（县）的投诉信息连接起来，将涉旅企业和相关横向部门连接至同一平台，使得政府连同企业实时办公，实时反馈游客意见，实现了大数据集成和信息的广泛共享，起到了高效率、低成本、快运作的效果。

（2）流程再造

在组织重构基础之上，"一机游"以建设旅游大数据中心、旅游综合管理平台、旅游综合服务平台为核心理念，进行管理流程再造。建立旅游企业诚信评价体系，包括规范指数（政府评价）、品质指数（专业评价）、体验指数（游客评价），解决旅游行业管理方面"久治不愈"的一系列问题，如投诉案件处理流程繁杂、诚信体系建设不完善、智能化办公程度低等。以投诉处理效果为例，"一机游"平台整合省长信箱、工商、12345市民热线、12301平台等渠道的涉旅投诉业务，打造云南全省涉旅统一投诉入口和渠道。游客可在APP、短信中随时查看投诉处理进度，收到处理结果。投诉处置人员可在电脑端、企业微信端收到投诉提醒，随时随地快速响应处理。目前投诉体系共开通政府账号6327个，上线8108家涉旅单位。2018年6月1

日至 10 月 7 日，平均 24 小时内办结 1715 件，24 小时内办结率达 99%；平均办结时长 6.9 小时，最快办结时间为 3 分钟，最慢办结时间为 72.4 小时，相较原来的平均办理时长 12 个工作日，处理效率提高约 42 倍。

（3）移动办公

政府改变以往在办公室工作的方式，走出办公室，通过指挥中心、电脑端、移动端处理事项，实现办公移动化，联动全域各级旅游政府体系，随时随地处理案件，第一时间掌握旅游舆情信息，实行监管全覆盖、全联动，实时反馈并推送数据，完成旅游讯息发布、市场监管、投诉处理、舆情监控、风险预警、应急救援等方面的工作，实现五个统一（统一用户身份、统一管理体系、统一支付体系、统一诚信体系、统一评价体系）。腾讯研发的"一机游"项目管理端操作页面清晰简单，不同级别的人员拥有相对应的行为权限和旅游信息，数据分析直观可见，移动端办公范围与电脑端保持高度一致，符合智慧政府、服务型政府的发展趋势。

三　腾讯文旅案例的创新意义

（一）助推"数字云南"建设，促进全国数字文旅发展

"一机游"项目是依托物联网、云计算、大数据、人工智能、人脸识别、小程序、腾讯云、微信支付等多项核心技术打造的全域旅游数字化平台，能有效提高监管者的行政管理效率和游客的应用体验便捷度，推动云南旅游在线声誉的重建和口碑的提升。"一机游"项目既是国家大数据规划总目标的省级体现，也是国务院关于促进智慧城市健康发展的具体要求，开启了全面建设数字云南的新篇章，为全面形成云南省数字资源库、形成"省级+基层+服务型政府"三元社会治理框架提供良好的示范，预示着云南旅游全面迈入数字经济时代，或将在全国树立起数字经济和旅游大数据标杆。可以说，腾讯文旅在云南省的创新实践，是国内乃至国际上具有前瞻意义的探索。

（二）加速数字经济与旅游业的融合，为海外探索提供借鉴意义

赫尔辛基"城市行囊"是腾讯文旅蓝图"一部手机游天下"的海外试点，在数字经济飞速发展的今天，腾讯将旅游产业、文化产业与数字经济相结合，既响应了习近平总书记十九大报告中关于"数字技术融入公共服务、社会发展、人民生活的方方面面的要求"，又使得腾讯产业的发展蓝图更具国际视野，开拓了国际市场。这不仅是中国文旅产业发展愈加成熟的表现，更是中国本土企业走向世界的重要标志。

在未来，不仅是腾讯，越来越多的中国文旅企业将积极探索数字经济与旅游产业融合的新模式，建立更为全面的服务网络，与更多海内外城市进行深度合作，共建"一部手机游天下"，创建支持不同国家语言的共享 APP 或小程序，开创范围广、维度大的信息共享空间，建立广泛的合作伙伴关系，形成全球性的数字化旅游平台，推动目的地文旅产业的数字化升级，为海内外出入境游客提供更好的服务平台。

赫尔辛基"城市行囊"的研发，是国内旅游向海外突破的重要标志，将"互联网＋旅游"的理念推广至国际舞台，为海外城市旅游产业的发展提供良好的借鉴意义，也更进一步推进中国文旅企业在海外的试点和探索，为海外游客前来中国旅行提供更具中国文化特色的体验，也为中国游客赴外旅游提供更为便捷、安全、全面的服务。

四　数字经济背景下旅游业发展的前景与展望

（一）基于数字经济，创新旅游服务与管理模式

"互联网＋旅游"的模式使得旅游服务与旅游管理更智能化、信息化、规范化。数字经济的发展加速了信息的多部门、多行业共享，实现了多个数据中心的集成，使旅游行业服务更精准、管理更权威、营销更多元、技术更先进。通过互联网和旅游业的深度融合，能打造互联网"科技＋文化"的

生态圈，连接科技力量，深度挖掘非遗文化、传统工艺匠人、少数民族特色等文化产业，突出旅游景区的文化价值，带动地区经济，实现区域性发展。

数字经济与旅游业的结合，进一步推进了旅游市场网状结构的建立，形成城市群落的大旅游格局、大旅游环线，打造城市的旅游品牌，提升旅游产业的核心竞争力，将旅游业转变成全国战略性支柱产业之一。

（二）完善旅游公共服务智能化建设，实现全域旅游

2018年3月，国务院办公厅印发《关于促进全域旅游发展的指导意见》（以下简称《意见》），就加快推动旅游业转型升级、提质增效，全面优化旅游发展环境，走全域旅游发展的新路子做出部署。此次指导意见的发布，也标志着全域旅游正式上升为国家战略。全域旅游概念就是，旅游在产业融合中发展，通过产业交叉、产业渗透和产业间聚变形成全新产业。《意见》要求，推进旅游服务智能化，增强科学技术对旅游产业发展的支撑作用，加快推进旅游业现代化、信息化建设。

全域旅游要求与旅游相关的各个领域结合成群体空间，在旅游产品供给、旅游公共服务供给方面都要保证信息的互通共享。如今，旅游交通、旅游景区服务、旅游应急管理方面的服务存在着很多不足，推动旅游公共服务的智能化、信息化建设，将是旅游产业发展的下一个着力点。当然，数字经济在给旅游发展带来巨大契机的同时，也可能存在个人信息泄露、数据质量缺乏有效把控、被动式移动大数据获取困难等一系列风险与问题，这就需要各级政府、企业、机构继续加强合作，在法规、技术、自律等方面做出努力，实施精准定位、专项处理，使旅游行业的运营、管理和服务更加高效快捷。

（三）整合旅游大数据，构建数字旅游体系

数据化、信息化已经成为旅游产业现代化的基础。当前，我国旅游业发展仍然面临许多问题，数据开放共享不足是其中之一。因此，要以游客需求为导向，针对旅游业发展的关键问题和关键领域，整合社会、企业和政府部

门的数据资源，建立多维度、跨领域共融共通的旅游大数据平台，提升景区对游客的吸附和消化能力。

在未来，文旅产业和全域旅游建设将全面整合内部现有资源，不断开发新技术，以数字旅游为起点，全面发展数字政务、数字产业等更多领域，加大政府和旅游相关企业的协同合作力度，助力开拓数字经济发展新空间。

参考文献

陈涛、徐晓林、吴余龙：《智慧旅游：物联网背景下的现代旅游业发展之道》，电子工业出版社，2012。

吴海燕：《以智慧旅游视野发展全域旅游的理论和实践》，《经济问题探索》2018年第8期。

李翠仙：《我国旅游经济发展现状及对策探讨》，《旅游纵览》（下半月）2016年第2期。

厉新建、张凌云、崔莉：《全域旅游：建设世界一流旅游目的地的理念创新——以北京为例》，《人文地理》2013年第3期。

三大市场

Markets Analysis

G.20

2018 ~2019年我国国内旅游
发展分析与展望

唐晓云　杨素珍*

摘　要：　在文化和旅游融合发展新时代，全域旅游、优质旅游发展新
　　　　　时期，美好生活日益成为旅游发展的新动能。2017年全年及
　　　　　2018年上半年，国内旅游市场保持稳定增长，假日旅游、红
　　　　　色旅游持续旺盛，年轻人开始主导旅游市场新格局，旅游消
　　　　　费分层开始显现，游客品质化需求日益突出，区域旅游市场
　　　　　格局呈现均衡化发展趋势，但城乡二元格局继续扩大。2019
　　　　　年，尽管企业家信心下滑等不确定因素在集聚，但支撑国内
　　　　　旅游发展的经济基础和政策环境在继续优化，文化和旅游发

* 唐晓云，中国旅游研究院总统计师、研究员，主要研究方向为旅游统计与产业经济、旅游影
　响、旅游市场；杨素珍，中国旅游研究院旅游统计与经济分析中心实习研究员，主要研究方
　向为旅游统计、红色旅游。

展新动能在不断积累，旅游发展仍将继续保持旺盛态势。要关注旅游市场多元化格局演化，推进大众市场与小众市场共同发展，把握好游客日益增长的品质化消费需求及产品和市场创新方向，将理性而从容的游客培育成为优质旅游的重要组成。

关键词： 国内旅游　居民旅游收入　旅游人数　假日

一　2017年全年及2018年上半年国内旅游发展状况

党的十九大报告指出，"中国特色社会主义进入新时代，我国社会主要矛盾已经转化为人民日益增长的美好生活需要和不平衡不充分的发展之间的矛盾"。在旅游已经成为人们美好生活重要组成的当下，这一矛盾既表现在旅游市场需求的转向，也表现在优质旅游产品、出游时间和空间供给的结构性失衡。在文化和旅游融合发展新时代，大众旅游、全域旅游和优质旅游发展新时期，我国旅游消费正朝品质化转向，并继续领跑宏观经济。

（一）市场规模持续稳定增长

进入21世纪以来，我国大众旅游发展所必需的经济基础、交通和技术条件、旅游产品和服务供给、带薪假日等结构性和文化性条件不断成熟，旅游活动逐步从小众人群走向大众市场。按照统计数据测算，2000～2017年①，国内旅游市场规模持续高速增长（见图1），国内旅游人数年均增幅为11.9%，旅游收入年均增长率达到17.0%，远远高出同期我国GDP和社会消费品零售总额的平均增幅。2017年，在持续增长的居民可支配收入、

①　从2011年起国内旅游抽样调查方式发生变化，此处未剔除因调查方式变化带来的影响。——作者注

消费升级需求和业已形成的消费习惯支撑下，国内旅游消费需求旺盛。全年国内旅游人数达到50.01亿人次，比上年同期增长12.8%；国内旅游收入达到4.57万亿元，较上年同期增长15.9%，两项指标连续第九年实现两位数以上增长。可以说，旅游已经成为人民美好生活的重要组成。2018年上半年，我国旅游发展延续了多年来稳定增长的态势，全国国内游客人数达到28.26亿人次，比上年同期增长11.4%；实现国内旅游收入2.45万亿元，比上年同期增长12.5%。尽管出游人数和人均花费增速放缓，但旅游在拉动消费增长中的作用更加突出。

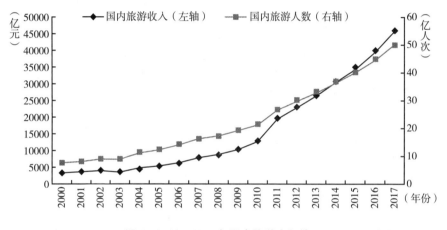

图1　2000～2017年国内旅游市场情况

资料来源：《中国旅游统计便览2018》。

（二）假日旅游成为新民俗[①]

节假日是我国国民出游的重要时间节点。1999～2017年国庆长假，全国接待游客人数年均增幅达到14.9%，旅游收入年均增幅达到19.9%（见图2）；2001～2018年春节长假，上述两项指标年均增速分别达到13.3%和20.9%（见图3）。假日旅游消费持续多年保持高位增长，且高于过去多年

---

① 戴斌：《假日旅游成为新民俗》，《环球时报》2018年10月8日，第15版。

的年均增幅。假日期间，拖家带口开展自助游、自驾游和各种本地休闲等活动，已经带着一种仪式感成为中国家庭生活的一部分。

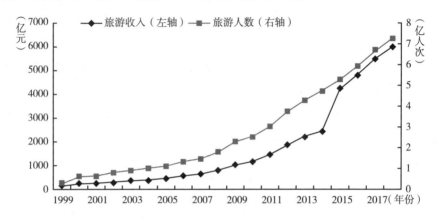

图2　1999～2017年国庆长假旅游情况

资料来源：根据历年原国家旅游局的发布数据整理而得。

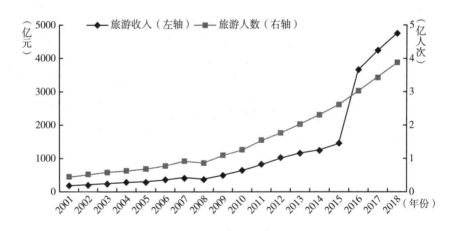

图3　2001～2018年春节长假旅游情况

资料来源：根据历年原国家旅游局的发布数据整理而得。

根据统计数据，2017年全年七个节假日全国共接待国内游客14.92亿人次，旅游收入实现同步增长。其中，2017年春节长假全国接待国内游客3.44亿人次，同比增长13.8%；实现旅游收入4233亿元，同比增长

15.9%。中秋、国庆长假全国共接待国内游客 7.05 亿人次，按可比口径同比增长 11.9%；实现旅游收入 5836 亿元，按可比口径同比增长 13.9%。2018 年，全国元旦、春节、清明、端午节、五一节等五个假日的接待游客人数和旅游收入分别较 2017 年同期增长 8.8% 和 10.0%，假日旅游初显增速放缓迹象，假日旅游消费的结构性变化也开始显现。假日期间，自驾游、乡村休闲、都市娱乐等消费持续旺盛，邮轮旅游、主题公园、亲子研学、避暑度假等以家庭为主体的业态高速增长，房车旅游、博物旅行、山地旅游、一站式休闲度假等业态发展提速。但假日集中出行伴随的热门景区、路线和城市交通拥挤、安全问题、生态环境压力，以及市场监管等老大难问题仍有待解决。

（三）红色旅游彰显时代魅力

在文化和旅游融合新时代，红色文化的时代传承备受关注。2017 年，我国红色旅游人数实现了持续稳定增长。2018 年上半年，全国红色旅游信息报送系统中 18 个红色旅游信息报送重点城市和填报数据的 436 家红色旅游经典景区共接待游客 4.84 亿人次，相当于国内旅游人数的 17.13%；实现旅游收入 2524.98 亿元，相当于国内旅游收入的 10.32%。

当前的红色旅游呈现出如下特征。一是节假日需求稳定，红色旅游成常态。在法定节假日、小长假，以及党和国家重要节事活动前后，红色旅游景区的参观学习活动明显增多，半数以上的研学旅游包含红色旅游目的地，或者融入了红色文化元素。二是红色文化教育需求增长，年轻人认同感正在增强。年轻人在游客群体中开始占据多数，游客结构在悄然年轻化。红色旅游景区与文化、创意和科技的融合创新对年轻游客形成了较强的吸引力。"80后""90后""00后"逐渐成为红色旅游的中坚力量，"80后"父母携带"10后"子女到访红色旅游胜地成为一大亮点。三是红色旅游品质受关注。游客对特色鲜明、文化主题较为突出的景区更感兴趣，与自然风光、休闲度假融合紧密的红色旅游目的地热度高。"红色旅游＋影视＋乡村旅游"、研学旅游、"观光度假＋红色旅游"、深度体验等新模式带动了红色文化传播。

四是红色旅游产品创新加速。与其他旅游业态深度融合及角色扮演、沉浸式体验等创新模式受欢迎，已经形成了一批"红色旅游＋"、特色教育培训品牌、红色影视基地等旅游产品，为游客提供新的出游体验。

（四）旅游消费分层逐步显现

受经济社会发展驱动和政策推动，伴随"85后""90后"等年轻游客群体逐渐成长，大众消费从生存型消费转向发展型消费，享受型旅游消费需求稳步增长，消费分层加速。旅游消费大众化与结构分化并存特征更加明显，小众市场不断涌现，但休闲与观光需求将长期并存，具体表现有以下三点。

其一，大众旅游市场稳步增长，小众旅游市场高速增长。从大众市场看，旅游人数和消费持续多年稳定增长，2017年我国国民出游率已达到3.7次，作为发展型消费的大众旅游活动已经普及。邮轮旅游、房车旅游、户外探险、博物旅行、极地旅游、婚尚旅游、体育旅游、电竞旅游、研学旅行、毕业旅行、影视旅游、定制旅游等小众旅游市场遍地开花，长尾效应逐渐明显。

其二，城市居民乡村休闲增加，农村居民出行距离延长。从统计数据看，城镇居民的旅游休闲需求加速增长，且从总量上看已超过观光性需求。2017年城镇过夜游客中以"休闲度假"为目的的占比达57.2%，同期以"观光游览"为目的的游客占比达51%。根据中国旅游研究院与中国电信研发的乡村旅游大数据，2017年上半年全国乡村旅游平均出游时间为29小时，2018年上半年出游时间上升为29.7小时，城镇居民乡村休闲时间持续增加。2016年农村居民人均旅游交通花费占比为29.5%，2017年此项占比上升为34.9%，农村居民出游走得更远了。

其三，定制旅游大幅增长，个性化需求稳步增加。携程旅行网《旅游3.0：2017年度定制旅行报告》显示，2017年全国定制旅游需求单量已超百万单，营收增长超200%，个性化是定制游的核心诉求。定制游的兴起还催生旅行定制师这一新兴职业，仅在携程定制平台上认证的定制师就超过

5000 人。

其四，六要素消费需求开始分化，美食、美宿成出游动机。根据在线旅行平台数据，超过 60% 游客提出了在吃上面的需求，55% 的游客会为一家酒店定制一场旅行，美景不再是唯一诉求。

（五）年轻人开始主导市场新格局

年轻人已占据旅游市场的大半壁江山。2017 年，"90 后"和"00 后"的人口达到 3.3 亿①，在旅游消费的各年龄段中占据优势。根据《旅游抽样调查资料 2017》② 数据，近五年城镇和农村的青年出游人数均达 70% 左右，年轻人已经占据整个旅游市场的大半壁江山。《2018 年春节专项旅游市场报告》显示，年轻人在春节期间出游占整体市场的 70.85%，是春节出游的主力军。年轻人生活化、个性化的消费偏好正在主导旅游市场潮流。马蜂窝《2017 年旅游消费报告》数据显示，68% 的年轻消费者在出国前会提前做好"功课"，查看目的地什么值得买，参考他人推荐和使用体验。作为"互联网原住民"，除了网红、知名景区打卡外，与当地人共享日常生活空间、共享生活资源、共享科技馆和博物馆等公共文化也是他们的爱好，微信、抖音、喜马拉雅、卡牌游戏、美颜相机等 APP 在旅行当中更是必不可少。此外，年轻人追求品质、体验和时尚的消费诉求成为旅游领域内容创新的源头。他们是品质、时尚和个性需求的主流群体，偏好美食、美景和休闲生活，他们与体验感强、社交黏度高及个性化产品有天然的亲近感。奶奶庙、《爸爸去哪儿》路线、网红餐厅、一部电视剧、一场电竞比赛都有可能成为他们旅行的原因。以互联网为支撑，他们的旅游活动高度碎片化，正推动供给端一系列碎片化产品和服务创新。马蜂窝、驴评网、穷游网等 OTA 依托 UGC（用户生成内容）商业模式，在各自的专长业务领域不断创新产品。年轻人已经成为中国旅游市场的中坚力量。

---

① 根据联合国世界卫生组织确定的年龄分段，44 岁以下皆为青年，本报告所指的青年范畴系 1975 后出生的人群。——作者注

② 中华人民共和国国家旅游局：《旅游抽样调查资料 2017》，中国旅游出版社，2017 年 12 月。

（六）游客品质化诉求日渐明朗

从现在到未来 5 ~ 10 年，中国将进入品质化消费阶段。品质人群与其他群体最核心的差异在于生活方式，文化、投资将是其主要消费对象。追求生活品质、理性而从容的消费、爱生活爱旅行、注重家庭等是品质人群的主要特征。品质化消费体现在旅游领域主要表现为四点。

一是游客活动从美丽风景转向美好生活①。游客出游的重点关注对象从单一的交通、住宿和著名景区点延伸到目的地商业体系及生活环境。约七成的游客出行选择在非景区，超过 50% 的游客表示对将要去的旅游目的地非常了解。旅游活动走进生活是旅游活动散客化、休闲化的必然结果。

二是游客消费需求从"有没有"向"好不好"转变。游客对目的地的公共服务、商业环境、住宿和休闲环境有了更高要求，对旅行过程中的交通、住宿等服务的舒适性需求明显增强。数据显示，选择高端、精品住宿设施的游客正在增加。

三是家庭旅游兴起。家庭旅游主体地位的形成是旅游成为一种生活方式的重要标志。我们知道，生活方式是个人及家庭的日常生活的活动方式。从个人来讲，2017 年我国国民出游率达到 3.7 次，旅游是日常生活组成已是社会共识。从家庭来看，旅游是一种认同度非常高的家庭活动形式。超过八成的受访者认为家庭旅游能够带来快乐，近七成的受访者认为家庭旅游能促进家庭和睦。2017 年我国国民旅游中家庭出游比例约占 50% ~ 60%，是出行方式中占比最高的。《马尼拉世界旅游宣言》曾指出，"旅游是人类长存的生活方式"。

四是文化和旅游消费的增长。逛美术馆、艺术馆、博物馆、文创基地，甚至广场舞等公共文化和居民文化生活成为游客活动的组成。根据中国旅游研究院的调查数据，2018 年国庆节超过 90% 的游客参与了文化及相关活动。

---

① 郭娜：《旅游诉求从美丽风景到美好生活》，《中国旅游报》2018 年 8 月 6 日，第 3 版。

（七）区域格局均衡化趋势和城乡二元化并存

从国内旅游发展格局看，城乡差距、东中西部差距正在缩小。《中国国内旅游发展年度报告2018》显示，2017年区域差异无论是在累计潜在出游力还是在旅游产业综合发展水平方面均呈现出明显的收敛趋势。在均衡化发展的大方向下，局部时间和空间的游客流动不均衡现象仍未有太大改变。以2018年春节为例，春节期间游客分布不均衡现象明显，广东、四川等排名前10位省份游客接待量占全国游客接待量的63.5%，前15位省份游客接待量占比达79.5%。从客源地分布看，前50位客源城市贡献了63.8%游客，客源分布不均衡性现象突出，假日集中出游的时间非均衡格局依然严峻。此外，国内旅游发展的城乡二元化格局尚无明显改观。2018年上半年，城镇居民出游人数增长13.7%，农村居民出游人数增长6.3%；城镇居民旅游花费增长13.7%，农村居民旅游花费增长8.3%，城乡居民的出游力差距仍然较大。

二 2018年下半年与2019年国内旅游发展展望

当前，美好生活日益成为优质旅游发展的新动能[①]，文化和旅游融合更为文化事业、文化产业和旅游产业发展注入强劲动力。展望2019年，尽管企业家信心、收入预期等不稳定因素在集聚，但支撑国内旅游消费增长的经济和政策环境仍在不断优化，旅游市场将持续增长格局和稳固态势，国内旅游经济有望保持近两位数的增幅。

（一）发展环境优化，市场前景看好

2018年以来，支撑国内旅游消费增长的经济和政策环境不断优化，2018年全年及2019年国内旅游市场有望保持稳定增长。尽管国内旅游人数

---

① 戴斌：《美好生活是优质旅游新动力》，温州领导干部专题授课讲稿，2018年3月8日。

及人均消费增长有放缓迹象，但国内旅游市场总体格局和增长趋势并未改变。《关于促进全域旅游发展的指导意见》（国办发〔2018〕15号）、《关于印发完善促进消费体制机制实施方案（2018～2020年）的通知》的逐步落实，来自文化和旅游融合发展的新动能持续发力，以及厕所革命、全域旅游示范区创建、降低国有重点景区门票价格等工作带来的增长动力，将推进国内旅游稳步发展。

（二）大众市场提质，小众市场拓展

旅游消费品质化诉求提升与消费分层显化两个基本趋势，要求我们在政策设计和供给优化过程中从大众市场提质、小众市场拓展两个方向发力。一方面要回应老百姓对文化和旅游服务品质的诉求，通过有效渠道和数据平台将老百姓公共文化需求与各部门的供给衔接，提供更加丰富的高品质旅游产品，形成与需求匹配的文化事业、文化产业和旅游产业供给。另一方面要针对老百姓消费分层的特点和个性化诉求，重视长尾市场发展，通过放开文化和旅游市场的投资主体、运营主体限制，鼓励国际知名企业在中国建设区域总部、事业部，鼓励一些资源型企业转型，包括对民营经济的开放。建立国家级文化和旅游产业融合基金，加大数据和信息发布及对中小旅游企业创新支持的力度，推动形成多层次、多元化的旅游产品格局。

（三）有品质且时尚的产品将走俏旅游市场

随着年轻消费者开始主导旅游市场新的格局，其消费偏好将推动旅游市场深刻变革，从内容设计、产品规划、渠道管理、流程再造到商业模式，甚至到劳动分工和企业形式，都有可能形成新的变化。随着消费者对旅游产品品质的关注度越来越高，对时尚元素的需求增加，要从内容出发引导产品创新，如推动房车旅行、邮轮旅行、山地旅游、博物旅行、体育旅游、避暑旅游、冰雪旅游等新时尚旅游消费需求发展。新兴产品和业态的发展需要诸多支撑要素和成长条件，在当前银根收紧的大环境下，较为重要的几个因素是企业家信心提振、创新的金融供给和以大数据技术为支撑的需求发现，三者

都需要在制度和技术层面有所突破。政策方向上，应着力于有效消除民营企业在 OTA、民宿、主题公园等领域的投资观望心态。

（四）融合与 IP 创新将是市场发展新方向

要解决人民对旅游美好生活的向往和发展不充分不平衡的矛盾，就需要培育科技和文创新动能。基于信息技术的创新活动在经历近半个世纪的发展后，大数据技术将其推向高峰。以数据技术为支撑，旅游领域基于共享思想的商业模式创新、基于互联网平台的产品和渠道创新，极大地推动了过去十余年中国旅游产业的发展，诞生了携程、马蜂窝、途家、美团、妙计旅行、摩拜等旅游及相关企业。目前，基于信息技术的旅游企业创新发展已接近极限，虚拟现实（VR）、人工智能（AI）等先进技术在旅游领域中的创新动能尚未形成，但基于区块链技术的业务流程创新，基于"旅游 + 文化、体育、农业、时尚业"等的融合创新，以及以内容建构为基础的 IP 创新，正在为文化和旅游创新带来新动力。这或许代表了当前及未来旅游产业创新发展的方向。

（五）优质旅游发展需要"理性而从容的游客"

与品质化旅游消费需求相呼应，当我们走过了生存型消费、炫耀型消费，在走向发展型消费和享受型消费的历史进程中，有品质的游客就会成为产业优质的重要组成。就优质旅游而言，随着供给和需求的匹配、产品的优化和服务的提升，我们更多从消费者需求和企业的供给两个层面来考量，尤其注重从需求端出发的产品和商业模式建构。游客是整个旅游产业发展中的关键环节，因而，游客的旅游消费需求和服务诉求是否建立在理性基础之上，是旅游产品和商业模式创新、流程创新，乃至产业制度创新的重要方面。如果我们绝大多数消费者是理性而从容的，那么，一日游陷阱、零负团费、天价纪念品，甚至"人从众"、霸座男、"到此一游"等问题是否还会如此突出？通过制度建构和文化养成来扩大理性而从容的游客群体，是我们在发展优质旅游过程中需要去重新审视和考量的。我们可以

通过形成更加灵活的休假制度让游客在旅游中得以有更加从容的时间和更多理性的选择；通过建立更加透明的产品和服务合同体系、企业和游客权利保障体系、企业和游客信用体系，引入更多面向游客出行的公共服务智能体系，来推动和引导游客开展文明旅游、理性消费和负责任的旅游。总之，在文化和旅游深度融合、全域旅游、优质旅游的新时代，理性而从容的游客不能缺席。

2017~2018年中国入境旅游
发展分析与展望

李创新*

摘　要：　2017年及2018年上半年，受到旅行签证便利化持续跟进、旅
游产品结构体系逐步多元、旅游综合配套优化完善、旅游服
务品质持续升级等多重正面因素的积极拉动作用，中国入境
旅游市场实现平稳持续增长，客源市场结构呈调整优化趋势，
"一带一路"沿线国家在中国入境旅游客源市场中的活跃度
进一步上升。2018年上半年中国入境旅游市场稳中有降，预
计2018年全年中国入境旅游市场总量有望与2017年基本持
平，客源市场结构将进一步调整优化。

关键词：　入境旅游　"一带一路"　客源市场

一　2017年全球入境旅游发展概况

（一）2017年全球入境旅游增速超出预期

联合国世界旅游组织（UNWTO）的官方数据显示，2017年全球接待的
入境游客总量比2016年净增8700万人次，总量达到13.22亿人次，同比增

---

* 李创新，管理学博士，中国旅游研究院国际旅游研究所副研究员，中国科学院地理科学与资
源研究所博士后，主要研究方向为入境旅游流、国际旅游市场开发、旅游社会文化。

长 7%，远高于 2010 年以来持续稳定的 4% 左右的增长率，实现七年来的最
高增长速度。

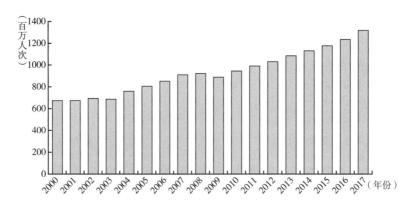

图 1　2000 年以来全球入境旅游规模状况

资料来源：联合国世界旅游组织（UNWTO）。

1. 欧洲、亚太、美洲继续保持全球三大国际旅游热点地位

就全球接待入境旅游的地区分布格局来看，欧洲继续保持入境旅游接待
的榜首地位，2017 年共接待入境游客 6.71 亿人次，占全球市场份额的
50.76%；亚太仅次于欧洲，2017 年共接待入境游客 3.24 亿人次，占全球
市场份额的 24.51%；美洲排名第三，2017 年共接待入境游客 2.07 亿人次，
占全球市场份额的 15.66%。非洲和中东在全球入境旅游接待中所占市场份
额相对较低，分别为 4.69% 和 4.39%。

2. 国际游客向欧洲地区的流动提速显著

2017 年欧洲地区共接待国际游客 6.71 亿人次，同比增长 8.4%，较
2016 年 2% 的增速有了显著提升。其中，南欧/地中海地区以 12.6% 的增速
领涨全球，北欧地区增速为 5.1%，中/东欧地区增速为 5.0%，西欧地区增
速为 6.6%。

3. 国际游客向亚太地区的流动增长显著

2017 年亚太地区国际游客接待量增长显著，共接待入境国际游客 3.24
亿人次，比 2016 年增加 1790 万人次，整体涨幅为 5.8%。其中，太平洋地

区接待国际游客数量涨幅为 6.5%，南亚地区涨幅为 10.4%，东北亚地区涨幅为 3.2%，东南亚地区涨幅为 8.3%。

4. 国际游客向美洲地区的流动增速趋稳

美洲地区国际游客接待量从多到少依次为北美地区、南美地区、加勒比地区、中美地区，北美为美洲国际游客的主要接待区域。2017 年美洲地区共接待国际游客 2.07 亿人次，比 2016 年增加 580 万人次，整体涨幅为 2.9%。其中，南美地区接待国际游客 3620 万人次，同比增长 6.7%；加勒比地区接待国际游客 2630 万人次，同比增长 4.1%；中美地区接待国际游客 1110 万人次，同比增长 3.7%；北美地区接待国际游客 1.33 亿人次，同比增长 1.6%。

5. 国际游客向非洲地区的流动增长显著

2017 年非洲地区共接待国际游客 6210 万人次，比 2016 年增加 450 万人次，整体涨幅为 7.8%。其中，北非地区接待国际游客 2140 万人次，增长 13.4%，增长十分显著；撒哈拉以南非洲地区接待国际游客 4070 万人次，增长 5.1%。

6. 国际游客向中东地区的流动出现回升

2017 年中东地区正逐步摆脱政局不稳、恐怖袭击等负面因素的发展制约，入境游客接待量出现反弹回升，当年接待国际游客数量约为 5830 万人次，同比增长 4.8%。

7. 国际游客向新兴经济体的流动出现回升

2017 年国际旅游客流向新兴经济体的流动速度高于向发达经济体国家的流动速度。2017 年新兴经济体接待入境游客总量同比增长率为 7.9%，发达经济体接待入境游客总量同比增长率为 5.7%，这是自 2014 年以来，新兴经济体接待入境游客总量的同比增长率首次超过同期发达经济体接待入境游客总量的同比增长率。2017 年发达经济体与新兴经济体的入境游客接待量的差距缩减至 1.27 亿人次。

（二）2018年全球入境旅游发展展望

2018 年虽然全球经济遭受了贸易保护主义等的负面影响，但经济基本

面复苏向好的整体格局没有发生根本性变化，这也为全球入境旅游的持续增长提供了根本保障。基于当前全球入境旅游发展呈现出的较好发展态势，预计2018年全球入境旅游市场总体持续向好，市场规模有望进一步扩大，全球入境旅游的增速将继续高于全球经济的增速。全球入境旅游"三足鼎立"（欧洲、亚太、美洲）的格局不会发生较大变化，新兴经济体在全球入境旅游市场份额中的占比有望继续提高。

综合考虑当前全球主要经济体经济发展的综合形势，以及贸易保护主义、恐怖主义威胁与安全形势问题、局部地区存在的动荡形势可能加剧，还有以中国、俄罗斯、巴西、印度、南非等为代表的新兴经济体出境旅游的增速相对乐观等现实因素，预计2018年全球入境旅游的增速将继续高于全球经济的增速，增幅预期为5%左右。

二 2017年及2018年1~6月中国入境旅游发展基本情况

（一）中国入境旅游的基本情况

1. 入境旅游市场平稳持续增长，规模总量创历史新高

2017年中国入境旅游市场平稳持续增长，全年共接待入境游客13948.24万人次，同比增长0.8%，规模总量创下历史新高。其中，接待旅华外国游客2916.53万人次，同比增长3.60%，规模总量也达到历史新高。大陆（内地）接待港澳台入境游客回升至11031.71万人次，同比增长0.02%，规模总量同样创下历史新高。

2. 客源市场结构调整优化，"一带一路"沿线国家活跃度上升

来自港澳台的游客依旧是我入境旅游市场的主力军，占全部市场份额的79.67%。2017年内地接待香港同胞7979.59万人次，占全部入境市场份额的57.21%，份额下降1.34个百分点；内地接待澳门同胞2465万人次，占全部入境市场份额的17.67%，份额上升0.70个百分点；大陆接待台湾同胞587.13万人次，占全部入境市场份额的4.21%，份额上升0.07个百分点。

国际游客在中国入境客源市场中的比例份额持续增长，2017年共接待外国游客2916.53万人次，占全部入境市场份额的20.91%，份额上升0.58个百分点。从国际游客的客源构成来看，缅甸、越南、韩国、日本、俄罗斯、美国、蒙古、马来西亚、菲律宾、新加坡等入境旅游前10大客源国市场向中国输送的入境游客总量占中国接待国际游客总量的75.90%。

3. 入境过夜旅游市场稳定增长

2017年中国共接待入境过夜游客6074万人次，同比增长2.5%，规模总量实现历史最高。其中，入境过夜外国游客2248万人次，同比增长3.8%；入境过夜香港游客2775万人次，同比增长0.1%；入境过夜澳门游客522.40万人次，同比增长8.6%；入境过夜台湾游客528.89万人次，同比增长4.0%。

4. 旅游外汇收入平稳增长，游客旅游消费持续增长

2017年中国入境旅游实现外汇收入1234.17亿美元，同比增长2.90%，保持平稳增长态势。外国游客在华旅游消费695.47亿美元，同比增长4.10%。港澳台游客旅游消费增速整体平稳：香港同胞在内地旅游消费300.66亿美元，同比下降1.50%；澳门同胞在内地旅游消费82.52亿美元，同比增长8.0%；台湾同胞在大陆旅游消费155.52亿美元，同比增长4.0%。

（二）2018年中国入境旅游发展展望

2018年1～6月，中国入境旅游市场稳中有降，共接待入境游客6923万人次，比上年同期下降0.4%。其中，接待外国游客1482万人次，同比增长4.0%。2018年1～6月，中国接待入境过夜游客3072万人次，比上年同期增长2.0%。其中，入境过夜外国游客1144万人次，同比增长4.4%。2018年1～6月，中国入境旅游实现外汇收入618亿美元，同比增长2.8%。其中，外国游客在华旅游花费354亿美元，同比增长4.6%。

综合当前中国入境旅游市场的各类影响因素来看，虽然当前国内外经济形势给中国入境旅游市场带来了一定的挑战，但作为全球文化旅游资源大国和全球新兴经济体的典型代表，中国入境旅游的吸引力依然强劲，中国入境

旅游平稳发展的基本面没有发生根本性变化，有利条件与外部机遇依然存在，中国入境旅游主要客源市场依然有很大的拓展空间，中国入境旅游发展的潜力依然很大。基于中国入境旅游目前的发展趋势，并结合内外部环境综合研判，预计2018年中国入境旅游市场规模有望与2017年基本持平，旅游外汇收入有望实现1%左右的平稳增长。

三 主要入境客源市场分析

（一）港、澳、台市场

1. 香港地区出境旅游平稳增长，赴内地旅游市场出现下滑

自香港回归祖国以来，历经20年的发展，内地赴港游客人数从1997年的236万人次增至2017年的4444.53万人次，大约增长18倍，成为香港旅游市场持续快速增长的最主要客源市场动力。港人赴内地旅游的兴趣也持续走高，从1997年的3977万人次赴内地旅游，至2017年的7979.59万人次赴内地旅游，市场规模大约翻了一番。当前香港和内地已互为最大的旅游客源市场。2017年香港接待入境游客5847.22万人次，其中内地访港游客4444.53万人次，同比增长3.9%；非内地访港游客1402.69万人次，同比增长1.1%。2017年中国内地接待来自香港地区的游客7979.59万人次，同比下降1.6%。

2. 澳门地区出境旅游稳步增长，赴内地旅游市场平稳走高

2017年澳门地区出入境旅游市场总体呈平稳增长态势。澳门地区接待入境游客总量3261.05万人次，同比增长5.4%；澳门居民出境旅游总量2775.66万人次，同比增长4.2%。2017年中国内地接待来自澳门地区的游客2465万人次，同比增长4.9%，延续了自2015年以来的市场回升趋势。

3. 台湾地区出境旅游持续增长，赴大陆旅游市场平稳上升

2017年台湾居民出岛旅游总量为1565.46万人次，同比增长7.3%。其中，亚洲在台湾出岛旅游目的地中占据了超过九成的市场份额。日本是第一

大旅游目的地，占 32.7% 的市场份额；大陆是第二大旅游目的地，占 27.8% 的市场份额。2017 年台湾地区出岛旅游排名前十的目的地分别是日本、中国大陆、中国香港、韩国、中国澳门、美国、越南、泰国、新加坡、马来西亚。2017 年大陆共接待来自台湾地区的游客 587.13 万人次，同比增长 2.5%，延续了自 2015 年以来的市场回升趋势。

（二）主要国际客源市场

1. 越南出境旅游蓬勃发展，旅华市场高热持续

2017 年在越南入境旅游稳定增长的同时，其出境旅游市场也表现出蓬勃发展的态势。根据万事达《2016～2021 年亚太区游客出境旅游未来》报告，2016～2021 年期间，越南出境游的年增长率约为 9.5%，其增长速度在亚太区排名第二。该报告称，到 2021 年，越南出境旅游总人数约为 750 万人次。2017 年越南旅华游客总量为 654.42 万人次，同比增长 106.6%，是中国的第二大入境旅游客源市场。

2. 韩国出境旅游持续走高，旅华市场遭遇下滑

2017 年韩国出境旅游人数同比增长 18.4%，达 2649.65 万人次；旅游消费支出同比增长 14.3%，达 270.73 亿美元。但受到"萨德入韩"事件的消极影响，韩国赴华旅游市场遭遇下滑。2017 年韩国旅华游客总量为 385.49 万人次，同比下降 19.1%，是中国的第三大入境旅游客源市场。

3. 日本出境旅游继续回升，旅华市场持续上扬

2017 年日本出境旅游市场总量为 1788.93 万人次，同比增长 4.5%。2017 年日本出境旅游排名前十的目的地分别是：美国、中国、韩国、中国台湾、夏威夷（美国）、泰国、中国香港、越南、新加坡、关岛（美国）。2017 年日本旅华游客总量为 268 万人次，同比增长 3.6%，是中国的第四大入境旅游客源国。

4. 俄罗斯出境旅游出现回升，旅华市场强势反弹

2017 年俄罗斯出境旅游排名前十的目的地分别是：土耳其、芬兰、哈萨克斯坦、乌克兰、中国、爱沙尼亚、波兰、德国、格鲁吉亚、西班牙。根

据“世界无国界旅游协会”的统计数据，2017年共有41.5万名俄罗斯游客通过团队游互免签证项目进入中国，其中40.2万人来自各大边疆区。从客源市场结构来看，近年来到中国休闲旅游度假的游客比重有较大幅度提升。2017年俄罗斯旅华游客总量为234.46万人次，同比增长18.7%，是中国的第五大入境旅游客源国。

5. 美国出境旅游强势走高，旅华市场平稳增长

受益于美国经济的持续走高，2017年美国出境旅游市场延续了此前的高位增长态势。2017年1~11月美国出境旅游总量为7976.7万人次，同比增长9.9%。其中，美国赴欧洲游客实现了16.5%的高速增长，美国赴非洲游客也实现了10.9%的高速增长。2017年美国旅华游客总量230.93万人次，同比增长2.7%，是中国的第六大入境旅游客源国。

6. 新加坡出境旅游平稳增长，旅华市场继续回升

自2005年以来，新加坡出境旅游一直保持稳步增长。2017年新加坡出境游客总量为988.9万人次，同比增长4.4%。研究表明，新加坡出境旅游排名前十的目的地分别是马来西亚、印度尼西亚、印度、泰国、澳大利亚、日本、美国、中国大陆、中国香港、菲律宾。自2018年2月1日起，外籍华人签证放宽至5年多次的便利化措施，进一步拉动了新加坡赴华旅游市场。2017年新加坡旅华游客总量为94.02万人次，同比增长2%，是中国的第十大入境旅游客源国。

7. 印度出境旅游持续增长，旅华市场平稳增长

近年来随着经济不断发展，人民生活水平逐渐提高，印度出境游发展迅猛，正逐渐成长为全球出境游发展最快的国家之一。2016年印度出境游总量为2187万人次，同比增长7.3%；泰国、新加坡、美国、马来西亚、斯里兰卡、尼泊尔、中国、日本，以及欧洲国家是印度游客最为青睐的境外旅游目的地。2017年印度旅华游客总量为81.90万人次，同比增长2.5%，是中国的第十一大入境旅游客源国。

8. 加拿大出境旅游强势反弹，旅华市场同步回暖

2017年加拿大出境旅游创造了1280万人次的历史新高，同比增长

7.2% 。从出境旅游目的地空间分布看，加拿大游客最为青睐的境外目的地国家是美国、墨西哥以及其他美洲国家，其次是英国、法国等欧洲国家。2017 年加拿大出境旅游排名前十的目的地分别是：美国、墨西哥、英国、法国、古巴、德国、多米尼加、中国、意大利、西班牙。2017 年加拿大旅华游客总量为 80.5 万人次，同比增长 8.7%，是中国的第十二大入境旅游客源国。

9. 泰国出境旅游实现新高，旅华市场随之走高

2017 年泰国出境游客首次突破 900 万人次大关，规模总量实现历史新高。从地域分布来看，东亚地区是泰国出境游客最为青睐的境外旅游目的地，其在泰国出境旅游市场份额中的占比超过 80%，中国大陆、日本、韩国、中国香港、中国台湾等都是泰国出境游客首选的境外旅游目的地。2017 年泰国旅华游客总量为 77.57 万人次，同比增长 3.6%，是中国的第十三大入境旅游客源国。

10. 澳大利亚出境旅游保持平稳，旅华市场持续上扬

2017 年澳大利亚出境旅游总量为 911.8 万人次，其中，持休闲度假目的的出境游客总量为 511.5 万人次，占出境游客总量的 56.10%。2017 年澳大利亚出境旅游排名前十的目的地分别是：新西兰、印度尼西亚、美国、英国、泰国、中国、新加坡、日本、印度、斐济。2017 年澳大利亚旅华游客总量为 73.37 万人次，同比增长 9%，是中国的第十四大入境旅游客源国。

四 中国入境旅游持续增长面临的机遇与挑战

（一）战略机遇

1. 充满生机与活力的大国形象正有效统领新时期的入境旅游发展

中国既有五千年历史文化传统，又有全球第二大经济体的经济建设成就；既有美丽的自然资源，又有即将实现的全面小康社会；既有国家富强、

人民幸福的内聚力，又有人类命运共同体的理念与行动力。中国充满生机和活力的大国形象已初步确立，进一步激发了国际游客认知"现代中国"和"崛起中国"的原生动力，这是未来一段时期内中国入境旅游发展所面临的全新战略机遇。

2. 一系列重大外交活动和国际交流活动，为传播中国声音、讲好中国故事搭建了重要平台

伴随"一带一路"国际合作高峰论坛、金砖国家领导人会晤、中日韩旅游部长会议、中蒙俄旅游部长会议等一系列主场外交活动的开展，以及上海合作组织、亚洲基础设施投资银行等中国主导的国际政治经济组织的持续发声，中国在全球和地区的影响力持续上升，为世界了解和认识中国提供了战略机遇。

3. 《"十三五"旅游业发展规划》为旅游强国"三步走"战略奠定新基础

《"十三五"旅游业发展规划》明确提出了入境旅游持续增长的发展目标，将国际旅游市场发展作为实施旅游外交战略与提升旅游业国际影响力的重要渠道，为入境旅游发展指明了总体方向。在中国从粗放型旅游大国向比较集约型旅游大国、较高集约型旅游大国迈进，并最终建成高度集约型世界旅游强国的进程中，旅游经济增长方式、动力、主体的创新变化为中国入境旅游的持续发展奠定了坚实基础。

4. 资本、技术、文创等新要素在推动供给侧结构性改革中的新动能逐步体现

在资本、技术、文创、知识、人才以及共享经济等新型商业模式的共同驱动下，旅游供给侧结构性改革不断深化。旅游电子商务迅猛发展，"旅游＋"等多种新业态接连兴起，使旅游产品与服务的新型商业模式不断涌现，目的地商业环境逐渐完善，将为中国入境旅游市场的规模增长与结构优化贡献新动能。

（二）问题挑战

1. 全球入境客源市场的竞争日趋激烈

当前全球范围内的金融危机和经济萧条仍未结束，外部经济运行的负面

效应大大降低了国际旅游需求的转化率。一方面，世界各国特别是发达国家对旅游业特别是入境旅游的重视程度逐渐增强，持续出台促进旅游市场和产业发展的一系列政策，对中国入境旅游市场稳定增长和持续发展形成巨大压力。另一方面，日本、韩国以及东南亚等国家近年来纷纷通过签证便利化、购物免退税、航权开放、廉价航线，以及海外宣传推广升级等综合化措施，持续提升国际旅游竞争力，进而导致中国入境旅游市场面临的分流压力日渐加大。

2. 基础设施和综合服务配套不足仍然是入境旅游发展的现实制约

在全球化背景下，国家和地区争夺境外客源的竞争已从单纯依靠市场推广逐步扩展到依靠目的地基础设施、公共服务和商业环境的配套完善。特别是在全域旅游时代，国际游客对跨境出行便利化、目的地发展与管理、公共服务配套等总体接待环境给予了更高关注。中国入境旅游的竞争力在签证便利性、环境可持续性、旅游安全与保障、游客服务配套设施、旅游商业环境、国际开放度等方面尚存较大提升空间。

3. 潜在的旅游资源优势未能充分转化为入境旅游发展所需的产品与服务

当前中国对国际游客的核心吸引力更多来自传统的自然山水资源和历史人文资源，而源自现实生活方式的当代旅游产品，特别是可供游客重复消费的休闲度假旅游产品相对不足。国际游客的旅行感知评价和满意程度也有待进一步提升，休闲度假的旅游目的地形象尚未得到广泛认同，国际游客的品牌忠诚度和重复消费率仍不甚理想。

4. 依然缺乏市场化运作的入境旅游市场宣传推广工作机制

当前中国的入境旅游宣传推广体系仍然存在实施主体相对单一、人力资源、物力资源、财力资源相对有限等典型问题，也存在激励与考核机制缺位的突出问题。这些都已成为制约宣传推广工作有效性发挥的关键影响因素。在未来的工作中，建议由文化和旅游部统筹协调文化旅游行业协会、文化旅游企业等市场核心资源，倡导成立专业化的旅游营销机构，并充分调动各市场利益相关方的积极性，推动将旅游宣传推广工作的主体从政府向市场化的专业营销机构转移，探索建立和持续完善政府战略主导、

企业联盟、线上线下媒体整合、游客参与互动的全方位旅游宣传推广工作体系，并鼓励各类市场主体在旅游宣传推广工作中发挥积极作用，创新企业参与宣传推广和公共营销的扶持奖励机制。

参考文献

《中国旅游统计》相关年份月度资料。

中国旅游研究院（文化和旅游部数据中心），http：//www. ctaweb. org/，2018 年 12 月 6 日。

中国旅游研究院：《中国入境旅游发展年度报告 2018》，旅游教育出版社，2018。

《旅游市场》相关年份月度资料。

UNWTO，Tourism Highlights，2018Edition.

UNWTO，World Tourism Barometer，Statistical Annex.

2017~2018年中国出境旅游发展分析与展望

蒋依依*

摘　要： 2017年与2018年上半年，我国出境旅游市场规模与消费持续扩大，出国游的比例持续提升，周边国家与地区仍为最主要的目的地。受签证、航线等因素促进，部分目的地接待中国游客的规模扩大明显。客源地正在呈现出以城市群为节点，东中西部地区均衡化发展的特征。预计在中国客源对目的地社会经济发展作用日益彰显等背景下，2018年下半年以及2019年，中国出境旅游市场仍将保持稳定增长势头。

关键词： 出境旅游　旅游市场　中国游客

一　2017年与2018年上半年我国出境旅游市场总体状况

（一）出境旅游市场规模与消费持续扩大

2017年我国出境旅游市场保持增长势头，全年出境旅游人数达到1.31亿人次，比2016年增长6.9%，市场规模总量创历史新高。根据调整后的数据，2015年我国出境旅游花费1045亿美元，2016年达到1098亿美元，

---

* 蒋依依，中国旅游研究院国际旅游研究所所长、研究员，主要研究方向为旅游市场、国际合作与旅游效应。

2017 年为 1152.9 亿美元。尽管出境旅游花费保持增长，但增速减缓。2018
年上半年，中国公民出境旅游人数 7131 万人次，比上年同期的 6203 万人次
增长 15.0%。根据携程出境游产品的预订数据，从在线平台和线下门店报
名情况看，上半年国内居民出境旅游消费意愿旺盛，出境游客来自国内 200
多个出发城市，到达全球 130 多个国家、1500 多个目的地城市。

（二）近程目的地仍占主体

2017 年我国出境旅游目的地依然以近程目的地为主。港澳台是最主要
的目的地，其他亚洲目的地地位重要。2017 年，中国内地出境旅游目的地
前十三位依次为中国香港、中国澳门、泰国、日本、越南、韩国、美国、中
国台湾、马来西亚、新加坡、印度尼西亚、俄罗斯和澳大利亚。除美国与澳
大利亚外，均为周边国家与地区。亚洲继续在洲际目的地上占据首位，所占
比例为 89%。亚洲之后依次为欧洲（4.0%）、美洲（2.8%）、其他地区
（1.9%）、大洋洲（1.4%）和非洲（0.5%）。综合目的地国家数据以及携
程旅行网在线预订数据，2018 年上半年，接待中国游客最多的目的地国家
为泰国、日本、越南、韩国、新加坡、印度尼西亚、马来西亚、俄罗斯、美
国、柬埔寨、菲律宾、澳大利亚、法国、阿联酋、土耳其、意大利、马尔代
夫、德国、斯里兰卡和英国。俄罗斯的排名上升明显，土耳其第一次位列前
15 名。

（三）出国游的比例逐渐提升

2017 年，出国游客占出境游客总数的 33.3%，赴港澳台游客占 66.7%，
分别较 2016 年的 31.1% 与 68.9% 提升与下降 2.2 个百分点。出国游比例的
提升显示出中国游客的脚步渐行渐远。

（四）出行时间仍然较为集中

从出境旅游人数的月度数据来看，高峰期主要为春节期间和 7 月、8
月。根据携程旅行网数据，2018 年春节期间，中国游客的主要目的地为泰

国（23%）、日本（13%）、港澳台地区（11%）、新加坡（10%）、越南（7%）、欧洲地区（6%）、马来西亚（5%）、澳大利亚与新西兰（4%）、美国（3%）、韩国（2%），其他地区占据16%。

（五）部分目的地游客规模增长迅速

从2018上半年与春节的情况来看，部分目的地对我国游客的吸引力显著提升。根据携程旅行网报名人次数据，塞尔维亚、老挝、比利时、越南、瑞典、土耳其、俄罗斯、缅甸、柬埔寨、芬兰等目的地的中国客源增长最为明显。同样根据携程旅行网的数据，2018年春节期间，报名人次增长最快的国家与地区为南极（110%）、波兰（95%）、比利时（72%）、阿根廷（61%）、冰岛（59%）、巴西（54%）、瑞典（50%）、约旦（47%）、葡萄牙（44%）。

（六）二三线城市出游需求不断提升

根据携程出境游产品数据，2018年上半年出境旅游需求最为旺盛的城市为长春、温州、北京、大连、沈阳、上海、哈尔滨、厦门、青岛、苏州、石家庄、太原、福州、深圳、广州、杭州、昆明、宁波、南京、天津。可以发现，除北京、上海、广州、深圳等一线城市外，大连、厦门、青岛、福州、杭州、宁波、天津等城市位于消费能力较强的东部沿海地区。值得关注的是东北地区的长春、沈阳、哈尔滨，以及中西部地区的太原、昆明等城市的出境消费能力有所增强，在一定程度上表明了我国的出境旅游需求，正在以城市群为节点，显现出从东部沿海地区向东中西部地区均衡化发展的特征。

（七）客源以年青群体为主

中国旅游研究院2017年在北京、上海、广州、重庆、沈阳、西安、成都、杭州、深圳和哈尔滨10个城市开展的问卷调查表明：出境游客的性别比例差距较大，女性市场远大于男性市场，差距比2016年有所扩大；出境

319

游客以中青年人为主，25~44岁年龄段人数所占比例高达66.2%；大学本科和大学专科学历的出境游客人数比例最高，合计约为67.1%，与2016年学历分布类似；来自批发和零售行业的出境游客所占比例最高，为12%；个人月收入在3001~8000元的游客占比最高，为61.4%，比2016年分布更加集中。

（八）中国客源对于目的地的作用正在彰显

中国已经成为泰国、日本、韩国、越南、柬埔寨、俄罗斯、马尔代夫、印度尼西亚、朝鲜、南非等10个国家的第一大入境旅游客源地，中国游客在这些国家国际游客中的占比最高达30%。中国也是美国、阿联酋、英国、新西兰、菲律宾、斯里兰卡、加拿大等国家的重要客源国。2017年，中国还成为赴南极旅游的第二大客源国。

二 影响因素分析

（一）客源地维度——经济发展对出境旅游的推动作用明显

除签证便利度等因素外，客源地的国民收入水平在很大程度上影响着游客对目的地的选择。根据国家统计局的数据，2017年全年国内生产总值为827122亿元，按可比价格计算，比上年增长6.9%。2017年，有10个省市的人均GDP超过了1万美元，整体发展达到中等发达国家水平，其中北京、上海和天津的人均GDP居全国前三位。2017年，全国居民人均可支配收入为25974元，比上年名义增长9.0%，扣除价格因素实际增长7.3%。从地方层面看，2017年居民人均可支配收入排名前十位的分别是上海、北京、浙江、天津、江苏、广东、福建、辽宁、山东和内蒙古；全国人均消费支出前十名分别是上海、北京、天津、浙江、广东、江苏、福建、辽宁、内蒙古和重庆。对比可支配收入和消费支出可以发现，总体上呈现"挣得多花得也多"的趋势。2018年3月，中国旅游研究院、携程旅游集团联合发布

《2017 出境旅游大数据报告》，报告显示，2017 年出境旅游出发城市前十名分别是上海、北京、成都、广州、深圳、杭州、南京、武汉、天津和西安①。文化和旅游部官网发布的 2017 年第一季度和第二季度团队出境游人次前十名省份分别是江苏、广东、上海、浙江、山东、湖北、重庆、福建、湖南、辽宁②。将人均 GDP、可支配收入、消费支出与自助出境游城市进行对比，可以发现，总体的特点是收入越高的地方支出越高，在出境游方面的支出也越高。不过也有例外，辽宁、山东和内蒙古虽然收入或支出排名都比较靠前，但并不是热门的出境游城市所在地。

国家统计局的数据显示，2018 年上半年，体育、健康、旅游等服务消费势头强劲，全国居民人均旅馆住宿支出增长 37.8%，交通费支出增长 22.8%。居民收入的平稳增长以及消费能力的逐渐提高，提升了出境旅游的意愿。

（二）目的地维度——签证便利化激发了更多出游意愿

中国外交部网站显示，截至 2018 年 1 月，有 175 个国家与我国建立了外交关系，已正式开展组团业务的中国出境旅游目的地国家占到了与我国建交国家的 72%。签证环境的日益优化说明境外目的地正逐渐重视保障中国游客的公正、公平待遇。根据外交部网站的信息，截至 2017 年 10 月 28 日，中国与 134 个国家签订了互免签证的协议。在这 134 个国家中，免签证国家有 12 个（比 2016 年增加了 3 个）；单方面允许中国公民免签入境的国家增加至 15 个；单方面允许中国公民办理落地签证的国家有 39 个（比 2016 年增加了 2 个）。塞尔维亚作为第一个对中国游客免签的中东欧国家，2018 年 1~7 月底，共接待了 5 万人次的中国游客。携程旅行网数据显示，2018 年上半年报名前往塞尔维亚旅游的游客同比增长了 350%。

---

① 受限于数据获取，此处使用的是出发地数据。出发地可能未必是游客的常住地，但也有一定的重合度，能从一定程度上反映出大的分布趋势。
② 第三季度和第四季度数据官网尚未公布。

（三）客源地与目的地交互维度——"一带一路"框架下国际交通网络发展激发了更多出游意愿

近年来，"一带一路"城市旅游合作论坛、中国国际交易会等活动的成功举办密切了中国与其他国家的合作。中国旅游企业加强境外直采、旅游投资布局，丰富了出境游产品。国家相关部门也在加强旅游执法、规范旅游市场经营，更好地保障游客权益。这些活动进一步激发了出境游需求。新增航班航线也扩展了出境旅游延伸空间。根据《2017 年民航机场生产统计公报》，2017 年国际航线吞吐量为 11172.1 万人次，比上年增长 9.2%。国际航线完成 86.9 万架次，比上年增长 7.3%。从增长速度来看，国际航班增长率明显高于国内航班，近年国际航线客运的增长多来源于我国旺盛的出境客流。国内和国外的航空公司纷纷推出新的航班和航线，跨境交通网络不断优化。

三 2018年下半年与2019年我国出境旅游市场发展趋势

（一）全球经济回升但仍存在不确定性，旅游业特别是中国市场将进一步得到重视

全球经济回升已变得更为广泛、更为强劲，但仍存在不确定性。国际货币基金组织 2018 年 4 月发布的《世界经济展望》称："发达经济体今年和明年将继续以超过潜在增长率的速度扩张，随后经济增长将减速，而新兴市场和发展中经济体的增长将加快，随后趋于稳定。在依然有利的金融环境下，预计 2018 年和 2019 年的全球增长率将升至 3.9%。"但这种有利的增长势头最终会放缓，许多国家将面临具有挑战性的中期前景。根据世界旅游及旅行理事会（WTTC）发布的《2018 旅行与旅游全球经济影响报告》，2017 年旅游业增加值相当于全球 GDP 的 10.4%，提供了 3.13 亿份工作岗位，占全球工作岗位的 9.9%。旅游行业预计将保持蓬勃的发展态势，产业的重要性将日益凸显，各国会在面临经济风险的情况下加大对旅游市场的投

入，通过旅游发展带动经济复苏。

作为世界第一大客源市场，中国对全球旅游业的影响力与日俱增。世界旅游组织2018年1月发布的《世界旅游晴雨表》显示，2017年中国出境旅游再次强劲增长，继续引领全球出境旅游市场的发展。世界旅游及旅行理事会发布的《2018旅行与旅游全球经济影响报告》提出，预计到2020年，中国将超越美国、英国和德国，成为长途旅游最大的客源市场。报告还指出，未来十年，6000多万中国家庭的年收入将超过35000美元，出境游成为可负担的消费之选。预计到2023年，中国游客平均每次出境游的开销将增长近75%，其中超过85%的游客会选择全球各大主要城市作为旅游目的地。由此可以预测，未来各国针对中国市场的投入会进一步加大，包括加强旅游基础设施建设（航空、地面和港口）、改善中文环境、降低签证门槛、加强领事保护等。

（二）中国内部发展环境持续优化，更多中国游客会将出境旅游作为美好生活的有机组成

中国宏观经济形势将为出境旅游提供良好的支撑。根据李克强总理的《2018年政府工作报告》，2018年国内生产总值预计增长6.5%左右，城镇新增就业1100万人以上，居民收入增长和经济增长基本同步。

各类基础设施的建设，特别是国际航线的开通将使中国公民出境旅游更为便利。2018年全国民航工作会议的数据显示，近五年来，我国国际航线由381条增至784条，国际定期航班通航国家由52个增至61个，通航城市由121个增至167个；国际航空旅客运输量年均增长18.8%。截至2017年底，已有122个国家和地区与我国签订双边航空运输协定，比2016年底增加2个（巴拿马、斯洛文尼亚）。

国内交通条件的改善将为客源市场从一线城市向二三四线城市延伸进一步提供条件。李克强总理在《2018年政府工作报告》指出，过去5年间，中国的高速铁路运营里程从9000多公里增加到25000公里，占世界2/3；高速公路里程从9.6万公里增加到13.6万公里。中国旅游研究院与携程旅游

集团共同发布的《2017 出境旅游大数据报告》显示,排名前二十的出境旅游出发城市,除京沪穗深之外,还包括 16 个出境游"新一线"城市。成都作为新一线城市的榜首,于 2017 年超越深圳位居出境游人数第三位。西安和长沙出境游人数上升迅速,排名靠前。

国际合作的空间将进一步扩大与优化。《2018 年政府工作报告》中指出,将推进"一带一路"国际合作,推动国际大通道建设,深化沿线大通关合作,加大西部、内陆和沿边开放力度。旅游领域正在形成边境与重点国家/地区的国际合作格局。2018 年 4 月,国务院同意设立内蒙古满洲里、广西防城港边境旅游试验区,有利于以沿边重点地区为重点扩大改革开放与国际合作。2018 年开展的中国 – 加拿大旅游年、中国 – 欧盟旅游年,促进了中国与相关国家/地区旅游合作体制机制的常态化以及市场认知程度的扩大。

(三)旅游需求更趋多样化,目的地成为本地居民与游客共享的生活空间

从旅游人群来看,中青年人群将依然是出境游的主要消费力量,这与其财富、体力相匹配。更多的"80 后""90 后""00 后"游客将加入出境游的队伍。从旅游计划的时间来看,受惠于签证环境的不断优化,人们出境旅游的计划周期正在不断缩短。从旅游内容来看,中国游客对于体验当地人生活方式的需求逐渐增长。中国旅游研究院与携程旅游集团共同发布的《2017 出境旅游大数据报告》显示,根据相关网络搜索,美食、自然探索、户外运动、避寒避暑、城市休闲、深度体验、疗休养等当地化的旅游体验内容最为中国游客所青睐。从旅游方式来看,自由行的旅游需求趋于增长,即便是团队游客,对目的地时间弹性安排的要求也正在加强。

(四)技术创新扩大旅游供给,为游客体验当地生活创造更好条件

共享经济从微观层面自下而上推动着旅游供给侧的变革,不断创新旅游设施和服务供应的形式与规模,为加强游客体验当地生活的深度和拓展广度创造了条件。国外的 EatWith 等餐饮共享方式能够让游客体验当地的家常美

食与特色厨艺，还能将美食、社交、文化等多种元素融入其中，构造出一个文化交流的平台。相对于传统住宿业，airbnb等住宿共享企业可以为游客提供更为人性化的服务、更加多元化的选择、更具特色的住宿产品以及更生动的地域文化体验，丰富了旅游住宿的供给范围和供给形式。Uber以及共享单车等平台，不仅能够合理利用闲置的交通设施，还为游客深入体验目的地文化和生活方式提供了接口。多个境外用车平台整合了海外华人、留学生以及会中文的外国人等当地人服务资源，为中国出境游客提供全方位的导游和用车等服务，加强其对目的地风土人情的深度体验。

移动互联网、无线客户终端设备，特别是以语音交互技术为核心的手持翻译设备的不断完善，使出境游客更容易突破信息不对称的窘境，更加快捷、便利地获知相关旅游信息。各类支付方式延伸到境外，特别是覆盖了餐饮、超市、百货、便利店、免税店、主题乐园、海外机场、退税等所有中国游客的消费场景，将进一步提升消费水平、扩展消费内容。

参考文献

中国旅游研究院课题组：《中国出境旅游发展年度报告2018》，旅游教育出版社，2018。

《持普通护照中国公民前往有关国家和地区入境便利待遇一览表》，http：//cs. mfa. gov. cn/gyls/lsgz/fwxx/t1185357. shtml，2018年11月22日。

世界旅行与旅游理事会（WTTC）：《旅行与旅游经济影响中国报告2018》，www. wttc. org，2018年11月22日。

港澳台旅游
Hongkong, Macau & Taiwan Tourism

G.23
2018~2019年香港旅游业
发展分析与展望

刘婷婷　李咪咪*

摘　要： 旅游业是香港的一大支柱产业。本报告首先分析和评价了近
年来特别是2018年1~8月香港旅游业各项主要指标回暖的
表现；其次总结了香港特区政府在发展旅游业方面的政策以
及开展的具体工作；再次指出了目前形势下香港旅游业面临
的机遇与挑战；最后得出了香港旅游业在未来具有审慎向好
发展前景的结论。

关键词： 香港旅游业　整体回暖　政府引导　"一带一路"

---

* 刘婷婷，香港理工大学酒店及旅游业管理学院博士生，主要研究方向为旅游消费、旅游政策
分析等；李咪咪，博士，香港理工大学酒店及旅游业管理学院副教授，当前研究方向为旅游
政策与规划、儿童旅游行为研究、酒店与旅游营销等。

作为东西方文化的汇聚交流之地，香港这座亚洲国际都会，一直以来都是全球范围内的热门旅游目的地。

香港回归20余年来，依托全球经济发展，特别是庞大的中国内地市场，旅游业发展较快。全球赴港旅游人次从1997年的1127万人次攀升至2017年的5847万人次，增幅高达419%，到访人次达到香港人口总量的7.9倍。2017年，香港与入境旅游相关的消费总额达到2967亿港元，约合2601亿元人民币（按照1港元兑0.87元人民币计算，下同）。

旅游业以占本地生产总值约5%的比重，为香港社会提供了约27万个就业岗位。它还带动酒店、零售、交通等多个行业发展，现在已成为香港的支柱产业和重要的经济驱动力，为香港社会稳定、民生改善、经济发展发挥了重要作用。

一 2018年香港旅游业特征

（一）香港旅业持续回暖，走出衰退

2015年，香港旅游业在经历了连续11年的快速增长后出现下降，下降趋势延续至2016年。访港旅客人次由2014年高峰期的6083.9万人次下降到2016年的5665.5万人次，降幅为6.9%。

2017年，访港旅客人次略有回升，达到5847.2万人次，增幅为3.2%。2018年1~8月，访港旅客人次达到4196.3万人次，增幅为10.4%（见图1）。1~8月，过夜旅客同比增长5.8%，酒店平均入住率上升3.3个百分点，至91.4%。旅客的增加也带来零售业的增长，8月香港零售总额达到382亿港元，约合332亿元人民币。香港的优势商品中，珠宝首饰、钟表及名贵礼品增长21.6%，药物及化妆品增长16.3%，旅游业带动效应十分明显。

香港旅游业已走出了2015~2016年的低谷，现在处于稳定向好阶段。

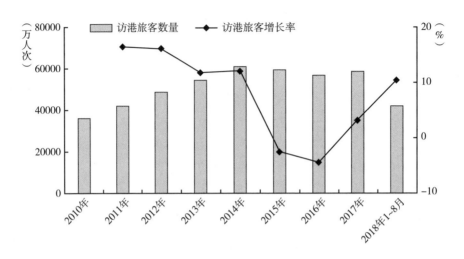

图 1　2010～2018 年 1～8 月份访港旅客数量及增长率

（二）中国内地旅客数量回升，触底反弹

自 2009 年内地旅客数量占比超过 60% 以来，内地旅客一直在香港的旅客市场中居于主导地位，对香港旅游业影响重大。

2015～2016 年，受多种因素的共同影响，内地旅客数量连续两年下降，由 2014 年的 4724.8 万人次下降到 4277.8 万人次，降幅达 9.5%。这一下降直接导致了香港旅游业的寒冬，进而对旅游相关产业也产生了负面影响。2017 年，得益于香港特区政府和业界对于"好客之都"品牌形象的着力塑造，内地旅客有了 3.9% 的回升。2018 年 1～8 月，内地旅客数量同比增幅达到 10.4%。若这一增幅持续到全年结束，2018 年内地旅客预计可达到 4906.7 万人次，重新站上历史最高位。

（三）其他市场整体稳定，结构微调

目前，短途地区（不含内地）和长途地区访港旅客人次合计占比为 21.6%，比 2000 年增长 51.3%。各地区所占比重 2010 年来虽有小幅波动，但整体保持平稳。

2018 年 1 ~ 8 月，短途地区（不含内地）旅客数量同比下降 2.2%，长途地区旅客数量同比增长 3.4%，各地区访港旅客占比如图 2 所示。

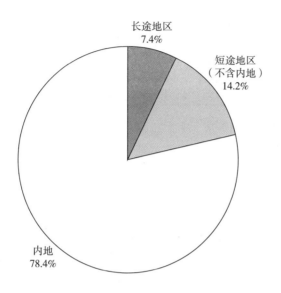

长途地区
7.4%

短途地区
（不含内地）
14.2%

内地
78.4%

图2　2018 年 1 ~ 8 月各地区访港旅客占比

短途地区（不含内地）中，北亚、南亚及东南亚、中国台湾三个板块均出现下降。北亚地区中，日本旅客数量虽然有 4.1% 的增长，但不足以弥补韩国旅客数量 4.3% 的下降；南亚及东南亚中，只有泰国旅客数量有 0.6% 的增长，其他国家旅客数量均有所下降，降幅最大的是印度尼西亚，达到了 12.2%；中国台湾地区旅客数量则下降了 4.1%；另外，中国澳门及未能识别地区的旅客数量略增 0.2%。长途地区中，美洲，欧洲、非洲及中东，大洋洲三个板块均呈现增长。美洲地区，美国和加拿大旅客数量增长，南美及中美旅客数量略降 0.8%；欧非及中东地区，各国及地区旅客数量增减不一，整体实现增长；大洋洲的旅客数量也整体实现增长（见表1）。

2018 年 1 ~ 8 月，从以国家或地区为口径的统计数据上看，中国内地、中国台湾、韩国、美国、日本为中国香港 5 大旅客来源市场。2017 年超越美国成为第 4 大市场的日本，又跌回第 5 的位置。预计未来几年，美国和日本会在第 4 的位次上反复。

表1 2018 年 1~8 月部分地区访港旅客人次统计

地区	人次	占比（%）	增长率（%）
长途地区市场	3088511	7.4	+3.4
美洲	1206722	2.9	+5.0
美国	838521	2.0	+6.2
加拿大	244830	0.6	+4.2
南美及中美	123371	0.3	-0.8
欧洲、非洲及中东	1437532	3.4	+2.2
英国	374916	0.9	+4.6
德国	140278	0.3	-2.0
法国	132330	0.3	+0.2
意大利	65419	0.2	-2.1
南非	42581	0.1	+4.6
中东	109281	0.3	-0.1
大洋洲	444257	1.1	+3.0
澳大利亚	364453	0.9	+2.8
新西兰	70963	0.2	+3.3
短途地区市场（不含内地）	5957331	14.2	-2.1
北亚	1767023	4.2	-0.5
日本	822684	2.0	+4.1
韩国	944339	2.3	-4.3
南亚及东南亚	2250564	5.4	-2.8
印度尼西亚	281333	0.7	-12.2
马来西亚	302096	0.7	-2.1
菲律宾	570356	1.4	-1.0
新加坡	363966	0.9	-5.3
泰国	365958	0.9	+0.6
印度	255440	0.6	-2.9
中国台湾	1289434	3.1	-4.1
中国澳门特区/未能识别	650310	1.5	+0.2
小　计	9045842	21.6	-0.3
中国内地	32917370	78.4	+13.7
合　计	41963212	100.0	+10.4

（四）过夜旅客总量增加，占比下降

从过夜旅客人次方面来看，从 2000 年开始，除 2003、2009、2015 和 2016 年外，过夜旅客总量稳步增加。2017 年过夜旅客达到 2788.4 万人次，是 2000 年的 3.2 倍。不论是内地旅客还是其他地区旅客，均呈现较快速增长的态势。2018 年 1～8 月，内地过夜旅客的占比为 68.8%，与内地旅客在访港旅客中 74.8% 的占比相比，少了 6 个百分点。

过夜旅客比例则呈现出下降的趋势。2000 年过夜旅客比例为 67.5%，2017 年则下降至 47.7%。虽然 2016 年和 2017 年分别有 1～2 个百分点的回弹，但整体趋势难以扭转。究其原因，在于内地旅客访港越来越便利，当天往返的情况较普遍。内地旅客过夜比例从 2003 年刚开放自由行时的 67.2%，下降到 2017 年的 41.7%，2018 年 1～8 月进一步下降到 40.1%，累及整体比例。反观其他地区旅客，自 2000 年来的过夜比例基本保持稳定，近几年一直在 64% 左右徘徊。

表 2　历年来访港过夜旅客比例统计情况

单位：千人次，%

年份	全部旅客			内地旅客			其他旅客		
	过夜人次	不过夜人次	过夜占比	过夜人次	不过夜人次	过夜占比	过夜人次	不过夜人次	过夜占比
2000	8813	4245	67.5	2707	1078	71.5	6106	3167	65.8
2001	8878	4847	64.7	3065	1382	68.9	5813	3465	62.7
2002	10688	5877	64.5	4757	2067	69.7	5931	3810	60.9
2003	9675	5860	62.3	5685	2781	67.2	3990	3079	56.4
2004	13654	8156	62.6	7793	4451	63.6	5861	3705	61.3
2005	14773	8586	63.2	8029	4511	64.0	6744	4075	62.3
2006	15821	9429	62.7	8434	5157	62.1	7387	4272	63.4
2007	17153	11015	60.9	9092	6393	58.7	8061	4622	63.6
2008	17319	12187	58.7	9379	7482	55.6	7940	4705	62.8
2009	16926	12664	57.2	9663	8293	53.8	7263	4371	62.4
2010	20085	15945	55.7	11678	11006	51.5	8407	4939	63.0

续表

年份	全部旅客			内地旅客			其他旅客		
	过夜人次	不过夜人次	过夜占比	过夜人次	不过夜人次	过夜占比	过夜人次	不过夜人次	过夜占比
2011	22316	19605	53.2	13599	14500	48.4	8717	5105	63.1
2012	23770	24844	48.9	15110	19801	43.3	8660	5043	63.2
2013	25661	28637	47.3	17089	23655	41.9	8572	4982	63.2
2014	27770	33068	45.6	19077	28170	40.4	8693	4898	64.0
2015	26686	32621	45.0	17996	27845	39.3	8690	4776	64.5
2016	26552	30102	46.9	17364	25413	40.6	9188	4689	66.2
2017	27884	30587	47.7	18526	25919	41.7	9358	4668	66.7

（五）酒店行业持续向好，盈利增加

因为入境总人次在 2015～2016 年连续两年有较明显的下跌，香港酒店业表现也相应较为疲软。随着 2017 年香港旅游业的回暖和 2018 年 1～8 月的进一步升温，酒店业也持续向好。

酒店客房供应方面，因为市场惯性，2016～2017 年并未出现衰退，而是连年增加。至 2018 年 8 月，香港酒店总房间数达到 79889 间，较 2013 年增加 14.1%。入住率方面，2017 年较上年提升 2 个百分点，达到 89%；2018 年 1～8 月，较上年同期提升 3.3 个百分点，达到 91.4%，提升明显。平均房价方面，2017 年较上年略增 1 港元，达到 1288 港元。2018 年 1～8 月，较上年同期提升 98 港元，达到 1314 港元，拓宽了盈利的空间。

（六）入境消费额有望达到近四年峰值

香港入境消费总额在 2014 年达到峰值，为 3594.2 亿港元，后在 2015～2016 年出现下降，2017 年虽有增长，但增长率仅为 1%。2018 年 1～8 月，入境消费额同比增长 13.5%。按照上下半年消费额占全年比重加权推算后，2018 年入境消费总额有望达到 3367.5 亿港元，创近四年新高。

表3 2018年1~6月入境消费额统计

	消费额(百万港元)	增长率(%)
过夜旅客	93151	+14.2
入境不过夜旅客	39038	+21.6
乘坐同一邮轮进出香港的邮轮旅客	47	-61.0
军人	2	-88.7
机组人员	641	-15.5
过境旅客	1132	-20.8
境内总消费	134011	+15.5
国际客运服务消费	24783	+3.7
与入境旅游相关的总消费	158794	+13.5

二 香港政府推动旅游业发展的举措

(一)制定发展规划,统筹行业发展

2017年10月,香港特区政府制定并发布了《香港旅游业发展蓝图》,为香港旅游业做了具有前瞻性的全面规划。

《香港旅游业发展蓝图》围绕"将香港发展成为世界级的首选旅游目的地"这一愿景,制定了总目标和四大发展策略。总目标为"让行业得以平稳、健康及持续发展"。四大发展策略分别是:(1)开拓多元化的客源市场,集中吸引高增值过夜旅客来港;(2)培育及拓展具有本港及国际特色的旅游产品及项目(包括文化、古迹、绿色及创意旅游,并巩固和提升香港作为会议展览旅游目的地、地区邮轮枢纽及亚洲盛事之都的地位);(3)推动智慧旅游;(4)提升旅游业服务素质,推动业界采用良好营商手法。除此之外,《香港旅游业发展蓝图》还制定了13个具体目标和相应的短、中、长期72项措施。

（二）推动措施落地，助力形象升级

特色旅游项目打造方面。香港特区政府继 2017 年推出了"旧城中环"特色推广项目之后，2018 年 9 月推出了深水埗地区特色推广项目。香港众多的郊野公园和行山径也会在配套基础设施进一步完善后被打造为绿色生态旅游产品。相关部门会继续物色合适的地区，发掘地区特色，进一步丰富旅游产品。另外，特区政府还加强"香港龙舟嘉年华"、"大坑舞火龙"、"香港单车节"及"香港美酒佳肴巡礼"四项由本地创立的盛事，推动其成为亚洲区内的品牌盛事。特区政府也对大馆、戏曲中心、M＋视觉文化博物馆及自由空间、演艺综合剧场、香港故宫文化博物馆进行了规划。

交通基础设施建设方面。香港特区政府一直非常重视旅客的交通便利性，努力将香港建设成为地区和国际的交通枢纽。随着广深港高速铁路的通车和港珠澳大桥的落成，香港正式接入内地的交通网络，真正与粤港澳大湾区其他城市连为一体。这不仅有利于内地旅客访港，也将巩固香港作为中国南大门的地位，从而吸引更多海外旅客以香港为起点访问中国内地。另外，香港机场的第三条跑道也正在规划中。

主题公园发展方面。迪士尼乐园和海洋公园作为香港的两大主题乐园，历年来吸引了众多世界各地和本地的旅客。对于这两个游乐园，香港特区政府相关部门一直以来都给予重点关注。迪士尼乐园方面，政府积极推进乐园的扩建及下一步发展规划的制订，力求使乐园在 2018～2023 年每年都有新设施和项目推出。海洋公园方面，推动其建立全天候的水上乐园，并配套建立两座新酒店。支持海洋公园制订全新的定位策略和发展规划，以吸引高增加值的过夜旅客。

目的地形象推广方面。香港特区政府设有专门从事香港目的地形象推广的旅游发展局。旅游发展局致力于在不同客源市场宣传香港多元化的旅游特色和精彩的旅游体验。

旅客权益保障立法方面。特区政府正推动立法会通过《旅游业条例草案》，以便旅游业监管局尽快成立并开展工作。

三　香港旅游业面临的机遇与挑战

（一）发展的机遇

交通枢纽地位得以加强，利于融入国家发展大计。

广深港高速铁路的通车和港珠澳大桥的落成，使得香港完全融入中国内地的陆路交通网络，这进一步加强了香港在东亚地区的交通枢纽地位。香港旅游行业可以依托这两项工程设计开发面向不同人群的多个旅游产品。第一，可以使得珠江口西岸的旅客更便捷地到访香港。第二，可以促使中国高速铁路沿线的众多人口转化为实际访客。第三，香港与内地的通达便利性可以继续提升香港作为中国南大门的地位，使香港成为外国旅客到访中国的第一站，由此搭乘高铁或通过高速公路开启一程多站的旅行。

粤港澳大湾区建设是中国建设世界级城市群和参与全球竞争的重要规划，"一带一路"是在中国倡导下，以和平和发展为旗帜，与沿线国家开展深度经济合作，打造利益、命运、责任共同体的规划。粤港澳大湾区面积广阔、人口众多，拥有世界上最大的海港群、空港群以及高速公路、轨道系统等快速交通网络。2017年，粤港澳大湾区经济规模突破10万亿元人民币，经济活力大、市场广阔。而"一带一路"沿线涉及60多个国家、44亿人口，旅游人次占全球旅游总量的70%，旅游潜力巨大。

在这两个国家级的重大规划中，香港都以其独特的优势占有十分重要的地位。粤港澳大湾区建设中，不论是以其他城市作为旅客市场，还是协同其他城市推出新颖的旅游产品，对香港来说都是有发展空间的。而在"一带一路"建设中，香港一定意义上中间人的身份也将连接中国内地与其他国家，为自身带来机遇。

（二）遇到的挑战

旅客市场竞争激烈，贸易摩擦前景不明。

本区域内日本、韩国、中国台湾、新加坡、马来西亚、泰国等多个目的地国家和地区积极参与竞争。这些国家和地区近年来均致力于推动旅游业发展，推出了一系列吸引旅客到访的措施，诸如简化签证办理程序、设立便利外来旅客的设施。这些竞争不仅影响了对香港至关重要的内地旅客市场，短途旅客市场也会被一定程度上蚕食。另外，香港作为航空枢纽的地位随着周边城市广州、深圳航空产业的发展而有一定程度的削弱。比如，2017年到达香港的国际航班架次增长率为2.6%，而到达广州的增长率为13.6%。

旅游业受整体经济形势的影响较大。2018年，贸易保护主义抬头，中美贸易摩擦实际上已拉开序幕。贸易战会带来两方面的不利影响。一方面，占访港旅客大头的内地市场因为贸易摩擦的原因经济势必受到影响，收入的减少自然会带来旅游行为的减少。另一方面，港元与美元捆绑，汇率实时浮动，这造成在贸易摩擦的预期之下港元随着美元的升值而升值，这就使得此时来访的其他国家和地区的旅客花费更多的资金，他们可能推迟或放弃访港的计划。

四　香港旅游业发展前景

尽管受到来自区域内其他国家和地区的竞争，还有全球经贸形势的负面影响，香港旅游业未来的发展前景依然是审慎向好的。

内地旅客方面。得益于香港特区政府对"好客之都"形象的塑造和宣传，香港的目的地形象在内地旅客中得以回升。再加上高铁的开通运行使到达香港更加便利，这会进一步刺激内地旅客访港。随着两地交流的日益密切，对于内地旅客而言，到访香港将从偶尔尝鲜发展到常态化度假，从单纯的购物观光过渡到深度游览。内地游客旅行的频次和深度都将增加，进而带来消费额的增长。但是也应看到，港元对人民币汇率的持续走强也将在一定程度上抑制内地旅客赴港消费的意愿。

其他地区旅客方面。虽然各地区的经济发展存在不确定性，但是整体经济形势还是向好的。而且高铁的开通和港珠澳大桥的建成将进一步吸引国际游客到达。本报告预计，不论是短途旅客还是长途旅客，长期看都将保持稳中有升的趋势。

参考文献

香港特别行政区政府：《香港特区行政长官 2018 年施政报告及施政纲领》，2018 年 10 月 10 日。

香港旅游发展局：《2017 年香港旅游业统计》，2018 年 2 月。

香港旅游发展局：《2018 年 8 月访港旅客统计》，2018 年 10 月。

香港旅游发展局：《2018 年 1 至 6 月与入境旅游相关的消费》，2018 年 8 月。

香港旅游发展局：《2018 年 8 月份酒店入住率报告》，2018 年 10 月。

香港旅游发展局：《2017 年 12 月份访港旅客统计》，2018 年 2 月。

香港旅游发展局：《香港旅游发展局 2018~2019 年度工作计划》，2018 年 2 月。

香港商务及经济发展局旅游事务署：《香港旅游业发展蓝图》，2017 年 10 月。

中国"一带一路"网，https：//www. yidaiyilu. gov. cn/，2018 - 10 - 14。

香港政府粤港澳大湾区网站，https：//www. bayarea. gov. hk/tc/home/index. html，2018 - 10 - 14。

G.24

2018~2019年澳门旅游业
发展分析与展望

唐继宗*

摘　要： 2018年10月，国际货币基金组织（IMF）发布的《世界经济
　　　　　展望》下调澳门2018年的整体经济增长预测，将4月预测的
　　　　　7%向下修订至6.3%；亦把澳门2019年经济增长预测，从
　　　　　6.1%上调至6.3%。2018年1~9月，澳门接待入境旅客共
　　　　　25813264人次，同比增加8.3%。入境客源市场仍然集中在
　　　　　中国内地、中国香港及中国台湾，三地占同期入境旅客总人
　　　　　次的91.3%。澳门当地旅游产品及旅游服务出口市场过于单
　　　　　一的发展瓶颈仍有待解决。

关键词： 澳门经济　旅游服务　博彩业　世界旅游休闲中心

　　在政策高度不确定的环境下，全球经济增长面临的风险加大。国际货币
基金组织（IMF）2018年10月发布《世界经济展望》，预测2018~2019年
的全球增长率为3.7%，比4月的预测低0.2个百分点。然而，2018年1~6
月，全球接待入境旅客人次超过预期。

---

　*　唐继宗，中国社会科学院研究生院产业经济学博士，中国社会科学院旅游研究中心国际交流
　　部部长，澳门特别行政区政府经济发展委员会及旅游发展委员会委员，香港中文大学亚太航
　　空政策研究中心成员。研究方向为旅游经济、区域经济、产业经济、法律与制度经济和民航
　　运输等。

一 宏观环境

（一）全球宏观经济环境

至2018年第三季度，全球经济继续稳步扩张，预计2018年增长率仍将保持在2017年的水平。不过，经济扩张的均衡性已经下降，一些主要经济体的增长速度可能已经触顶。过去六个月里，全球经济增长的下行风险已经上升，增长快于预期的可能性正在下降。

随着贸易壁垒的提高，部分新兴经济体的资本流入出现逆转，下行风险已变得较为显著，或已在一定程度上变为现实。尽管发达经济体的金融市场状况依然宽松，但贸易紧张局势和政策不确定性加剧，可能导致金融市场状况迅速收紧。发达经济体金融状况的收紧可能导致资产组合出现破坏性调整，汇率发生急剧变动，新兴市场，特别是脆弱性较高的经济体，资本流入进一步减少。

然而，世界旅游组织（UNWTO）于2018年10月公布的统计数据显示，2018年上半年，国际接待（入境）游客人次同比增长6.1%。其中，增幅较大的是亚太地区（+7.4%），其次是欧洲（+6.8%），再次是中东地区（+4.6%），而美洲（+3.3%）则是同期增幅最低的地区[①]。

（二）澳门宏观经济环境

IMF 2018年10月发布的《世界经济展望》，下调澳门2018年的整体经济增长预测，将4月预测的7%向下修订至6.3%；IMF亦把澳门2019年经济增长预测从6.1%上调至6.3%。2018和2019年，澳门通胀率最新预测结果为2.2%和2.4%，而失业率将维持在2.0%的低水平。经常账目平衡（Current Account Balance）将继续保持正值。

---

① UNWTO, *World Tourism Barometer*, Volume16, Issue 4, October 2018.

澳门属外向微型经济体,2018年上半年,对外贸易依存度达117%。服务出口及私人消费平稳向上,2018年第二季度本地生产总值按年实质增长6.0%,低于上一季度的9.2%,主要是服务出口升幅收窄以及投资明显减少所致。2018年上半年,澳门经济按年实质增长7.6%。

外部需求保持增长,总体服务出口按年增长13.0%,其中博彩服务出口及其他旅游服务出口分别增长13.7%及13.0%;货物出口增长30.0%。内部需求轻微回落,主要受投资按年收缩11.9%拖累;而私人消费支出及政府最终消费支出分别增长5.3%及5.1%;货物进口增长10.0%。

2018年9月,澳门综合消费物价指数为113.54,按年增长3.51%,升幅主要由住屋租金、外出用膳费用、公共泊车咪表收费和汽油价格上调以及男女成衣售价上升所带动。至2018年9月的十二个月内,综合消费物价平均指数较前一期增长2.66%。

2018年7~9月,澳门总体失业率为1.8%,本地居民失业率为2.4%,均与上一季度(2018年6~8月)持平;就业不足率为0.4%,下降0.2个百分点。总体就业人口月工作收入中位数为16000元,本地就业居民为20000元,均与上一季度相同。

二 澳门旅游市场分析

2018年上半年,占同期GDP比重达74.9%的非本地居民在本地市场的消费支出总值为1590.42亿澳门元,同比增长19%。其中,用于博彩类的消费占74.3%,用于其他类的消费占25.7%。

(一)澳门入境旅游市场需求分析

1.主要客源地

2018年1~9月,澳门接待入境旅客共25813264人次,同比增加8.3%。入境客源市场仍然集中在中国内地、中国香港及中国台湾,占同期入境旅客总人次的91.3%。自中国内地来澳的旅客当中,广东省的占了42%。

表1　2018年1～9月累计访澳主要客源结构

入境旅客客源地	人次	结构(%)	同比变动(%)
总数	25813264	100.0	+8.3
中国内地	18221155	70.6	+13.3
个人游	8945816	34.7	+14.9
中国香港	4545754	17.6	-2.4
中国台湾	803987	3.1	+0.2
菲律宾	215106	0.8	-1.9
印度	108705	0.4	-1.7
印度尼西亚	127944	0.5	-9.3
日本	232790	0.9	-3.3
马来西亚	150200	0.6	+5.0
韩国	607701	2.4	-5.7
新加坡	88660	0.3	-9.3

资料来源：澳门统计暨普查局。

2.访澳旅客活动特征

（1）访澳旅客消费

2018年第一季度，访澳旅客总消费（不包括博彩）为164.2亿澳门元，按年增长22.0%。留宿旅客的总消费为126.8亿澳门元，不过夜旅客的总消费为37.4亿澳门元，分别增长19.6%及30.7%。旅客人均消费为1921元，按年增长12.4%；留宿及不过夜旅客人均消费分别有8.6%及22.2%的增长。

2018年第二季度，访澳旅客总消费（不包括博彩）为165.0亿澳门元，按年增长20.0%。留宿旅客的总消费为133.6亿澳门元，不过夜旅客有31.4亿澳门元，同比分别增长17.4%及32.7%。旅客人均消费为1996澳门元，按年增长11.6%；留宿及不过夜旅客人均消费分别有10.2%及22.1%的增长。旅客消费主要用于购物（46.3%）、住宿（27.8%）及餐饮（18.7%），参加会议/展览（3826澳门元）及购物的旅客人均消费（3426澳门元）按年分别增长15.8%及39.3%，来澳度假旅客的人均消费（2371澳门元）则下跌3.0%。

当中，中国内地旅客的总消费达 134.3 亿澳门元（占整体旅客消费 81.4%），按年增长 23.9%；其中广东省旅客（49.4 亿澳门元）及福建省旅客的消费（2.6 亿澳门元）分别增加 32.8% 及 3.3%。内地留宿旅客（107.7 亿澳门元）及不过夜旅客的消费（26.6 亿澳门元）分别增加 20.5% 及 39.4%。

（2）旅客访澳主要目的

2018 年第二季度，以度假为访澳主要目的的旅客占比最大，为 55.4%；表示访澳主要目的是博彩的旅客比重仅为 2.8%，详情请参阅表 2。

表 2　入境旅客访澳主要目的

单位：%

主要目的	2018 年第二季度	2017 年第二季度
参加会议	1.4	0.7
购　　物	9.6	8.4
度　　假	55.4	49.7
探　　亲	4.4	6.3
业务公干	5.2	3.7
博　　彩	2.8	8
过　　境	14.7	17.6

资料来源：澳门统计暨普查局。

（3）留澳时间、入境渠道及游澳方式

2018 年 1～9 月，访澳旅客总人次的 52.7%（13612.5 万人次）在澳门留宿；而旅客在澳平均逗留时间为 1.3 日。访澳旅客当中经陆路、海路及空路入境的比重分别为 59%、31.5% 和 9.5%。

此外，2018 年 1～8 月，以参团方式来澳的旅客占 22.5%（581.3 万人次），当中有 77.7%（451.6 万人次）来自中国内地。

3. 入境旅客满意度调查

2018 年第二季度，旅客对博彩场所的满意度较第一季度轻微下跌 0.2 个百分点，而对其他各项服务及设施的满意程度均有所提升。酒店服务

（87.8%）、环境卫生（84.7%）、公共设施（80.5%）及购物服务（80.0%）的满意度均达80%或以上，按季度分别增加1.1个百分点、1.3个百分点、1.4个百分点及0.6个百分点。满意公共交通服务的旅客占比较低（71.6%）；与上季度比较上升2.8个百分点。而认为澳门有足够观光点的旅客占比为59.8%，亦较上一季增加3.3个百分点。

（二）澳门入境旅游市场供应分析

1. 博彩业

2018年第二季度，澳门博彩及博彩中介业就业人口有8.51万人，月工作收入中位数为20000澳门元。

2018年1～9月，澳门每月幸运博彩毛收入累计达2240.55亿澳门元，同比增长15.9%。

2017年，澳门经营博彩活动的10家企业总收益为2680.1亿元，按年增长18.7%，当中博彩及相关服务收益为2678.6亿元。总支出共1148.9亿元，同比增加18.5%，其中购货、佣金及客户回赠增长23.0%至608.6亿元。反映行业对经济贡献的增加值总额为1790.7亿元，按年增长17.6%。数项大型旅游博彩设施已在2016年落成，令行业的固定资本形成总额按年显著下跌87.2%至9.5亿元。

2. 酒店业

2018年第二季度，酒店业就业人口有3.07万人，月工作收入中位数为12000澳门元。

至2018年8月底，澳门当地营业酒店及公寓同比增加9家达到116家，可提供客房3.9万间，其中五星级酒店占62.2%。2018年1～8月，酒店及公寓住客共937.3万人次，同比增长8.0%；平均入住率增长3.7个百分点，至89.3%。

2017年，营运的酒店及公寓同比增加4家达到113家，包括79家酒店及34家公寓。客房供应量与住客人数的增加，带动了行业收益及支出同步增加。行业收益（326亿澳门元）及支出（289.8亿澳门元）同比增加

14.7%及8.8%。全年盈利（35.7亿澳门元）终止已往两年的跌势，升幅达62.1%；员工支出、经营费用和购货及佣金支出分别上升9.1%、8.5%及8.9%；反映整体行业对经济贡献的增加值总额同比上升17.3%。此外，数家大型酒店已于2016年落成，导致行业全年的固定资本形成总额（86.3亿澳门元）大幅减少76.4%。

3. 零售业

2018年第二季度，零售业就业人口有3.51万人，月工作收入中位数为13000澳门元。

2018年8月，澳门零售业的业务表现有所改善。反映8月营业额同比上升的受访零售业商户比例较7月增加6个百分点，至69%；有16%受访零售商户则表示营业额同比下跌，较7月减少11个百分点。零售业商户预期9月市道会转淡，表示营业额将同比上升的商户比例较8月减少4个百分点，至36%。另有20%的受访商户估计营业额按年下跌，比例较8月微升约1个百分点。

2018年，澳门零售业销售额为180.1亿元，较第一季度修订后的207.9亿元下跌13.4%，按年则上升23.7%。上半年零售业销售额为387.9亿元，按年上升24.9%。

4. 饮食业

2018年第二季度，饮食业就业人口有2.56万人，月工作收入中位数为9500澳门元。

2018年8月，澳门饮食业的业务表现有所改善。有52%的受访饮食业商户反映8月营业额按年上升，比例较7月增加13个百分点；表示营业额按年下跌的商户占比则减少4个百分点，至31%。受访饮食业商户预计暑假过后业务表现会稍微转弱，表示9月的营业额将按年上升的商户比例较8月减少3个百分点，至21%；31%受访商户认为营业额将同比下跌，较8月增加7个百分点。

2017年，非博彩业或酒店业直营的正在营运的饮食业场所按年增加44家，达到2309间，包括2237家饮食店铺及72个街市熟食档。全年收益为

112.2亿澳门元，按年增加5.5%；支出上升5.0%，至110.1亿澳门元，其中购货、员工支出及经营费用均有上升。行业盈利为2.1亿澳门元，同比上升23.2%。反映行业对经济贡献的增加值总额为40.6亿澳门元，增加3.4%；固定资本形成总额则减少8.0%，至3.2亿澳门元。

5. 旅行社

2018年1~8月，使用旅行社服务外出的居民共103.6万人次，按年上升13.7%。

2017年，正在营运的旅行社共有210间，按年增加1家。在职员工亦增加5.9%，至4500名，其中司机占30.9%（1391名）。旅行社全年收益为80.0亿澳门元，按年上升20.7%，收益主要来自旅行团（24.9亿澳门元）、订房服务（20.6亿澳门元）及客运票务（16.6亿澳门元）。支出共76.1亿澳门元，同比增加19.8%；支出主要是购货、服务及佣金（60.2亿澳门元），上升26.0%。收益的增长高于支出，令行业盈利增长42.6%，达3.9亿澳门元。反映行业对经济贡献的增加值总额按年上升12.9%，至11.2亿澳门元，固定资本形成总额则减少57.2%，至6074万澳门元。

6. 会展业

2018年第二季度，澳门共举办会展活动327项，包括316项会议、9项展览及2项奖励活动，与会/入场人数有41.1万人次。2018年上半年，澳门共举办会展活动655项，与会/入场人数达68.9万人次。

同期，会议按年增加8项，与会者数目大幅增长121.0%，增幅主要由200人或以上的会议带动。四小时或以上的会议增加25项，与会者数目显著上升158.6%。上半年会议数目同比减少22项，与会者人数增加71.8%。

展览同比减少2项，入场人次亦下跌12.4%。上半年展览按年增加1项，入场人次则减少2.7%。奖励活动按年减少12项，参与人数下跌37.9%。上半年奖励活动同比减少23项，参与人数则上升44.4%。

7. 民航业

2018年1~9月，澳门国际机场共有48484架次航班起降，同比增长12.9%。同期，处理客量及货量分别是6156222人次及28098公吨，同比分

别增长 17.1% 和 6%。

澳门民航局 2018 年 10 月 29 日公布的信息显示，澳门特区已与 41 个国家及地区正式签署航班协定，然而，查看同期澳门国际机场实时航班信息，开通航线仍集中在亚洲区域内城市，未能通过善用珍贵航权资源，以拓展多元客源市场。

三　澳门旅游市场相关政策措施与规划

（一）粤港澳大湾区

粤港澳大湾区建设领导小组第一次全体会议于 2018 年 8 月 15 日下午在北京人民大会堂召开。中共中央政治局常委、国务院副总理、粤港澳大湾区建设领导小组组长韩正主持会议，强调建设大湾区要重点把握四个维度、坚持六项原则，发挥粤港澳综合优势，支持港澳融入国家发展大局。

1. 为港澳注入新动能

重点把握四个维度。第一个维度是推动高质量发展，要贯彻落实新发展理念，为国家经济创新力和竞争力不断提升、增强提供支撑。第二个维度是深化改革，扩大开放，要构建与国际接轨的开放型经济新体制，建设高水平参与国际经济合作新平台。第三个维度是优化区域功能布局，把珠三角地区做强，带动周边地区加快发展。第四个维度是丰富"一国两制"实践，要为港澳发展注入新动能，为港澳居民，特别是年轻人的发展拓展新空间、新机遇，保持港澳长期繁荣稳定。

2. 构活力世界城市群

将大湾区建设成为一个富有活力和国际竞争力的一流湾区和世界级城市群，使其成为高质量发展的典范。具体来讲，建设大湾区有五个战略定位。第一是充满活力的世界城市群。这个城市群要有体制活力，要有产业支撑，要充分发挥港澳自由开放经济体和广东改革开放排头兵的优势。第二是国际科技创新中心，要瞄准世界科技和产业发展前沿，建成全球科技创新高地。

第三是"一带一路"建设的重要支撑。要构筑丝绸之路经济带和二十一世纪海上丝绸之路对接融汇的重要支撑区。第四是内地和香港、澳门深度合作的示范区。它将是港澳融入国家发展大局的重要载体。第五是宜居、宜业、宜游的优质生活圈,将是生态环境美、生活服务完善、港澳同胞和大湾区内地居民同享高质量生活的共同家园。

3. 创新驱动统筹兼顾

建设大湾区要坚持六项原则:一是创新驱动,规划引领;二是协调发展,统筹兼顾;三是绿色发展,保护生态;四是开放合作,互利共赢;五是共享发展,改善民生;六是"一国两制",依法办事。六项原则中,前五项是贯彻落实新发展理念在大湾区建设中的具体体现;第六项是遵循"一国两制"发展方针的要求。

4. 坚守"一国",善用"两制"

建设大湾区要坚持在"一国两制"框架内严格按照《宪法》和《澳门特别行政区基本法》办事。坚守"一国"之本,善用"两制"之利。做到三个有机结合:把坚持一国原则和尊重两制差异有机结合起来;把中央依法行使权力和特别行政区履行主体责任有机结合起来;把全面推进依法治国和维护特别行政区法治有机结合起来。

(二)澳门特区政府2018年度施政报告有关内容

1. 完善应急机制,强化公共安全

落实加强软硬件基础设施建设的发展战略,把居民生命财产和公共安全放在首要位置,切实提升防灾减灾的能力和水平。健全政府主导和社会参与结合、日常预防与应急处理结合的机制;强化高层统筹指挥,部门协同行动;着力制度建设、资源投入,配合短中长期措施,构建防灾减灾长效机制。

2. 建设智慧城市,提升城市竞争力

顺应时代发展趋势,加快实施智慧城市建设发展战略。2018年,澳门特区政府专有云计算中心及大数据平台将初步建成并投入运作。凭借云计算

和大数据平台的支撑，以及部门间更顺畅的数据交换，澳门特区在政务、交通、旅游、医疗、安全等领域，将逐步向居民展现智慧化的成果。

加快制定电信业长期发展规划，更新相关法律法规、规范牌照发出与续期。加强监管电信服务，保障网络质量，提高无线网络覆盖范围。通过跨部门工作小组，推进电子商贸，支持发展第三方电子支付平台。大力推动科技发展和科普工作，鼓励开发城市智能化的移动设备应用程序。

3. 综合治理交通，构建宜行城市

政府重视解决交通问题，结合多种方式，综合治理交通，构建高效、便捷、绿色的出行环境。完善的士服务的制度建设，依法严厉打击违规行为。为配合社会对的士服务的需求，100 部特别的士全部投入服务。倡导绿色出行理念，完善步行网络，拓展新的步行路线，营造优质步行环境。

积极推进轻轨建设，尽快成立营运公司，负责轻轨系统建设及营运。加快交通基础设施建设。待中央政府批复澳凼第四条信道工程可行性研究报告后，将展开招标程序。

充分发挥澳门国际机场和凼仔客运码头、轻轨车站相邻的优势，构建离岛海陆空综合交通运输枢纽，强化澳门与外界的联系，为居民和旅客提供高效便捷的交通服务。

促进跨境交通设施对接，提升区域交通出行效率。保证港珠澳大桥澳门口岸管理区上盖及配套设施工程与大桥同步完成。粤港澳三地紧密合作，确保大桥全线通车后顺利营运和安全管理。

4. 发展多元文化，加强文化软实力

落实打造"文化澳门"新形象的发展战略，增强城市竞争力。澳门在16 世纪中叶已成为海上丝绸之路的枢纽，形成了以中华文化为主流、兼具葡萄牙文化特质的多元文化。混合着岭南特色和南欧风格的建筑物互相映照，不同的语言、宗教信仰和文化习俗，几百年来在澳门和谐共存，为全力建立中国与葡语国家的文化交流平台奠定了重要基础。

致力于文化传承教育和文化设施建设，保护物质和非物质文化遗产。加强人员的专业培训，不断提高澳门文物保护工作的专业化水平；持续推进不动产及非物质文化遗产普查，启动评定程序；制定《非物质文化遗产名录》；建立文物监测机制；展开制定《澳门历史城区保护及管理计划》行政法规的工作。

推行文化普及和艺术教育工作，鼓励本地原创艺术，在丰富居民文化生活的同时，促进对外文化交流，向世界展示澳门多元文化的独特魅力。

5. 巩固主体产业基础，构建宜游宜乐城市

坚决落实推动产业与互联网融合的发展战略，致力于推动传统产业焕发新的生命力，为新兴产业的成长增添活力。

促进旅游博彩业健康稳定发展，全面检讨和完善博彩领域的法律法规，运用科技手段提高监管与执法的能力和水平。规范中介人行业的营运，推动建设负责任博彩，增强博彩业的国际竞争力。鼓励博彩企业持续开拓非博彩业务，融入更多综合性休闲旅游新业态。继续支持博彩企业优先采购本地中小企业的产品及服务，积极推进博彩企业与本地中小企业、特色老店、文创企业等互动发展。

落实特区五年发展规划、《澳门旅游业发展总体规划》确定的旅游发展目标。优化旅游承载力的监测评估体系，加强旅游景点的场地管理。发展智慧旅游，提升旅客体验。巩固并拓展旅游客源市场，加强与国际城市的交流，强化区域旅游合作，发掘并推广多元化旅游路线。持续拓展旅游资源，开发更多家庭旅游设施。

促进经济型酒店、特色主题公园、综合购物中心等设施的建设。充分发挥澳门多元文化的特色，开发更多文化旅游新产品。借着成功申报"创意城市美食之都"的契机，持续推广澳门独特的美食文化，把旅游经济效益辐射到周边区域，推动区域旅游发展，并助力中小企业增强活力。

6. 培育新兴产业成长，促进经济适度多元

继续扶持成长较快的会展业发展，创新培育会展业的形式，以"会议为先"为导向，争取更多专业性、国际性的品牌会议和展览落户澳门。鼓励会展组织者举办小区导赏活动，吸引与会的高端客商走进小区消费，带动关联行业和中小企业的综合发展。

加大力度培育文化创意产业，加强区域交流与合作。强化专业和管理人才培训工作，积极推进文创空间及设施建设。文化产业基金将新设专项资助，协助文创企业打造时装设计、文化展演和出版等文创品牌。

7. 优化各项扶持措施，助力中小企业发展

中小企业占澳门企业总数的90%以上，是推动经济适度多元的重要力量，对促进社会稳定起着积极的作用。扶持中小企业开拓发展，是政府施政的重点之一。政府鼓励中小企业自强不息，积极引进先进技术和管理方法，增强自身竞争力。

利用小区的特色资源，促进会展及节庆活动与中小企业的合作。结合会展产业优势，保留传统特色，串联各区促进消费活动，共同打造小区消费节庆品牌活动，鼓励加入更多创新元素。

8. 深化区域合作，融入国家发展

继续深化区域合作及平台经济战略，全力落实特区五年发展规划与国家整体规划的对接。以国家所需、澳门所长为原则，结合自身的定位优势，积极参与区域合作。用好用足国家给予的惠澳政策，优势互补，与国家同发展，共繁荣。

努力把澳门"一中心、一平台"的发展定位与"一带一路"建设、与粤港澳大湾区规划紧密结合，抓住重点、形成合力。设立专责部门统筹区域合作事务，提升合作的素质和水平。明确以贸易畅通、资金融通、民心相通作为发力重点，切实调动社会各界的积极性，鼓励企业"以大带小"，共同参与区域合作。

继续推动"一个平台"建设，发挥中葡平台建设委员会的统筹作用，将"一个平台"建设与经济适度多元紧密结合，相互促进，互动发展。

根据《深化粤港澳合作推进大湾区建设框架协议》，粤港澳三地政府应共同努力，把大湾区打造成为更具活力的经济区，宜居、宜业、宜游的优质生活圈，以及内地与港澳深度合作的示范区，共同建设世界级城市群。

在粤港澳大湾区建设的国家战略进程中，澳门要充分发挥自身优势，包括制度、区位和历史文化积淀等，着眼于国家定位，凭借自身条件，积极、

有效和灵活地参与大湾区全局的建设工作。力争通过参与为澳门可持续发展,尤其是为澳门中小企业的发展壮大创造条件和提供机会,让广大居民能够收获到国家发展战略和大湾区建设所带来的红利。

加强与中央及粤港的沟通,协调解决大湾区发展中的重大问题和合作事项。结合大湾区七大合作重点领域,打造以中华文化为主流、多元文化共存的交流合作基地,支持澳门社会各界共同参与大湾区建设。全力以赴推进各项重大跨境基础设施的建设。创新通关模式,提升口岸通关便利。

全面深化粤澳合作,积极参与珠海横琴、广州南沙等自由贸易试验区的开发建设,促进澳门与内地服务贸易自由化,共同打造具有竞争力的营商环境。

统筹部署与内地各省份的区域合作,拓展澳门的发展空间。持续深化泛珠三角区域合作,携手开拓葡语系、欧盟国家和东南亚国家市场;推进闽澳合作;继续打造"京澳合作伙伴行动"品牌;筹建苏澳合作园区;深化川澳合作,探讨展开与中西部地区、东北老工业基地等的交流和合作。不断完善港澳沟通机制,发挥澳门经济文化办事处在台湾的功能。

四 澳门旅游市场发展热点问题探讨

从以当年生产者价格计算的产业结构来看,澳门特区长期以来以第三产业为主体,第二产业在过去10年未曾超越15%,同期,第一产业处于零的状态。博彩及博彩中介业的比重由1999年的30.2%,反复增加至2016[①]年的47.15%,2013年,曾达到63.1%的高位。澳门博彩服务出口地主要是中国内地,博彩业所产生的负外部性管理较为困难,尤其是贵宾厅营运模式。此外,产业结构过度集中亦会增加特区经济可持续发展的风险。

自2004年金沙首个赌场在澳门开业,博彩垄断市场被打破以来,按当年生产者价格计算的产业结构,博彩及博彩中介业的比重一直徘徊在

---

① 澳门统计暨普查局最新公布的数据。

40. 91% ~63. 1%的较高水平。

2006 年，"十一五"规划明确表述澳门特区未来的经济发展定位是"发展旅游等服务业，促进经济适度多元发展"，这一定位既符合澳门的实际需要，也是对特区政府长期以来希望优化经济结构的明确支持。

2011 年，"十二五"规划第五十七章第二节关于澳门的内容提出，"支持港澳培育新兴产业支持澳门推动经济适度多元化，加快发展休闲旅游、会展商务、中医药、教育服务、文化创意等产业"。

2016 年，"十三五"规划第五十四章第一节关于支持港澳提升经济竞争力的内容指出，"提出支持澳门建设世界旅游休闲中心、中国与葡语国家商贸合作服务平台，积极发展会展商贸等产业，促进经济适度多元可持续发展"。

1. 经济多元之定义与目的

经济多元不等同于产业多元（产业多元是经济多元的子集合）。联合国有研究提出，经济多元可从以下三个维度衡量：（1）产出结构（产业结构），（2）出口市场结构，（3）境外收入来源结构（境外投资收入）。

国际不少实证研究分析指出，经济体可采取经济多元策略降低经济发展的风险，促进经济持续发展。

2. 澳门经济适度多元发展要解决的问题

澳门博彩及博彩中介业一业独大不利于经济平稳发展，澳门旅游服务出口主要集中在中国内地市场。2017 年访澳旅客达 32610506 人次，其中68. 06%来自中国内地。旅游服务当中的博彩类出口，尤其是贵宾厅营运模式，所产生的负外部性有部分随之进入了内地。因而，除管理好澳门的博彩业发展，降低其负外部性以外，澳门特区还需要通过经济适度多元发展政策，缓解前述问题。

3. 澳门经济适度多元发展的原则

制度是人类相互交往的规则，使人们的行为可预见并由此促进着劳动分工和财富创造。现代经济是一个复杂的演化系统，在经贸活动全球化和区域化并行发展的过程当中，不同经济体在经济增长率上的显著差异，在很多方面与特定的制度、价值观和社会秩序有关。

《澳门特别行政区基本法》第五条指出"澳门特别行政区不实行社会主义的制度和政策，保持原有的资本主义制度和生活方式，五十年不变"。澳门特区政府在资本主义制度下推进经济发展工作的主要分工是提供法律、政策、基建等公共品，而具体的投资项目与经济活动则交由市场按经济效益多寡做出取舍选择。因此，让参与经济活动的境内外投资者依法有利可图是澳门特区政府设计并制定经济（适度）多元发展政策制度的首要原则，不然，将难以达到政策之预期目标。

4. 澳门经济适度多元发展的方向

澳门属外向微型经济体，自然资源禀赋匮乏，内需市场规模较为狭小，致使其在参与区域及国际市场竞争之中比较优势不太明显，若仅集中在"产出结构"（产业结构）单一维度投放公共资源推进澳门经济适度多元，将不容易取得预期效果。

从澳门经济增长与发展实际条件考虑，建议特区政府除鼓励本地投资外，还要吸引内地与国际直接投资，以促进产业结构多元化。应采取政策措施朝出口市场结构及境外收入来源结构（境外投资收入）等方向发展，全面推进澳门经济适度多元发展。

5. 澳门经济适度多元发展的基础

澳门推进经济适度多元发展进程需建立在已奠定的制度基础与经济基础之上。"一国两制"、CEPA以及粤港澳大湾区框架协议等为支持澳门持续发展提供了坚固的制度基础。澳门博彩旅游业已培育了一定的国际市场竞争力，为促进澳门经济适度多元提供了较充裕的经济基础。

6. 澳门经济适度多元发展的路径

除现行从产业结构方向推进澳门经济适度多元发展外，建议通过服务出口市场多元化及境外收入来源多元化来实现澳门经济适度多元发展。

服务出口市场多元化发展路径。经济合作与发展组织（OECD）指出，文化旅游成为全球规模最大、发展最快的旅游市场之一。随着申遗、美食之都、盛事活动等一连串文化元素和体验在当地的积累、丰富，澳门文化旅游服务出口市场逐步成形、成长。文化旅游服务出口渐成气候，与已具国际竞

争力之博彩旅游服务出口，成为澳门服务贸易的两大范畴，并能各自分工又合作，推动澳门经济持续向前发展。

刺激经济增长与公共财政收入增加，可被视为博彩业对澳门经济的主要贡献，而文化旅游或在短期内对 GDP 及税收的贡献未可与前者相提并论，但是在促进经济多元当中的出口市场多元，助力中小微企业发展，以及促进多元创业与就业机会等方面则能发挥其应有作用。

从旅游产品开发或体验设计而言，文化旅游有三类内涵：（1）参观、欣赏具有价值的遗址、建筑物或艺术品；（2）体验与日常生活相关的如休闲与生活方式、习俗、美食等文化价值；（3）观赏或参与演出、节庆与盛事活动。

由此可见，文化旅游服务由文创、餐饮、零售、展演、广告、设计、导赏等中小微，甚至是个体户等规模类型的服务提供商协作供应，并可吸引不同于过往以博彩为访澳主要动机的客源市场，可借此开拓中产、家庭或银发市场消费者来澳消费、体验，实现服务出口市场多元化之发展目标。

境外收入来源多元化发展路径。2016 年，澳门对外贸易依存度为110.4%。澳门要用好、用足粤港澳大湾区建设、粤港澳合作，以及泛珠三角区域合作等平台功能，深化与内地各省份交流合作，通过进入大湾区的投资、建设，打造世界级城市群供应链、价值链、生态圈。这有利于澳门参与国际市场的货物及服务贸易竞争，并有利于吸引国际资金和人才落户。

7. 定期检讨阶段性成效

为便于推进、监察及适时微调经济适度多元发展政策，建议从产出结构（产业结构）、出口市场结构和境外收入来源结构（境外投资收入）设定多维度的量化目标与指针体系。

五　总结

2014 年 12 月 20 日，庆祝澳门回归祖国 15 周年大会暨澳门特别行政区第四届政府就职典礼在澳门东亚运动会体育馆隆重举行。中共中央总书记、国家主席、中央军委主席习近平出席并发表重要讲话。他强调，在中央政府、澳门特别行政区政府和社会各界人士共同努力下，在全国各族人民大力支持下，"一国两制"在澳门的实践必将谱写出新的精彩篇章，澳门这朵祖国的美丽莲花必将绽放出更加绚丽、更加迷人的色彩。习近平指出，"一国两制"是国家的一项基本国策。牢牢坚持这项基本国策，是实现香港、澳门长期繁荣稳定的必然要求，也是实现中华民族伟大复兴中国梦的重要组成部分，符合国家和民族根本利益，符合香港、澳门整体和长远利益，符合外来投资者利益。

政治与经济两者关系密切，互为影响。经历近20年的实践经验，《澳门特别行政区基本法》的有效实施，为特区经济活动提供高透明度、可预见和稳定的制度环境。

G.25

2017~2019年台湾旅游业发展分析与展望

黄福才 杨 晶*

摘 要: 2017~2018年,台湾地区观光管理部门推进开拓多元市场、推动岛内居民旅游、辅导产业转型、发展智慧观光及推广体验观光5大发展策略,着力推行观光"新南向"等政策,但成效有限,台湾旅游业缓慢发展。2017年进岛旅游总人次增速仅为0.46%,进岛旅游总收入持续下跌的困局未能扭转,进岛游客的各项消费指标多呈负增长,观光外汇收入4年来首度跌破新台币4000亿元大关,比上年减少7.92%。2017年民众岛内游人次五年来首度下滑,民众出岛游市场呈现量增质跌的态势。未来一年多,两岸关系趋冷将持续影响入岛游第一大客源市场的发展。另外,年金改革实施极可能冲击岛内旅游市场的重要客源群体。台湾旅游业发展将面临内外双重压力,发展形势更加不容乐观。

关键词: 台湾旅游业 两岸旅游 观光"新南向"

---

* 黄福才,厦门大学管理学院旅游管理教授、博士生导师,中国旅游研究院台湾旅游研究基地首席专家,研究重点是旅游理论、旅游规划、台湾旅游市场等;杨晶,鲁东大学商学院讲师,管理学博士,研究重点是旅游市场、旅游体验等。

一 2017~2018年台湾旅游市场发展分析

（一）台湾进岛旅游市场发展分析

2017年台湾进岛旅游总人次为1073.96万，较2016年的1069.03万人次，仅增长0.46%，增速明显放缓。2017年台湾入岛旅游的主要客源市场分别为中国大陆、日本、中国港澳地区、韩国、美国、马来西亚、新加坡等，主要客源市场与2016年的分布基本一致。中国大陆仍为台湾进岛旅游的第一大客源市场，但受两岸关系持续趋冷的影响，2017年大陆赴台旅游人次跌破300万大关，回落至273.25万人次左右，跌幅高达22.19%，成为进岛旅游客源市场中跌幅最大的市场群体。作为台湾进岛旅游的第二大客源市场，日本在2017年的进岛旅游方面整体表现欠佳，2017年进岛旅游人次约为189.89万，较2016年仅增长0.17%，成为增幅最小的主要进岛客源市场。2017年韩国进岛旅游人次的增长率由2016年34.35%跌至2017年的19.26%，但仍为主要客源市场中增幅最大的市场，旅游人次居主要客源市场第四。中国港澳地区、美国等旅游客源市场在2017年的增长率开始放缓，马来西亚和新加坡的进岛旅游人次有所增长（见表1）。

表1 2017年台湾主要客源市场入岛旅游人次及其增长率

主要客源市场		入岛旅客人次（人）		2017年增长率（%）
序号	客源市场	2017年	2016年	
1	中国大陆	2732549	3511734	-22.19
2	日本	1898854	1895702	0.17
3	中国港澳地区	1692063	1614803	4.78
4	韩国	1054708	884397	19.26
5	美国	561365	523888	7.15
6	马来西亚	528019	474420	11.30
7	新加坡	425577	407267	4.50

资料来源：台湾旅游观光管理部门发布的2016年、2017年台湾观光市场概况。

2017 年台湾进岛旅游市场整体发展缓慢，部分客源市场波动较大，进岛旅游市场有以下主要特征。

1. 受两岸关系趋冷影响，大陆赴台游总人次递减

自 2016 年以来，两岸关系持续趋冷，大陆居民赴台旅游人次出现两连跌，2017 年大陆赴台旅游人次跌幅高达 22.19%，赴台游总人次跌破 300 万大关，跌至 2013 年的水平。从台湾进岛旅游总量的位次上看，2016 年前大陆赴台旅游人次连年暴增，整体基数较大，虽连续两年出现负增长，但大陆仍为目前进岛旅游最大的旅游客源市场。

2. 东南亚游客总量小幅攀升，主要客源市场增长率下降

较之 2016 年台湾进岛旅游主要客源市场的发展态势，2017 年进岛游主要客源市场呈现倒退或者缓慢增长的态势，除大陆赴台旅游人次继续下跌外，日本客源市场发展基本处于停滞的状态，中国港澳地区、美国等进岛旅游旅游总人次的增长率分别由 2016 年的 6.69%、9.27% 下降至 4.78% 和 7.15%。2016 年台湾当局推出了所谓的观光"新南向"政策，对东南亚等地区实施优惠政策、加大观光营销力度，在一定程度上促进了东南亚地区进岛游客增长。2017 年该地区进岛游客增至 213.71 万人次，首次突破 200 万人次大关，主要客源市场中，马来西亚和新加坡的进岛旅游人次的增长率有所提升，分别由 2016 年的 9.95%、3.62% 提升至 11.30% 和 4.50%。2017 年中国大陆、日本、中国港澳地区、韩国、美国等主要客源市场在进岛旅游方面增幅均不显著，使得台湾进岛旅游总人次增幅有限。

3. 进岛旅游总人次微增，游客多项消费呈负增长

2017 年进岛旅游总人次较 2016 年增长了 0.46%，2018 年 1～6 月进岛游客为 585.76 万人次，与 2017 年同期相比，增长 2.59%。其中进岛观光游客累计 531.96 万人次，与 2017 年同期相比，增加 19.57 万人次，增长 3.82%。2017 年进岛旅游总收入、进岛游客平均每人消费、平均每人每日消费等均出现负增长，分别下跌 7.92%、8.31% 和 6.91%。进岛游客的平均每人每日消费额已由 2015 年的 207.87 美元，跌至 2017 年的 179.45 美元，其中进岛观光旅客的平均每人每日消费较 2016 下降了 12 美元。除各类

消费指标表现欠佳外，进岛旅游游客的平均停留夜数也略有下降，较2016年下降了0.1夜，这反映出台湾进岛旅游市场的萧条。对比旅游总体收入发现，台湾旅游业并未从增长的进岛旅游人次中获得相应的良好经济收益。2017年台湾地区观光外汇总收入为123亿1500万美元，较2016年减少7.92%。

4. 游客在台游满意度较高，四成游客具有重游意向

2017年进岛游客在台旅游的整体满意度为98%，与2016年持平，其中对台湾民众态度友善、社会治安良好、住宿设施安全及来台交通（航点、航班、机位）便利的满意度最高。调研显示，进岛旅游的重游率由2016年的37%提升至2017年的41%，98%的游客具有重游意愿，其中以观光目的再度进岛旅游的游客约占80%。进岛游客旅游结束后的感知较好，约99%的游客会推荐亲友来台旅游。与亚洲地区其他旅游目的地相比，进岛游客认为民众友善、美食或特色小吃与风光景色是台湾最具竞争优势的项目，景点、美味菜肴、人情味浓厚及逛夜市给进岛游客留下的印象最为深刻。

（二）台湾居民岛内旅游市场发展分析

1. 民众岛内游总量五年来首度下滑

自2016年起，台湾当局推出了一系列旅游推广活动刺激居民岛内旅游消费，但受大暴雨、"尼莎""海棠"等恶劣天气及岛内经济不景气等因素的影响，2017年台湾居民岛内旅游人次五年来首度下滑，从2016年的1.9亿人次减少到1.83亿人次，减少了3.68%。平均每人旅游次数由2016年的9.04次下降至2017年的8.70次；居民岛内旅游率为91.0%，较2016年的93.2%下降了2.2个百分点。但旅游满意度、旅游消费等方面均有较好的增长，其中旅游满意度为97.5%，每人每次旅游平均费用为2192元新台币，较2016年增长5.08%；居民岛内旅游总费用为4021亿新台币，较2016年略增1.26%。

2. 出游时间仍以周末为主，一日游比重较高

台湾居民岛内旅游多集中于周末，此时间段出游的比例为58.3%，较

2016 年增加 1.4 个百分点。约有 80.7% 的旅游者出游目的主要为观光、休闲和度假，与 2016 年的出游目的大体一致。因受出游时间的限制，岛内居民出游多为 1 日游，约占 69.5%；出游目的地主要为居住地区；交通便利为主要考虑的出游因素；出游平均停留天数为 1.49 天，较 2016 年增加了 0.05 天。

3. 出游对住宿消费带动有限，个人游比例较高

因台湾居民岛内出游多为 1 日游，且活动范围较小，导致长久以来居民出游对住宿业消费的实际带动力不强。调查显示，2017 年约有 69.5% 的岛内出游为当日往返，未在外住宿，外出住宿的仅为 13.1%。在旅游方式上，个人旅游的游客约为 87.1%，较 2016 年下降了 0.8 个百分点。选择团队旅游的游客主要是出于套装行程具吸引力、节省自行规划行程的时间、不必自己开车及价格具吸引力等原因。

4. 出游信息获取多元化，网络订购旅游产品比例低

岛内居民出游信息的获取途径较为多样，其中从亲友、同事或同学获取信息的比例最高，约为 49.8%，其次通过计算机网络的比例为 36.2%，借助手机上网获取出游信息的比例为 31.8%。与 2016 年相比，通过手机获取出游信息的比例增加了 5.3 个百分点。另外，岛内居民在进行旅游产品购买时，借助网络订购的比例却极低，2017 年约有 90.9% 的岛内出游未采用网络订购。按照订购产品类型划分，仅有 6.6% 的居民出游时使用网络订购旅馆民宿，1.1% 的居民使用网络订购火车票，而在机票预定、旅游套餐、租车等方面网络预订比例均在 0.2% 以下。

（三）台湾居民出岛旅游市场发展分析

1. 出岛游市场呈现量增质跌的态势

2017 年，新台币汇率的升值和国际廉价航空的快速成长，刺激了居民出岛旅游市场的发展。台湾居民出岛总人次由 2016 年的 1458.89 万人次增至 2017 年的 1565.48 万人次，增幅达 7.31%。受出岛旅游总人次增长的影响，出岛旅游的总消费支出（含国际机票）为 7489 亿元新台币，较上年增

加3.78%。2017年台湾居民出岛旅游每人每日平均消费支出为47841元新台币，较上年下降了3.28%，而平均停留夜数则由2016年的8.05夜降至7.97夜。总体而言，台湾居民出岛旅游呈现总量增加，但平均指标下降的趋势，出岛旅游者单体消费能力较2016年下降较为明显。2018年1~7月民众出岛游总人次为996.79万，同比增长7.99%。

2. 出岛游以观光为主，目的地集中于亚太地区

台湾居民出岛游以观光旅游为主，其次为商务及探访亲友，比例分别为72.3%、15.5%和10.2%。出岛旅游原因则分别为亲友邀请（约占34.8%）、好奇和体验异国风情（21.3%）以及缓解压力（11.8%）等。约89%的游客出岛旅游目的地为亚太地区，其中前往日本旅游的比例是36.2%，较2016年增加1.3个百分点，前往中国大陆和中国港澳地区旅游的比例为32.1%，较2016年下降了0.4个百分点。

3. 出岛游的客源以北部为主，个人出游的比例较高

受经济收入水平、交通便利等诸多因素的影响，北部地区出岛旅游的游客最多（54.0%），中部地区（20.8%）和南部地区（21.2%）次之，东部和离岛地区最少。在出游方式上，个人旅游约占69.4%，团队旅游约占30.6%，游客出岛旅游选择团队多基于亲友推荐、价格合理公道、过去曾参加旅行社行程等原因。

二　2017~2018年台湾旅游产业发展分析

（一）旅行社业发展状况

截至2017年底，台湾地区旅行社总公司数量为3018家，较2016年的2913家增加了105家，增幅为3.6%。其中，综合类旅行社总公司为134家，甲种旅行社总公司为2630家，乙种旅行社总公司为254家，与2016年的136家、2545家和232家相比，综合类旅行社总公司减少了1.47%，甲种和乙种旅行社总公司分别增加了3.33%和9.48%。2017年，乙类旅行社

的增长速度高达 9.48%，与 2016 年的增长速度相仿，与台湾居民岛内出游市场相对活跃有密切的关联。受台湾当局"新南向"政策的影响，东南亚地区进岛旅游人次增加，促使岛内旅行社从业人员中持有印尼语、泰语、马来语、越南语等执照的导游人数均明显增加。截至 2017 年底，以上各语种从业导游分别为 49 人、75 人、13 人和 47 人，较 2016 年分别增加了 40%、36%、116.67% 和 88%。领有执照并受雇于旅行社的导游和领队人数均有所增加，涨幅分别为 7.07% 和 1.98%。

（二）旅馆业及民宿发展状况

台湾岛内旅馆业与民宿在 2017 年均有所发展，如表 2 所示。截至 2017 年底，台湾观光旅馆新增 7 家，房间新增 1629 间，另外民宿也有明显增长。2017 年底台湾民宿数量为 8386 家，较 2016 年同期增加了 900 家，房间增加了 3886 间。

从岛内旅馆和民宿的分布来看，二者在集中程度上有显著的差别。台湾岛内旅馆集中于经济较为发达的台北、高雄和台中等地，三地合法旅馆数量均超过 350 家，占全岛旅馆总数的 40.16%。与台湾观光旅馆的分布不同，岛内民宿主要集中于花莲、宜兰和屏东等自然风光资源丰富的地区，三地的民宿数量均超过 1000 家，其中花莲地区的民宿（仅指合法民宿）最多，2017 年增至 1777 家，约占岛内民宿总量的 22.8%，宜兰和屏东地区的民宿分别占 17.7%、15.18%。

表 2　台湾旅馆业及民宿发展情况

旅馆业及民宿		家数			客房数		
		2016 年	2017 年	增长率（%）	2016 年	2017 年	增长率（%）
观光旅馆	国际观光旅馆	75	79	5.33	21454	22580	5.25
	一般观光旅馆	44	47	6.82	6270	6773	8.02
一般旅馆		3688	3885	5.34	160883	170679	6.09
民　宿		7486	8386	12.02	30982	34868	12.54

资料来源：台湾旅游观光管理部门发布的 2016、2017 年台湾旅馆业及民宿家数、客房数。

从观光旅馆业的整体经营状况看，2017年1～12月总营业收入为589.3亿元新台币，比2016年同期仅增加0.13亿元，增长0.02%。其中客房收入为256.05亿元新台币，比2016年同期减少0.94亿元新台币，减少0.37%；餐饮收入为264.15亿元新台币，比2016年同期增长0.22%。受台湾岛外市场推广和营销活动的影响，日本、韩国、马来西亚等地入住台湾岛内观光旅馆的人数均有所增加，其中以韩国客人的增幅最大，涨幅达29.16%[①]。2017年台湾岛内民宿业整体运营情况表现为总量递增、平均量下降的态势，全年全岛民宿平均入住率为19.64%，较2016年下降1.6个百分点；平均房价为2422元新台币，较2016年的2472元，下降2.02%；2017年全岛民宿合计收入为37.55亿新台币，较2016年同期的30.93亿新台币，增长21.4%。

（三）旅游景区与游乐业发展状况

2017年台湾岛内继续推动"跨域亮点及特色加值计划（2015年～2018年）"和"体验、观光、点亮村落"示范计划，辅导各地营造国际观光游憩亮点，发展地方旅游亮点以及特色游程。加大对少数民族村落特色节庆及民俗活动的营销力度，加强优质风景区打造，强调一景一特色，并营造无障碍等弱势群体友善环境。各县市观光管理部门针对岛内游的发展现状提出了经营持续升级优化、打造特色、提升竞争力的主要发展目标。台湾岛内领有观光游乐业执照的商家约为25家，拟进行观光游乐筹设的约为21家，全岛各类观光资源共有1457处。台湾地区因应岛内旅游景区与游乐业发展实际提出对策，如分区策略联盟、共同营销、开拓新南向市场、争取客源、定期检查、确保安全等。为了丰富和深化岛内旅游产品，岛内观光管理部门提出推广体验观光，如在地旅游、生态旅游、绿色旅游和关怀旅游，并借助智慧旅游对各游憩据点进行游客轮廓分析、人流方向和游客分布识别统计等。

---

① 《台湾地区2017年1至12月份之观光旅馆营运摘要》，https：//admin.taiwan.net.tw/statistics/month.aspx，2018年11月22日。

三 相关重要政策及效应分析

（一）力推多项拓展市场政策，未能扭转经济效益下跌趋势

近两年，为应对大陆游客持续下跌带来的经济冲击，台湾当局以大量经费补贴与扩大免签等方式招揽客源，如试办俄罗斯来台"免签"，台观光管理部门安排到巴拉圭推销台湾旅游等。台当局还启动"保障"观光的措施，大手笔拿出 3 亿元新台币作为补贴，旅行社只要招揽台湾当地游客或外籍游客成团就可申请一定的经费补助。如预算 4000 万元补助推动南部旅游，规定岛内旅行社组团到台南、高雄、屏东、台东及澎湖 5 县市旅游，每人每日补助 500 元，此外，还补助一半的交通费用。台湾当局企图通过种种政策措施抢救下行的观光业，但这些举措并未扭转台湾进岛旅游总人次增长缓慢、进岛旅游总收入持续下跌的困局。2016～2018 年，进岛观光总人次增速分别为 5.34%、2.40%、0.46%，观光外汇总收入逐年减少，按新台币计，2015 年为 4589 亿元，2016 年 4322 亿元，2017 年首度跌破新台币 4000 亿元大关，仅有 3748 亿元，较上年减少 13.28%。台湾观光总收入 2016 年为 256.71 亿美元，2017 年为 255.05 亿美元，一年减少 1.6 亿多美元。

近几年有较高消费能力的中国大陆游客人数锐减，而"新南向"政策拉来的东南亚游客无法弥补市场缺口，岛内旅游经济持续衰退，观光产业者叫苦连天，造成旅游产业链从旅行社、饭店到餐饮业、购物店、游览车、导游，都面临生存与发展的危机。例如，台东知本是东台湾知名温泉区，2017年一年内已倒掉新都、亚庄、亚湾及凯悦等四家温泉饭店；台北知名的威斯汀六福皇宫大饭店 2018 年 4 月中宣告年底"熄灯"①、全台最大自助餐厅品花苑于 2018 年 5 月中旬停止营业等。还有旅游有业者被迫走上街头抗议，

---

① 《综述：五星饭店"熄灯"台湾观光业再吹寒风》，http://www.huaxia.com/tslj/lasq/2018/04/5727730.html，2018 年 4 月 26 日。

如2018年6月，台湾游览车业者驾驶90辆游览车至台当局领导人办公地点、台交通部门前和台北车站等处表达强烈不满，抗议当局错误政策让游览车业面临"雪崩式瓦解"。

（二）调整大陆赴台游管理政策，未改大陆游客持续下跌局面

一年多来，台湾当局相关部门对大陆居民赴台游管理政策进行了一定调整，主要涉及三个方面。一是自2016年12月15日起，将大陆游客赴台自由行平均每日配额上限调升为每日6000人。赴台游个人游人次有所增加，不少月份已超过团体游人次。二是2017年12月1日起废止实施多年的"旅行业接待大陆地区人民来台观光旅游团优质行程作业要点"，多次修改"旅行业接待大陆地人民来台观光旅游团质量注意事项"相关规定。如2016年12月底为加强大陆旅客保险机制，避免大陆旅客因无力支付在台医疗费用而衍生纠纷，公告修改大陆人民到台从事观光活动投保旅游伤害及突发疾病医疗保险在台协助单位及处理原则。2017年11月中旬修改发布，加强对环岛游行程时间、交通工具安全等监管。三是调整"小三通"旅游管理的相关规定，如2017年的12月20日，台湾相关部门宣布，大陆居民以"小三通"方式到台湾旅游，个人游可以免去个人签注（G签），对"艺文交流"的审查从5个工作日缩短为3个工作日。2018年5月2日，台湾当局宣布放宽大陆游客以"小三通"赴金门、马祖、澎湖地区参加体育赛事的申请。2018年7月17日，台当局修改发布"试办金门马祖澎湖与大陆地区通航实施办法"，目的是维护"小三通"运行正常化，"增进大陆民众申请'小三通'团体旅游便利"，其中规定"小三通"团体旅游最低人数限制由现行5人下调至3人。这些管理政策的调整，一定程度上推动了"小三通"旅游的发展。

这里需特别指出的是，自2016年5月至今，台湾当局一意孤行，拒不承认"九二共识"、不认同两岸同属一中的核心意涵，两岸关系持续处在"冷对抗"之中，大陆赴台游客人次逐年下降。大陆赴台游人次由2015年的418.41万、2016年351万，下跌至2017年的273.25万，两年跌幅达

34.69%，整整少了 1/3。2016～2018 年来赴台陆客团人数骤降，旅馆人数、住房率、知名景点或夜市旅游人次也全都下滑，重创台湾观光产业[1]。根据业者一项专业统计，不含航空运输产值，仅 2017 年 1～10 月大陆游客减少 85 万人次，估算台湾旅游收益减少 396 亿元新台币。其中，购物产业减少 192.2 亿元，旅宿业减少 90.8 亿元，游览车业减少 50 亿元，团餐业减少 50 亿元[2]。中国银联卡在台刷卡总额，两年内减少 528 亿元新台币。台湾业者和媒体一再指出，大陆游客赴台人数大幅减少，是造成台湾观光市场不振和观光业经济效益下跌的主因。根据 2018 年上半年大陆赴台旅客数据推算，2018 年大陆赴台旅客大约为 270 万人次。

（三）多项政策合力推动，民众岛内游略有发展

2017 年台湾当局持续推动"永续观光发展策略 – tourism2020""跨域亮点及特色加值计划（2015 年～2018 年）""体验、观光、点亮村落"等多个计划，着力辅导各地营造特色观光亮点，推动"台湾观光年历"特色观光活动，通过各种营销宣传手段，挖掘岛内居民的旅游消费需求，这些政策发挥了一定的效力。2017 年台湾居民岛内旅游总费用为 4021 亿新台币，较 2016 年小幅上升，增长 1.26%，但岛内居民总体出游人数呈下降趋势。

（四）"新南向"政策略有成效，投入与产出经济效益不成正比

近两年台湾当局极力推进所谓"新南向"政策，持续推动"新南向"观光市场签证简化，力图拉动东南亚客源，但收效有限。东南亚游客在旅游愿望和文化情感上都无法与中国大陆游客相提并论。2017 年东南亚地区进岛旅游 213.71 万人次，较之 2016 年的 165.39 万人次，增长 48.32 万人次。但 2017 年中国大陆赴台旅游比上一年减少 77.75 万人次，东南亚多国多地

---

[1] 《陆客流失致台旅游业损失 1800 亿，台商痛批蔡英文当局》，http：//mil. news. sina. com. cn/china/2018 – 07 – 07/doc – ihexfcvm0966684. shtml，2018 年 7 月 7 日。

[2] 《"漂亮数字"难掩台湾旅游业萧条》，http：//www. huaxia. com/tslj/jjsp/2018/01/5616726. html，2018 年 11 月 22 日。

区的人数增长仍未能填补中国大陆游客的严重流失。据台湾观光管理部门组织的市场调查资料，2017年两部分游客在台消费有一定差距，如在平均每人每日购物消费方面，中国大陆观光团体旅客为121.33美元，"新南向"18国观光团体旅客为77.11美元；中国大陆非观光团体旅客为62.59美元，"新南向"18国非观光团体旅客则为38.32美元。台湾当局给予东南亚多地免签政策，观光人次的数据确实有提升，但对产业提升的实际成效却并不明显，当局力推的"新南向"观光市场，无法弥补因陆客骤减带来的产业损失，根本不是有效的应对之策①。

四 2018～2019年台湾旅游业发展展望

（一）将重点推进岛屿生态观光旅游

台湾地区海岸线总长度超过1500公里，蕴藏超过世界1/10的海洋物种，台湾观光管理部门希望进一步提升并突出海岛旅游特色。2018年台湾观光管理部门以"海湾旅游年"为主题，推出"跨域亮点及特色加值计划"，并启动"海湾山城及观光营造计划"的筹备工作，力图建构岛屿生态观光旅游。积极辅导各景区提升特色游憩亮点，进一步打造台湾岛内的观光品牌，从而进一步将台湾岛塑造成友善、智慧、体验的重要旅游目的地。对此，2018年初，观光管理部门首度以"大岛＋小岛"的概念营销台湾观光，推出"大岛＋小岛"10大旅游线路，以吸引更多进岛游客。今后几年吸引大陆游客到台旅游也将以台湾离岛游、农场游为新亮点。

（二）台湾民众赴大陆的数量将持续增长

近几年，尽管台湾当局为两岸交流设置重重障碍，但民间交流持续进

---

① 《"'新南向'无法替代大陆市场"——台旅游业者呼吁维护两岸旅游合作》，http://www.xinhuanet.com/tw/2018-02/01/c_1122356238.htm，2018年2月1日。

行，台湾民众到大陆观光旅游人次持续增长。台湾观光管理部门公布的数据显示，台湾民众到大陆观光旅游人次 2014 年为 326.72 万，2015 年为 340.39 万，2016 年为 368.55 万，2017 年为 392.85 万，2017 年比上一年增长 6.6%。其原因有三点：大陆旅游设施和交通方便；大陆民众一直对台湾旅客热情相待；近几年大陆旅游产业不断转型升级，为台湾游客赴大陆旅游提供了更多的旅游新产品。"老景点也有新玩法"，是大陆旅游不退烧的主因。近几年台湾游客游览的兴趣点不断扩大，包括参观博物馆，看大型实景演出、大陆各城市的建设，还有高铁网络和科普基地等，这些是台湾民众爱游大陆的重要原因①。2018 年 2 月底，大陆多个行政管理部门联合发布《关于促进两岸经济文化交流合作的若干措施》（简称"31 条措施"），接着许多省、市也相继发布落实措施，这些将进一步吸引台湾民众到大陆旅游。台湾相关部门的统计数据显示，2018 年 1~7 月赴大陆的台湾旅客达 243.56 万人次，比上年同期增长 6.67%。今后一年多台湾民众到大陆旅游人次将持续小幅增长。

（三）着力推进智慧旅游与产业转型

为适应全球信息科学技术飞速发展和大数据时代来临的产业发展环境，台湾相关管理部门将智慧旅游、观光大数据数据库建设作为今后的工作重点。一是在观光产业链调整发展中，引导产业加速品牌化、电商化及服务优化。二是以观光信息应用及旅客旅游行为分析、产业开发加值应用服务为重要切入点，全面整合观光产业信息网络，推进台湾观光大数据数据库建设。三是提升现有项目的功能与品质，如进一步优化并提升"台湾好行""台湾观巴""借问站"等的服务质量，通过"台湾好玩卡"改版升级，增进观光宣传与服务质量水平，建构 TMT（台湾当代观光旅游）论坛及期刊等 e 化交流，强化关键人才的培养。通过种种努力，希望进一步推进台湾观光产业的转型升级。

---

① 《台湾人爱游大陆 2017 年创新高，重要因素不得不说》，http://huaxia.com/xw/twxw/2018/01/5602791.html，2018 年 1 月 11 日。

（四）进岛旅游市场增长乏力

2018 年台湾进岛旅游的主要客源市场增长具有较大程度的波动。据台湾观光部门的统计，2018 年 1～7 月到台旅客累计 6172954 人次，与 2017 年同期相比，增加 21.6 万人次，增长 3.63%。各主要客源市场人次及增长率有限，日本 103.37 万（+1.20%）、中国港澳地区 92.19 万（-4.61%）、韩国 57.06 万（-5.04%）、中国大陆 153.86 万（+2.44%）、美国 32.97 万（+1.09%）、新加坡 22.05 万（+1.23%）、马来西亚 27.76 万人次（-0.78%）、欧洲 19.25 万人次（+3.02%）。主要客源市场的增长乏力预示着台湾旅游正面临着较为艰难的处境，台湾旅游对主要客源市场的吸引力有所下降，进岛旅游总人次虽有小幅增加，但旅游总收入、人均消费连年下跌，台湾旅游业陷入低效发展的窘境。

（五）"旅游卡"政策与"年金改革"冲击民众出游

岛内相关机构近期公布的经济信心调查显示，台湾民众整体消费意愿降低，近半数受访台湾民众认为，经济没有变好，薪资增加有限，因而旅游消费意愿缺乏。特别是台湾当局两项相关政策的出台，将冲击民众岛内游市场。一是"旅游卡"管理政策调整将冲击民众岛内游。2018 年 5 月，台湾当局修正各机关公务人员休假改进措施，大幅放宽"旅游卡"使用范围。新政策出台后，台湾指定的"特约商店"范围急剧扩大，公务员将原来限于"观光旅游业"特约商店使用的经费用于其他，不仅可使用"旅游卡"去买菜买肉，甚至能拿旅游卡交社会保险、水电费、网费、煤气费和有线电视费。该政策降低了民众岛内游和观光消费的积极性，失去了原本提振观光经济的意义。二是台湾当局于 2018 年 7 月正式推出"年金改革"，退休军公教人员面临退休金大幅缩水的困境，出现中产阶级因年金减少造成消费紧缩的问题①。因为

---

① 《年金改革后，台湾经济恐内外都冷》，http://www.taiwan.cn/plzhx/hxshp/201807/t20180705_11971859.htm，2018 年 7 月 25 日。

对台湾当局这一政策不满，台湾数百万军公教退休人士正在悄悄推动"不消费，不合作"运动，其中包括不聚餐、不旅游等。军公教退休人员本是岛内旅游重要支柱之一，其退休金大幅缩减之后，旅游支出势必减少，这将冲击民众岛内游市场的发展。

（六）邮轮旅游发展将推动进出岛旅游

在今后一年多，台湾相关部门将着力推动邮轮旅游以吸引游客，开拓进岛旅游市场。对此，将扩大与亚洲邮轮联盟合作，运用空海联营旅游奖机制，提升邮轮旅游产品多样性及市场规模。根据台湾港务公司统计，台湾地区已是亚洲第二大邮轮客源市场，近几年欧美大型邮轮都来台湾停靠，或以台湾港口为母港，开航东北亚或东南亚航线。2017 年台湾邮轮旅客量突破百万人次。如国际邮轮品牌公主邮轮，2017 年共有 49 个航次、逾 13 万名旅客，相较 2016 年的 27 个航次 6 万多名旅客，呈倍数增长。2018 年，公主邮轮有三艘船进驻基隆港，航程都是到日本，这也是首次国际品牌邮轮一年有三艘不同风格的邮轮来台湾①。

参考文献

台湾旅游观光管理部门：《2016 和 2017 年台湾观光市场概况》，https：// admin. taiwan. net. tw/ statistics/year. aspx？no = 134，2018 – 11 – 22。

台湾旅游观光管理部门：《观光市场概况概要》，http：//admin. taiwan. net. tw/ statistics/release. aspx？no = 136，2018 – 11 – 22。

台湾旅游观光管理部门：《旅行社业相关统计》，http：//admin. taiwan. net. tw/ statistics/travel. aspx？no = 205，2018 – 11 – 22。

台湾旅游观光管理部门：《观光政策》，https：//admin. taiwan. net. tw/public/public. aspx？no = 424，2018 – 11 – 22。

---

① 《邮轮游吸引台湾游客今年首次同一品牌 3 艘邮轮来台》，http：//www. huaxia. com/xw/ twxw/2018/01/5616299. html，2018 年 1 月 23 日。

台湾旅游观光管理部门：《观光统计月报》，https：//admin. taiwan. net. tw/statistics/month. aspx？ no＝135，2018－11－22。

台湾旅游观光管理部门：《观光相关产业》，https：//admin. taiwan. net. tw/public/public. aspx？ no＝202，2018－11－22。

台湾旅游观光管理部门：《台湾地区2017年1至12月份之观光旅馆营运摘要》，https：//admin. taiwan. net. tw/statistics/month. aspx，2018年11月22日。

Abstract

"China's Tourism Development (2018 – 2019): Analysis and Forecast" (Vol. 17 of Tourism Green Book) is the 17th annual report on tourism development compiled by the Tourism Research Center of the Chinese Academy of Social Sciences. Centering on the theme of "the Reform and Innovation of China's Tourism in the New era", through two main reports and more than 20 special reports, the whole book makes a perspective and outlook on China's tourism development from 2018 to 2019.

In 2018, the global economy is in the process of declining from high points. Due to the macroeconomic situation and trade friction, the growth rate of global tourism has slowed down. 2018 is the first year of implementing the spirit of the 19th CPC National Congress and the 40th anniversary of reform and opening up. The reform of the Party and state institutions has been carried out in an all-round way. The structural reform of supply-side has been pushed forward in depth. Government streamlining, tax reduction, and fee reduction have been effectively implemented. The vitality of the main body of the market has been continuously stimulated, the quality of economic development has been improved, and the speed of economic growth keeps stable and moderate.

In this context, institutional reform brought tourism development into a new development track. Tourism has become a bright spot in rural revitalization and targeted poverty reduction, and has been playing an important role in opening up to the outside world and promoting consumption. Over the past five years since "The Belt and Road" initiative was implemented, tourism cooperation has been the focus. Based on the more perfect resource management system and stricter ecological red line control, the institutional foundation of ecological civilization has been tamped, which brings both opportunities and challenges to tourism development. All-for-one tourism has been implemented comprehensively.

Consisted of tourism safety guarantee, "barrier-free tourism", tourism public transport facilities and services, tourism credit supervision, market order rectification and civilized tourism guidance, tourism public services have been increasingly improved.

In the so-called "cold winter of capital", tourism investment is still hot, hidden worries remain. 2019 is the 70th anniversary of the founding of the People's Republic of China and the last year of the implementation of the 13th Five-Year Plan. Looking forward to the future, in the context of the integrated development of culture and tourism, it is necessary to focus on the main line of meeting the growing needs of the people for a better life, and enhance the soft power of national culture and the influence of Chinese culture by promoting industrial integration and strengthening public services, etc.

In 2018, hot climax happens frequently in China's tourism development. According to the carding and refining by the Tourism Research Center of the Chinese Academy of Social Sciences, the top ten hot spots of China's tourism development in this year are as follows: Institutional reform entails the new development idea and model of tourism; "The Belt and Road" tourism cooperation has achieved remarkable results; Rural tourism boosts rural revitalization and development; The phenomenon of "commandeering of seats" causes reflection on civilized tourism; Overseas safety accidents warns people to strengthen prevention; Policies are adopted to correct misguided "characteristic town" development; The driving effect of high-speed railway line tourism are highlighted; Institutional profit promotes tourism development in Hainan for another time; Scenic spots tickets price reduction is taken as "much said and little done"; New application of destination marketing creates network celebrities.

Centering on the theme of "the reform and innovation of China's tourism in the new era", the annual theme report gen erally discusses why and how to promote the development and innovation of the tourism industry in the period of economic shift, which is supported from different angles by four sections: "Tourism Financing and Consumption Innovation", "Tourism Industries and Product Innovation", "Tourism and Regional Development Innovation", and "Tourism Operation and Management Innovation".

In the section of "Tourism Financing and Consumption Innovation", Scholars from professional research institutions have made a systematic analysis of the current situation of the development of government-guided tourism industry funds, the latest developments of the new third-board tourism enterprises, the frontiers of domestic and foreign travel payment development, and the evolution of China's tax-free industry policy. The four articles in the section of "Tourism Industries and Product Innovation" respectively follow and reflect on the content innovation of rural tourism, tourism performing arts industry, self-driving travel, study travel, customized tourism and so on.

In the section of "Tourism and Regional Development Innovation", a detailed, comprehensive, and forward-looking analysis has been carried out on the role of tourism in the construction of Guangdong-Hong Kong-Macau Greater Bay Area, in the establishment of Hainan Free Trade Experimental Zone and Free Trade Port with Chinese characteristics, in the development of the Yangtze River Delta region. Focusing on the creative marketing of tourism destination from the level of destinations and enterprises, the section of "Tourism Operation and Management Innovation" provides cases study of Fosun as a representative of the holiday product innovation and Tencent as a representative of cultural travel innovation, which are valuable and enlightening. As the traditional preponderant sections of the Tourism Green Book, reports on domestic tourism, inbound tourism, outbound tourism, tourism development of Hong Kong, Macao and Taiwan provide detailed data and systematic analysis for readers to understand the development of relevant markets.

Contents

Ⅰ General Reports

Abstract: In 2018, the global economy witnessed slight falling back of recovery. Due to factors such as macroeconomic and trade frictions, global tourism growth has slowed down. The year 2018 marks the beginning of implementing the 19th party spirit and the 40th anniversary of reform and opening-up. Reform of party and state institutions was carried out in an all-round way, deepening supply-side structural reform, effective implementation of simplified administration, tax reduction and fee reduction, steady but slight decline in the pace of economic growth, and improvement in the quality of economic development. In 2018, China's tourism industry enters the year of transition. Institutional reform brings tourism development into a new development track. Tourism plays an important role in opening up and promoting consumption. Tourism has become a new highlight in rural revitalization and targeted poverty alleviation. In the implementation of the "One Belt & One Road" initiative, tourism cooperation has achieved remarkable results. The foundation of ecological civilization construction system has brought opportunities and challenges to tourism development. Comprehensive tourism has been implemented and tourism quality has been attached great importance. The public service system of tourism has been

improving gradually. Tourism investment kept increasement. Theme parks and small towns of characteristics has drawn attention. The year of 2019 marks the 70th anniversary of the founding of new China and the end of the implementation of the 13th five-year plan. In the face of the new development situation, two questions should be considered in depth, i. e. how to implement the integrative development of culture and tourism, how should tourism seize opportunities and meet challenges through reform and innovation, as the economy moves from a stage of rapid growth to a stage of high-quality development.

Keywords: Global Tourism; Institutional Reform; Integrative Development of Culture and Tourism; Economic Shift

G. 2　Top 10 Highlighted Issues of China's Tourism in 2018

Tourism Research Center, CASS / 023

Abstract: Institutional reform entails new development idea and model of tourism; "The Belt and Road" tourism cooperation has achieved remarkable results; Rural tourism boosts rural revitalization and development; The phenomenon of "commandeering of seats" causes reflection on civilized tourism; Overseas safety accidents warns people to strengthen prevention; Policies are adopted to correct misguided "characteristic town" development; The driving effect of high-speed railway line tourism are highlighted; Institutional profit promotes tourism development in Hainan for another time; Scenic spots tickets price reduction policy should be better implemented; New application of destination marketing creates network celebrities.

Keywords: China's Tourism; Hotspots; Institutional Reform; Rural Tourism; Scenic Spots Tickets

II Annual Theme Reform and Innovation of China's Tourism in the New Era

G. 3 Reform and Innovation of China's Tourism Industry
during Economic Shift Period   *Jin Zhun* / 042

Abstract: At present, China's economy is entering an economic shift period. From the international experience, this period will be a crucial period for the development of China's tourism industry from quantity to quality. For China's tourism industry, from high-speed to medium-speed, economic shifts brings new opportunities for tourism development. On the other hand, it also makes the old growth model unsustainable. The new growth mode is still restricted by the old model. China's tourism industry should play a greater role in the national economic system and the world tourism pattern from the big tourist countries to the tourism powers. It is necessary to build a high-deep industry in a medium-speed environment, which is in urgent need of reform and innovation.

Keywords: Economic Shift Period; Reform; Innovation

III Innovation of Financing and Consumption

G. 4 Study on the Development Situation and Advice of
Government-guided Tourism Industry Fund   *Hu Fusheng* / 059

Abstract: With the rapid development of holistic tourism, more and more provinces and cities set up government-guided tourism industry fund to drive social capitals into tourism industry through financial capital. But it has some development bottlenecks: the responsibility unclear between government and market, insufficientstandardization, inadequate guiding function, shortage of talents. Some advice are discussed, include strengthening standard and guide from

旅游绿皮书

country level, creating excellent investment environment, increasing finance police support, strengthening culture talents, building information and trading platform and perfect supporting policy.

Keywords: Government Guidance; Tourism Industry Fund; New Kinetic Energy

G. 5 Analysis and Prospect of The Development of the Tourism Enterprises in New OTC Market

Zhang Xi, Zhao Xin / 072

Abstract: This paper reviews the overall situation of the tourism enterprises in New OTC Market. The listed tourism enterprises are mainly concentrated in Beijing and Shanghai with the small size. However, the growth rate of listed tourism companies has dropped and the tide of delisting has loomed since the financing is not as good as expected. Generally speaking, the profitability of listed tourism enterprises in the New OTC Market has increased with the better growth, but the solvency and operation ability have declined. This paper further analyzes the development of four sub-industries: hotel catering, scenic spots, travel agencies and online tourism. The tourism enterprises in the New OTC Market are worth looking forward. The normalization of listing and delisting is essentially a process of market-oriented self-purification, which indicates the market has begun to shift from quantitative growth to qualitative upgrading. Although some tourism enterprises would turn to overseas markets due to unexpected financing function, more firms choose to stay and seek develop opportunities in the New OTC Market.

Keywords: New OTC Market; Tourism Enterprises; Analysis and Prospect

G. 6 The New Trend of Travel Consumption Led by

Payment: Opportunities & Challenges *Zhang Qiushi /* 090

Abstract: Payment is relying on the existence of consuming scenarios, which includes "dining, accommodation, transportation, travelling, shopping and entertaining" during the journey. As the "last kilometer" of transaction process, payment experience directly affects tourist experience. Consumers have certain "inertia" and "path dependence" on payment methods. Along with the rapid development of mobile internet, a variety of emerging payment methods is driving the upgrade of tourism consumption, changing the consuming habits and behavioral attributes of tourists. Within this context, all the challenges with the new payment era may bring more new opportunities. Therefore, it should be highly valued by every level from the countries to enterprises to promote payment capability and establish more complete payment system in travelling process, contributing to transformation of local tourism industry and achieving curve overtaking.

Keywords: Tourism; Payment Method; City Innovation; Informatization

G. 7 Policy Evolution, Competition Pattern and Overseas

Benchmarking of China's Duty-free Industry *Lou Fengye /* 107

Abstract: Duty-free is the main channel of luxury consumption in China. It benefits from development of appropriate policies and consumption reflux. The competition pattern will become oligopoly. The future growth of China's duty-free industry is promising. There is room for growth in China's duty-free operators, while duty-free licenses are very important. Duty-free shops have the advantages of price and channel, compared with cross-border electricity providers. From the overseas experience of Korea, the purchase of duty-free goods by Korean residents is mainly concentrated in two ways: duty-free on the offshore islands of Jeju Island

and duty-free on departure (including airport and city duty-free). The operation mode of duty-free shops in the city promotes Korea to become a Asian shopping paradise.

Keywords: Duty-free; Policy; Competition; Korea

Ⅳ Innovation of Industry and Product

G. 8 Content Innovation of China Rural Tourism: Current
Status, Challenges and Policy Suggestions   *Wu Jun* / 125

Abstract: Due to the comprehensive promotion by industrial policies and population scales, rural tourism in China has kept developing vigorously, which become the significant approach to boost upgrading household consumption and implement rural revitalization strategy. During the process of development, rural tourism in China has entered a new stage of content innovation to adapt to expansion and high-quality development of rural tourism and to improve people's ever-growing needs for better life. Based on the analysis of the development status and challenges, the article put forward some advice to provide greater assistance to qualify the "poetic dwelling" of rural tourism.

Keywords: Rural tourism; Content Innovation; Countermeasure

G. 9 The Trendsand Future Innovation of China's Tourism
Performing Arts Industry   *Mao Xiubing, Li Zijun* / 136

Abstract: Tourism performances are performances where Non-local viewers watch local cultural characteristics in various performance forms at tourist destinations. In 2017, the tourism performing arts market rose against the trend in the context of macroeconomic fall. The real scenery and theme park tourism performances flourished. The north is concentrated in Beijing, Shaanxi, Shanxi and other places, and the south is evenly distributed in various provinces. The market entered the stage of large-scale tourism performing arts, and the three brands of Qian-Gu-Qing, Impressions and Shan-Shui to attack the city, and local brands such as China Legend and Silk Road Festival opened up the other provinces market. Some of the tourism performances incorporate VR, AR and other stage new technologies, and the performance venue are scened, combined with the immersive performance form, to develop into an immersive tourism performance.

Keywords: Tourism Performing Arts; Market Size; Brand; Immersiveperformancearts

Abstract: At present, the number of self-driving tourists in China has grown steadily. The self-driving tour and camping industry has developed rapidly and has broad prospects, but it is still subject to various restrictions. The fundamental contradiction lies in the system. To develop self-driving and camping industries, we must seize policy opportunities, use the market to expand our lives, create a composite model, derive industry chains, and use Chinese characteristics to promote the industry.

Keywords: Self-driving Tour and Camping Industry; Happiness Industry

Abstract: Study tour is a vital means to implement quality education as well as being a part of the national education system in some developed countries. The Chinese government attaches great importance to the development of study tour

旅游绿皮书

and promotes it actively. On the basis of sorting out the origin, policy, characteristics and market of the study tour, combining with the Japanese implementation experience of excursion, finding that the current standards for study tour in China are more abundant, but it needs to work in detail. In this context, it is of great significance to accelerate the improvement of the service standards, enrich the product system and innovate the content form.

Keywords: Study Tour; Service Standard; Product System; Content Form

G. 12　Analysis and Prospect of Customized Tourism in China

Sun Pengyi / 176

Abstract: In recent years, with the increase of consumption and educational qualifications of people in China, the improvement of various tourist facilities and conditions, as well as the application and popularization of numerous new technologies centered on internet, the tourists increasingly pursuit the individuation and experience in their tourism process. On this background, the customized tourism come into being and play an important role in the entire industry. Nowadays, the customized tourism develop rapidly in China, but meanwhile some of restrictions and uncertainties affect the development of customized tourism. By analyzing the current situation and problems of customized tourism, we propose some suggestions and measures to optimize the development path, and look forward to the future of customized tourism in China. It is conducive to the healthy and sustainable development of customized tourism.

Keywords: Customized Tourism; Individuation; Internet; Innovation

V Innovation of Regional Development and Tourism

Abstract: The inbound tourism in Guangdong-Hong Kong-Macao Great Bay Area is unevenly developed since the year 2000. Overall, its spatial structure exhibits triple strata, with Hong Kong and Macao lying on the first stratum, Shenzhen and Guangzhou the second, whilst, the rest seven cities in Guangdong Province the third. Moreover, this spatial structure remains relatively stable, even though the inbound in this area had already gone through three stages, namely, the Emerging Stage (2000 - 2003), the Rapid Development Stage (2004 - 2008) and the Decelerating Development Stage (2009 - 2016). From the analysis of the spatial structure of inbound tourism market in the Great Bay Area, it could be seen that the development of inbound tourism respectively in Hong Kong, Macao and the destinations in Guangdong Province are closely inter-connected; whereas, its distribution is highly concentrated. Meanwhile, due to the disparities embedded within the functionality and positionality of the involved destinations, the inbound tourism market for this Bay Area, on the whole, embraces multiple features and characteristics: First, the inbound tourism markets for Hong Kong are diversified and they are extended to multiple regions across the globe. Second, with respect to Macao, tourists from East Asia and Southeast Asia mainly constitute its market. And, third, despite being less mature than its peers in Hong Kong and Macao, it is most likely for the inbound tourism market for the nine cities in the Pearl-River Region to be immensely extended, also including a large number of tourists mobilizing from the USA and Europe. All in all, there appears a huge opportunity for these three regions to collaborate in future, though currently the inbound

tourism development in Hong Kong, Macao and the cities in Pear River Region remains in different stages. Furthermore, as the construction of the Great Bay Area, either as a brand or grand destination, is penetrating, it is predicted that the spatial structure of the regional inbound tourism might be refigured and the flows of in tourists might be floating in an accelerating fashion accordingly. In this case, it seems rather rewarding as if Great Bay Area would be employed either to expand the inbound tourism market or to promote this area as an appealing destination.

Keywords: Great Bay Area; Inbound Tourism; Tourist Market

G. 14   Building an International Tourism and Consumption Center with Global Influence: Present and the Future

Gan Lu, Guo Wenqin / 212

Abstract: General Secretary Xi Jinping delivered a speech on Apr. 13 which stated that promoting Hainan's construction of an international tourism and consumption center with global influence is a concrete manifestation of high-quality development requirements in Hainan. On September 24, 2018, State Council Unveils the Implementing Plan for Improving the Mechanism to Boost Consumption (2018 – 2020), which clearly proposed to formulate the implementation plan for building an international tourism and consumption center in Hainan. This is a major measure to further stimulate the consumption potential of Chinese residents, an important step to create an industrial foundation led by the service industry and build an upgraded international tourism island, an important breakthrough to build the pilot free trade zone with high-standard and high-quality. The current prominent contradiction is the contradiction between the domestic rising demand for service-oriented consumption and the lack of supply of internationalized products and services in Hainan. To this end, it is recommended to expand the international tourism products and tourism service as the key task of building an international tourism and consumption center with the goal of internationalization.

Keywords: Tourism; Consumption; International; Hainan

G. 15　InnovativeMechanisms for Tourism to Promote

Regional Green Development

—*A Case Study of Zhejiang Big Garden Construction*

Wang Ying, Huang Huiping / 228

Abstract: Under the background of transforming the mode of economic growth and promoting green development in an all-round way, the role of tourism in regional green development is also undergoing fundamental changes. During the construction of Zhejiang Big Garden Construction, the role orientation of tourism and its positive impact on promotingreallocation of production factors, expanding the path of industrial development, optimizing the regional spatial structure and changing the mode of production and life provide an analysis case for innovating tourism development, recognizing the impact of tourism on the region, and triggering thorough thinking about the mechanism of promoting regional green development. The article points out that establishment of scientific evaluation mechanism for tourism, innovation of co-construction and sharing mechanism and improvement of policy implementation evaluation mechanism are the main directions for future breakthroughs.

Keywords: Tourism; Green Development; Mechanism; Big Garden Construction

G. 16　Innovative Practice in Tourist Resorts

　　—*Taking Shanghai International Tourism Resort*

　　as an Example　　　　　　*Wu Wenzhi，Dai Yuxi* / 240

Abstract：As an industrial cluster or main functional area that provides international tourism products and services to tourists at home and abroad, the International Tourism Resort has various development cities and regions in the world and has different development types and modes. As a representative of the new generation, Shanghai International Tourism Resort has formed 8 years of construction and operation, and initially formed experience of planning, construction and management in line with Shanghai characteristics, especially there are some innovationsthat worth learning from in other tourist resort areas in the mode of external cooperation, park planning, management system, infrastructure construction, industry promotion, public services, policy support, etc.

Keywords：International Tourism Resort; Innovative Development; Shanghai

VI　Innovation of Business Operation
and Management

G. 17　Creative Marketing Promotes Tourism Destination

　　Marketing Transformation　　　　*Hu Fangli*，*Shen Han* / 252

Abstract：Tourism destination marketing is one of the hot topics in current tourism development. Adopting effective marketing strategies and building a perfect tourism destination marketing system is very important for tourism destinations. This paper analyzes the six innovative means closely related to the global tourism destination marketing development in recent years, explores its marketing characteristics, its application in tourism, and its influence on the development of global tourism destination marketing, thus analyzes the trend of global tourism destination marketing development driven by strategic innovation, and provides reference for the innovation transformation of China's tourism destination marketing.

Keywords: Tourism; Innovative Marketing; Global Tourism Destination; Shift of Marketing

Abstract: With the development of consumption upgrading in China, tourism industry has become an important power in the development of national economy, and the strong growth of tourism industry in recent years has also spawned a number of new industry leaders. From investing in the global leading tourism brands to twin drivers of "industrial operations + strategic investment", Fosun Tourism Group has established a FOLIDAY ecosystem with a focus on the leisure tourism during just a few years, and has become one of the world's leading leisure-focused integrated tourism groups. The development and growth of Fosun Tourism Group reflects the transformation of consumption upgrading, and also demonstrates that the strategy of innovation and globalization is a powerful driving force for the development of today's tourism industry.

Keywords: Leisure Tourism; Globalization; Entire Industry Chain; Innovative Differentiation; New Lifestyle.

Abstract: From "Internet" to "Digital China", the digital economy has

been developing constantly, and it has gradually integrated deeply with various industries. Among them, the digital culturaltourism industry is becoming a solution to the slow transformation of tourism industry, lack of integration of elements, gap between supply and demand. Under the background of digital economy, in order to realize the construction of digital tourism system in the whole region, Tencent culturaltourism has actively promoted the construction of digital intelligent tourism platform, represented by domestic "one mobile phone tour Yunnan" and overseas "Helsinki City luggage", which is to innovate tourism services, tourism management, tourism marketing and experiences. This has provided a good examplefor the future development of digital travel, helps to promote the digital economy and tourism in China.

Keywords: Digital Economy; Tencent culturaltourism; Artificial Intelligence; "Internet +"

Ⅶ   Markets Analysis

G. 20   China's Domestic Tourism Development (2018 −2019):

Analysis and Forecast   *Tang Xiaoyun, Yang Suzhen* / 293

Abstract: In the new era of the integration of culture and tourism, the new era of tourism and quality tourism has become a new kinetic energy for tourism development. In the whole year of 2017 and the first half of 2018, the domestic tourism market maintained steady growth, holiday tourism and red tourism continued to flourish, and young people began to dominate the new pattern of tourism market. The stratification of tourism consumption began to appear, and the demand for quality of tourists became increasingly prominent. The market structure has shown a balanced development trend, but the urban-rural dual pattern continues to expand. In 2019, despite the accumulation of uncertain factors such as the decline in entrepreneurial confidence, the economic base and policy environment supporting the development of domestic tourism continue to be optimized, and new kinetic energy for cultural and tourism development is accumulating, and tourism development will continue to maintain a strong momentum. It is necessary to pay attention to the evolution of the diversified pattern of the tourism market, promote the common development of the mass market and the niche market, grasp the increasing quality consumer demand of tourists and the direction of product and market innovation, and cultivate rational and calm tourists into an important component of quality tourism.

Keywords: Domestic Tourism; Residents; Tourism Income; Number of Tourists; Holiday

G. 21　China's Inbound Tourism Development (2017 −2018):
Analysis and Forecast　　　　　　　　*Li Chuangxin / 305*

Abstract: Due to continuous promotion of travel visa facilitation, the gradual diversification of the tourism product structure system, the optimization and improvement of tourism comprehensive support, and the continuous upgrading of tourism service quality in 2017 and the first half of 2018, a steady and sustained growth had been seen in China's inbound tourism. Meanwhile, the structure of the source market has been adjusted and optimized, while source market countries along the "Belt and Road" has been attached more importance. As China's inbound tourism market kept stable and declined slightly in the first half of 2018, it is expected to be basically the same as 2017, and the source market structure is going to be further adjusted and optimized in 2018.

Keywords: Inbound Tourism; Sustained and Stable Growth; Quality Promotion; "The Belt and Road"

 旅游绿皮书

G. 22　China's Outbound Tourism Development （2017 −2018）：

Analysis and Forecast　　　　　　　　　　　　　*Jiang Yiyi* / 317

Abstract：In 2017 and the first half of 2018, the scale and consumption of China's outbound tourism market continued to expand. The neighboring countries and regions are still the most important destinations. Promoted by factors such as visas and flight routes, the number of Chinese tourists hosted by some destinations has increased significantly. The tourist source is showing the characteristics of the balanced development of the eastern, central and western regions with the urban agglomeration as the node. It is expected that China's outbound tourism market will maintain a steady growth momentum in the second half of 2018 and 2019 in the context of the increasingly prominent role of Chinese tourists in the social and economic development of destinations.

Keywords：Outbound Tourism；Tourism Market；Chinese Tourist Development

Ⅷ　Hongkong, Macau & Taiwan Tourism

G. 23　Hong Kong's Tourism Development （2018 −2019）：

Analysis and Forecast　　　　　　　*Liu Tingting, Li Mimi* / 326

Abstract：As a primary economic generator, tourism industry in Hong Kong has experienced fluctuations caused by the decrease of mainland tourists over the past years. This article analyzes the major indicators of tourismdevelopment in Hong Kong across recent years, with a main focus on the review of tourism performance from January to August in 2018. The policy and promotion measures implemented by the government is also summarized. In addition, this study identifies current opportunities and challenges faced by Hong Kong tourism industry. In 2018 − 2019, it is expected that the tourism industry in Hong Kong will grow steadily.

Keywords：Hong Kong's Tourism Industry；Rebound；Government-led；The Belt and Road

G. 24   Macau's Tourism Development (2018 −2019):

Analysis and Forecast   *Tang Jizong* / 338

Abstract: The World Economic Outlook report released by the International Monetary Fund (IMF) in October lowered the overall economic growth forecast for Macau in 2018, which was adjusted downward to 6. 3% from 7% forecasted in April. At the same time, the economy of Macau was adjusted upward from 6. 1% to 6. 3% in 2019. From January to September 2018, a total of 25, 813, 264 visitors visited Macau, an increase of 8. 3% year-on-year. The inbound source market is still concentrated in Mainland China, Hong Kong, China and Taiwan, China accounting for 91. 3% of the total number of inbound visitors during the same period. Tourism products and tourism service exports markets are far from diversified, which are the bottleneck of Macau's economy and needed to be resolved.

Keywords: Macau's Economy; Tourism Service; Gaming; World Tourism and Leisure Center

G. 25   2017 −2019 Taiwan's Tourism Development:

Analysis and Forecast   *Huang Fucai*, *Yang Jing* / 356

Abstract: 2017 −2018, Taiwan Tourism Bureau and other departments has promoted five development strategies, such as exploring diversified markets, promoting local residents' tourism, guiding industrial transformation, developing smart tourism, and promoting experiential tourism. They have put forward tourism new south policy, but the results were limited. In 2017, the growth rate of total tourist trips into the island was only 0. 46% , and the difficulty of continuous decline of tourist receipts into the island failed to be reversed. The consumption indicators of tourists into the island were mostly negative, and the tourist foreign exchange income dropped below 400 billion US dollars for the first time in four

years, decreasing by 7. 92% from the previous year. In 2017, the number of tourists in the island declined for the first time in five years, and the number of people going out of the island showed a trend of increasing quantity and decreasing quality. In the coming year, the cooling of cross-strait relations will continue to affect the development of the largest tourist source market into the island. Moreover, the implementation of the annuity reform is likely to impact on the important tourist source groups in the tourism market of the people in Taiwan. Taiwan's tourism industry will face both internal and external pressure, and the development situation is not optimistic.

Keywords: Taiwan's Tourism Industry; Across-Straits Tourism; Tourism New South Policy

❖ 皮书起源 ❖

"皮书"起源于十七、十八世纪的英国，主要指官方或社会组织正式发表的重要文件或报告，多以"白皮书"命名。在中国，"皮书"这一概念被社会广泛接受，并被成功运作、发展成为一种全新的出版形态，则源于中国社会科学院社会科学文献出版社。

❖ 皮书定义 ❖

皮书是对中国与世界发展状况和热点问题进行年度监测，以专业的角度、专家的视野和实证研究方法，针对某一领域或区域现状与发展态势展开分析和预测，具备原创性、实证性、专业性、连续性、前沿性、时效性等特点的公开出版物，由一系列权威研究报告组成。

❖ 皮书作者 ❖

皮书系列的作者以中国社会科学院、著名高校、地方社会科学院的研究人员为主，多为国内一流研究机构的权威专家学者，他们的看法和观点代表了学界对中国与世界的现实和未来最高水平的解读与分析。

❖ 皮书荣誉 ❖

皮书系列已成为社会科学文献出版社的著名图书品牌和中国社会科学院的知名学术品牌。2016年，皮书系列正式列入"十三五"国家重点出版规划项目；2013~2019年，重点皮书列入中国社会科学院承担的国家哲学社会科学创新工程项目；2019年，64种院外皮书使用"中国社会科学院创新工程学术出版项目"标识。

权威报告·一手数据·特色资源

皮书数据库
ANNUAL REPORT(YEARBOOK) DATABASE

当代中国经济与社会发展高端智库平台

所获荣誉

- 2016年，入选"'十三五'国家重点电子出版物出版规划骨干工程"
- 2015年，荣获"搜索中国正能量 点赞2015""创新中国科技创新奖"
- 2013年，荣获"中国出版政府奖·网络出版物奖"提名奖
- 连续多年荣获中国数字出版博览会"数字出版·优秀品牌"奖

成为会员

　　通过网址www.pishu.com.cn访问皮书数据库网站或下载皮书数据库APP，进行手机号码验证或邮箱验证即可成为皮书数据库会员。

会员福利

- 已注册用户购书后可免费获赠100元皮书数据库充值卡。刮开充值卡涂层获取充值密码，登录并进入"会员中心"—"在线充值"—"充值卡充值"，充值成功即可购买和查看数据库内容。
- 会员福利最终解释权归社会科学文献出版社所有。

社会科学文献出版社 SOCIAL SCIENCES ACADEMIC PRESS (CHINA) 皮书系列

卡号：**533882248169**
密码：

数据库服务热线：400-008-6695
数据库服务QQ：2475522410
数据库服务邮箱：database@ssap.cn
图书销售热线：010-59367070/7028
图书服务QQ：1265056568
图书服务邮箱：duzhe@ssap.cn

基本子库
SUB DATABASE

中国社会发展数据库（下设 12 个子库）

全面整合国内外中国社会发展研究成果，汇聚独家统计数据、深度分析报告，涉及社会、人口、政治、教育、法律等 12 个领域，为了解中国社会发展动态、跟踪社会核心热点、分析社会发展趋势提供一站式资源搜索和数据分析与挖掘服务。

中国经济发展数据库（下设 12 个子库）

基于"皮书系列"中涉及中国经济发展的研究资料构建，内容涵盖宏观经济、农业经济、工业经济、产业经济等 12 个重点经济领域，为实时掌控经济运行态势、把握经济发展规律、洞察经济形势、进行经济决策提供参考和依据。

中国行业发展数据库（下设 17 个子库）

以中国国民经济行业分类为依据，覆盖金融业、旅游、医疗卫生、交通运输、能源矿产等 100 多个行业，跟踪分析国民经济相关行业市场运行状况和政策导向，汇集行业发展前沿资讯，为投资、从业及各种经济决策提供理论基础和实践指导。

中国区域发展数据库（下设 6 个子库）

对中国特定区域内的经济、社会、文化等领域现状与发展情况进行深度分析和预测，研究层级至县及县以下行政区，涉及地区、区域经济体、城市、农村等不同维度。为地方经济社会宏观态势研究、发展经验研究、案例分析提供数据服务。

中国文化传媒数据库（下设 18 个子库）

汇聚文化传媒领域专家观点、热点资讯，梳理国内外中国文化发展相关学术研究成果、一手统计数据，涵盖文化产业、新闻传播、电影娱乐、文学艺术、群众文化等 18 个重点研究领域。为文化传媒研究提供相关数据、研究报告和综合分析服务。

世界经济与国际关系数据库（下设 6 个子库）

立足"皮书系列"世界经济、国际关系相关学术资源，整合世界经济、国际政治、世界文化与科技、全球性问题、国际组织与国际法、区域研究 6 大领域研究成果，为世界经济与国际关系研究提供全方位数据分析，为决策和形势研判提供参考。